Comptabilité Analytique

Dans la même collection

(extraits)

BARTHE R., *La statistique descriptive en 10 leçons.*

BELLIER-DELIENNE A. et KHATH S., *Gestion de trésorerie.*

BONNET F., *Comptabilité générale pour la gestion.*

BONNET F., *Du bilan comptable au bilan financier.*

DESBARRIÈRES N., *La bourse et ses back-offices*, 3e éd.

DESCLOS D., *Analyse-crédit des PME.*

DUPONT C. et AUDEBERT-LASROCHAS P., *Prévisions financières et tableau de variation d'encaisse.*

ESPOSITO M.C., *Dictionnaire de l'économie, de la finance et de la comptabilité (anglais/français et français/anglais)*, 2e éd.

GILLET P., *L'efficience des marchés financiers.*

HOUDAYER R., *Evaluation financière des projets*, 2e éd.

JAFFEUX C., *Le second marché – Mythes et réalités.*

LA BAUME Ch. (de), *Gestion du risque de taux d'intérêt*, 2e éd.

LABADIE A. et ROUSSEAU O., *Credit management – Gérer le risque client.*

LACHMANN J., *Le financement des stratégies de l'innovation.*

LACHMANN J., *Le seed capital : une nouvelle forme de capital-risque.*

LANGOT J., *Comptabilité anglo-saxonne*, 4e éd.

LENOIR R. et SARAVAS L., *La langue des affaires. Dictionnaire économique et commercial bilingue.*

LEUTENEGGER M.A., *Les tableaux d'analyse des flux.*

MAHÉ de BOISLANDELLE H., *Dictionnaire de gestion.*

MONTIER J. et SCOGNAMIGLIO G., *Techniques de consolidation.*

PIGET P., *Gestion financière de l'entreprise.*

PILVERDIER J. et HAMET J., *Le marché financier français*, 4e éd.

RIVA F., *Applications financières sous Excel en Visual Basic.*

SZPIRGLAS P., *Piloter une affaire*, 2e éd.

VALLIN P., *La logistique – Modèles et méthodes du pilotage des flux*, 3e éd.

ZOPOUNIDIS C., *Evaluation du risque de défaillance de l'entreprise.*

Collection Techniques de Gestion

dirigée par Yves Simon, Professeur à l'Université de Paris IX-Dauphine

Comptabilité Analytique

4e édition

Patrick PIGET

avec la collaboration de

Gilbert CHA

ECONOMICA
49, rue Héricart, 75015 Paris

INTRODUCTION À LA QUATRIÈME ÉDITION

Cet ouvrage de comptabilité analytique est avant tout un guide d'utilisation, il est le fruit original des réflexions d'un universitaire et d'un expert-comptable.

Les différentes méthodes de calculs de coûts y sont décrites rationnellement : en effet, chacune d'entre elles peut être appréhendée comme un processus séquentiel de décision.

Après avoir présenté les objectifs de la comptabilité analytique, l'ouvrage traite :

- de la collecte de l'information,
- de la valorisation des comptes d'inventaires permanents,
- des coûts complets,
- de la comptabilité à base d'activités,
- de l'imputation rationnelle des frais fixes,
- du direct costing,
- du seuil de rentabilité,
- du coût marginal,
- des coûts standards,
- du surplus de productivité globale,
- du coût-cible,
- de la technique budgétaire.

Les exemples réels et les études de cas référentielles (certaines inspirées d'examens d'État) présentés facilitent la transmission des connaissances.

La quatrième édition se voit augmentée des éléments suivants :

- un approfondissement des comptes d'inventaires permanents ;

- un nouveau thème : la technique budgétaire ;
- une nouvelle étude de cas avec corrigé.

Cet ouvrage s'adresse plus particulièrement à des étudiantes et à des étudiants suivant une formation à dominante comptable (BTS Comptabilité, MSTCF, DECF) et plus générale (licence, IUP, IUT, écoles de commerce). Bien évidemment, atteindre l'optimum est illusoire : aussi les quelques coquilles qui poindraient à la lecture de cet ouvrage sont du seul fait de l'auteur...

Je dédie cette quatrième édition à mes parents Jacqueline et Guy Piget.

Chapitre 1

LE TRAITEMENT ANALYTIQUE DES CHARGES ET DES STOCKS

1. Objectifs de la comptabilité analytique d'exploitation

La comptabilité analytique d'exploitation (CAE) est née de la rencontre au siècle dernier de la comptabilité générale et de la théorie économique, essentiellement le « marginalisme ».

Alors que la comptabilité générale est tournée vers l'extérieur, la comptabilité analytique est au centre de l'entreprise et rend compte des processus de transformations internes. Les Anglo-Saxons dénomment d'ailleurs la comptabilité générale *financial accounting*, c'est-à-dire comptabilité financière, alors que la comptabilité analytique est appelée *cost accounting*, comptabilité des coûts, ou encore *management cost*, comptabilité de gestion. Cette comptabilité qui a pris naissance dans les entreprises industrielles est également connue sous le terme de « comptabilité industrielle ».

La comptabilité générale est organisée en vue d'enregistrer les flux physiques et monétaires qui relient l'entreprise à son environnement. La comptabilité générale est une comptabilité de situation à but juridique, fiscal et financier, alors que la CAE est une comptabilité de rendement à but économique et systémique (voir *infra* « les coûts standards »). De plus, la comptabilité générale est la comptabilité du « global » avec un résultat net comptable, tous produits confondus, alors que la CAE est la comptabilité du « détail » avec un résultat analytique par produit.

La comptabilité analytique constitue une banque de données et un outil de traitement de l'information irremplaçables. La comptabilité générale et la comptabilité analytique sont donc complémentaires.

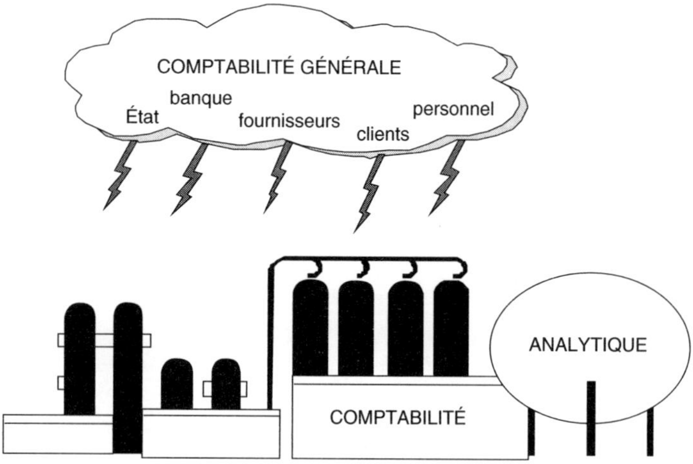

La comptabilité analytique d'exploitation permet d'analyser les charges et les produits recensés par la comptabilité générale.

La CAE détermine :

– le coût de revient par produit (ou par marchandise) ;

– la valeur des stocks à tout moment grâce à la tenue des comptes d'Inventaire Permanent, alors qu'en comptabilité générale les stocks sont tenus selon la technique de l'Inventaire Intermittent (au moins une fois par an) ;

– le résultat analytique par produit (ou par marchandise) ;

– des prévisions dans le cadre de la technique budgétaire.

La CAE permet une confrontation du coût de revient des produits avec leur prix de marché. Enfin elle permet le contrôle de gestion de l'entreprise par l'analyse des écarts entre réalisations et « prévisions ».

Les règles de fonctionnement de la comptabilité analytique ne sont pas aussi strictes que celles de la comptabilité générale, qui est une technique formelle, impliquant un processus ordonné d'enregistrement, de classification et de récapitulation. N'étant généralement pas obligatoire (le Code de Commerce ne fait aucune référence à la comptabilité analytique), la raison d'être de la CAE est son utilité. Cependant les entreprises de construction aéronautiques, d'ingénierie et, en règle générale, les entreprises passant des marchés avec l'État peuvent être contraintes à présenter une comptabilité analytique.

Le Plan Comptable Général « Refonte 1999 » ne comprend plus qu'un volet consacré à la comptabilité générale. En conséquence, la comptabilité analytique se fonde encore sur le Plan Comptable « 1982 ».

La CAE peut être analysée selon une typologie fonctionnelle ou différentielle.

Typologie fonctionnelle

Charges par nature	Montant	Fonction achat	Fonction production	Fonction distribution
d'exploitation – 60… 65, 681 financières – 66, 686…				
Total				

Typologie différentielle

Les charges variables (ou opérationnelles) varient en fonction du niveau d'activité de l'entreprise, alors que les charges fixes (ou de structure), indépendantes du niveau d'activité, varient par palier.

Charges par nature	Montant	Charges variables	Charges fixes
d'exploitation – 60… 65, 681 financières – 66, 686…			
Total			

2. La collecte de l'information

2.1. Les charges incorporables

Les charges incorporables sont enregistrées par la comptabilité générale (dans le compte de résultat) et doivent être reprises en comptabilité analytique pour le calcul des coûts. La plupart des charges sont saisies en CAE puisqu'elles sont économiquement justifiées. Le PCG propose le critère du « raisonnable » pour inclure ou non une charge dans les coûts.

On distingue deux catégories de charges incorporables :

– Les charges (incorporables) directes qui ne concernent qu'un seul coût et peuvent être directement affectées à celui-ci sans ambiguïté. On peut citer les achats de matières premières, la main-d'œuvre directe de production, la dotation aux amortissements d'un équipement de production dédié à la fabrication d'un produit donné…

– Les charges (incorporables) indirectes (ou frais) qui ne peuvent être incorporées plus particulièrement à tel ou tel coût car elles concernent plusieurs coûts simultanément. Un travail de répartition est donc nécessaire avant de procéder à leur affectation aux divers coûts impliqués.

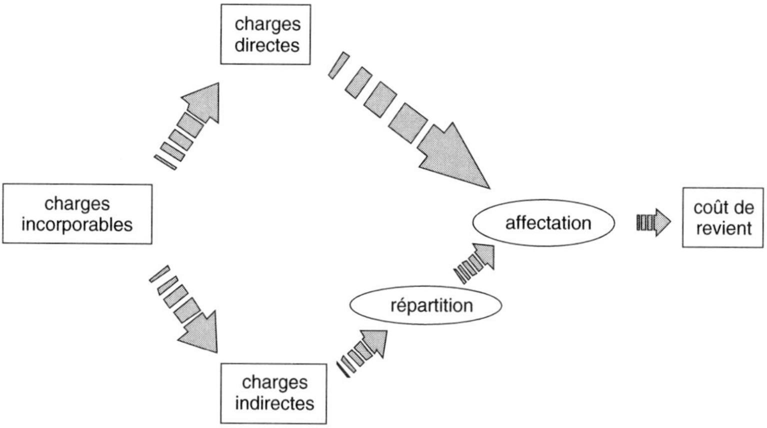

Remarque

Il importe d'éviter la confusion encore trop fréquente entre :
- les charges directes et charges variables d'une part ;
- les charges indirectes et charges fixes d'autre part.

Il est vrai que la plupart des charges directes sont variables et que la plupart des charges indirectes sont fixes mais il n'y a pas équivalence. Il existe donc des charges directes fixes et des charges indirectes variables.

Par exemple, la rémunération de l'ouvrier est essentiellement fixe, et par conséquent c'est une charge de main-d'œuvre directe fixe. De même, la consommation en essence du camion participant à l'approvisionnement en matières premières et à la livraison des produits finis aux grossistes est une charge indirecte variable.

2.2. Les charges non incorporables

Les charges non incorporables sont enregistrées par la comptabilité générale mais la comptabilité analytique ne peut les prendre en considération car elles ne relèvent pas de l'exploitation normale de l'entreprise. Elles sont alors cataloguées en tant que « différences de traitement comptable » entre la comptabilité générale et la comptabilité analytique dont il faudra tenir compte ultérieurement pour rapprocher les résultats (voir *infra*).

Les charges comptables peuvent être considérées comme anormales, soit parce qu'elles n'ont pas trait à l'objet normal de l'entreprise, soit parce qu'elles concernent un autre exercice. Il est difficile de dresser une liste exhaustive des charges non incorporables car tout dépend de l'entreprise considérée.

Malgré tout, un essai de liste pourrait être le suivant : dotations aux amortissements des frais d'établissement, dotations aux provisions, charges exceptionnelles sur opérations de gestion et en capital, charges afférentes à une période antérieure à celle considérée, impôts sur les bénéfices, TVA (lorsque celle-ci est enregistrée dans un compte de charges par nature)...

Certaines charges financières peuvent être intégrées ou exclues : il s'agit d'une décision que le chef d'entreprise doit prendre en fonction de l'utilité qu'il confère aux calculs de coûts. D'après le Code de Commerce (art. D7-2°), les charges financières de la période peuvent être incluses dans le coût de production, à condition qu'elles correspondent à des intérêts de capitaux empruntés pour la production et que celles-ci s'étalent sur plus d'une année.

Les entreprises viticoles incorporent ces charges financières dans leurs coûts. Le stockage des vins constitue une étape importante de la production et la valeur importante des stocks, ainsi que la durée de leur détention, nécessitent l'incorporation du coût financier.

2.3. Les charges supplétives

Ces « charges » n'apparaissent pas dans le compte de résultat mais dans le bilan. Elles doivent entrer dans le calcul des coûts car elles correspondent à la rémunération de l'un des facteurs de production :

– facteur travail : rémunération de l'exploitant individuel (compte n° 108 du bilan),

– facteur capital : rémunération des apporteurs de capitaux (les dividendes sont calculés généralement après la détermination du résultat net comptable).

Certaines charges peuvent être évaluées différemment en comptabilité générale et en comptabilité analytique. En ce qui concerne, par exemple, les matériels et outillages, certains peuvent être totalement amortis alors qu'ils sont toujours en service dans les ateliers. Dans ce cas, il y aura lieu de déterminer une charge supplétive d'usage correspondant à l'exploitation dudit matériel.

Exemple

Si les dividendes représentent 8 % du capital de 300 000, alors il faut les incorporer dans les coûts mensuels (voir *infra* « le système d'abonnement des charges »), d'où :

$$300\,000 \times 8\,\% \times \frac{1}{12} = 2\,000$$

2.4. Les produits

En CAE, il existe trois catégories de produits : ceux qui sont incorporables, supplétifs et non incorporables.

• Produits incorporables : ce sont des produits enregistrés en comptabilité générale et en comptabilité analytique. Le produit incorporable de référence reste : le prix de vente PV (ou chiffre d'affaires selon une approche *direct costing* ou recette totale selon une approche coût marginal).

• Produits supplétifs : le cas le plus fréquent consiste en les travaux faits par l'entreprise pour elle-même.

En effet, la comptabilité générale enregistre en produits d'exploitation des travaux effectués par l'entreprise pour elle-même, ceux-ci constituant une production immobilisée. Cette production comprend notamment la création d'immobilisations corporelles (conception et fabrication d'une machine-outil, d'un appareil...) ou d'immobilisations incorporelles (étude de marché, réalisation d'un progiciel informatique...).

Il est fréquent que les entreprises fabriquent des immobilisations pour leur propre usage. Le principe est de considérer que tout se passe comme si l'entreprise se cédait à elle-même une immobilisation qu'elle a produite (cession au coût de production). En comptabilité générale, on enregistre cette « production immobilisée » comme un produit. À la fin de l'exercice, la valeur de l'immobilisation est débitée dans le compte d'immobilisation concerné (à son coût de production) par le crédit du compte 72 « production immobilisée ».

23 Immobilisations en cours ou 21 Immobilisations	
	72 Production immobilisée

Lors de la détermination du résultat, le compte 72 est viré au crédit de « résultat » où il vient compenser les charges correspondantes. Aucun résultat ne peut apparaître sur cette opération car un résultat ne peut naître que d'une vente à l'extérieur. Le calcul du coût des travaux faits par l'entreprise pour elle-même ne pose donc pas de problème particulier, car il est fondé sur les mêmes principes de calcul de coût de production que les autres produits fabriqués.

• Produits non incorporables : ils doivent être exclus du champ de calcul de la CAE puisqu'il s'agit de produits enregistrés par l'entreprise ne constituant pas son objet principal. On peut citer les produits anormaux que sont les produits exceptionnels, la récupération de créances antérieurement provisionnées, les plus-values sur cessions d'immobilisations. Il faut s'adapter aux conditions de l'entreprise : si cette dernière fabrique des pneumatiques, elle peut éventuellement posséder des habitations qu'elle loue aux membres de son personnel. Seuls les produits provenant de la vente des pneumatiques sont pris en considération pour la détermination du résultat analytique, les produits de la location immobilière sont des produits non incorporables ; de même, les charges enregistrées concernant l'entretien ou l'amortissement de ces habitations, sont considérées comme des charges non incorporables.

2.5. Le système d'abonnement des charges

La périodicité est de règle en CAE tout comme en comptabilité générale. Il résulte de cette périodicité généralement mensuelle que les charges incorporables et/ou supplétives enregistrées de manière discontinue et qui s'étalent régulièrement de façon continue sur plusieurs périodes (mensuelles) doivent être réparties mensuellement pour les besoins de la comptabilité analytique (exemples : taxe professionnelle, loyers, primes d'assurances, électricité, téléphone, dotation aux amortissements...).

Exemple

Si le loyer trimestriel est de 15 000, alors l'entreprise ne prendra en compte pour la période mensuelle considérée que 5 000.

De même, si la dotation (annuelle) aux amortissements d'une machine est de 36 000, alors elle n'incorporera qu'un douzième de cette dotation au coût concerné, soit 3 000.

3. Les comptes d'inventaires permanents

3.1. Définitions

Selon l'ancien Plan Comptable Général de 1982, l'inventaire permanent est un inventaire comptable, c'est-à-dire « une organisation des comptes de stocks qui, par l'enregistrement continu des mouvements, permet de connaître de façon constante, en cours d'exercice, les existants chiffrés en quantité et en valeur ».

Les mouvements débits sont établis selon le principe des coûts historiques définissant la valeur à attribuer à chaque entrée, en l'occurrence la valeur du jour de transaction. Selon le Code de Commerce (art. L. 123-18 et PCG, art. L. 321-1), les stocks et en-cours sont enregistrés à leur coût d'acquisition (ou d'achat) pour les biens acquis à titre onéreux (matières, marchandises...) ; à leur coût de production pour les biens produits (produits, en-cours...) ; à leur valeur vénale pour les biens acquis à titre gratuit. La comptabilité analytique sert notamment à établir les coûts d'achat et de production (PCG, p. III.13 et Bull. CNC n° 27, juillet 1976).

Une fiche d'Inventaire Permanent ou de stock permet de connaître les entrées, sorties et existants : sa forme générale est la suivante :

IP matières ou produits

Débit | Crédit

Date	Libellé	Quantité	Coût unitaire	Montant	Date	Libellé	Quantité	Coût unitaire	Montant
	Stock initial entrée (...)					Sortie (...) stock final			
Total					Total				

N.B. Pour l'utilisation d'une fiche d'IP, voir cas n° 1 : Mice.

L'égalité fondamentale d'un compte de stock ou d'inventaire permanent est la suivante :

stock initial + entrées = sorties + stock final. Si l'entreprise connaît les entrées, alors les sorties sont égales à : stock initial + entrées – stock final ; si elle connaît les sorties, alors les entrées sont égales à : stock final + sorties – stock initial.

Le classement comptable des stocks et en-cours est le suivant :

31 :	matières premières (et fournitures) destinées à entrer dans la fabrication des produits.
32 :	autres approvisionnements concourant à la fabrication du produit sans entrer dans sa composition (matières consommables, fournitures consommables, emballages achetés).
33 :	en-cours de production de biens.
34 :	en-cours de production de services.
35 :	produits intermédiaires, finis (ayant atteint un stade d'achèvement définitif) et résiduels.
37 :	marchandises que l'entreprise achète pour revendre en l'état.

Les matières et mobiliers dont la valeur est inférieure à 500 € hors taxe sont considérés comme des achats non stockés de matériels et fournitures (charges d'exploitation).

Par ailleurs, l'article L. 333-2 du PCG définit les stocks et en-cours pouvant être distingués individuellement (identifiables) ou non (interchangeables). Les premiers sont évalués uniquement à leur coût réel d'entrée (par exemple, le coût de production d'une commande bien spécifique à madame Depick). Les seconds sont évalués à leur coût estimé d'entrée car ils ne peuvent être unitairement identifiés lors de leur entrée en inventaire permanent (comment peut-on distinguer un sachet de cent clous d'un autre ?). Ce fameux coût d'entrée estimé est alors la somme des coûts d'entrée du stock initial et des coûts d'achat pour les biens acquis à titre onéreux (ou bien des coûts de production pour les biens produits). Ce total est ensuite à répartir entre les biens consommés ou vendus et les existants en stock final par application d'une méthode de valorisation des mouvements « crédit » des stocks. Deux sont admises par l'article L. 123-18, al. 3 du Code de Commerce : les méthodes du CMUP et du PEPS.

3.2. Les méthodes du coût moyen unitaire pondéré pour les biens interchangeables

Le coût moyen unitaire pondéré (CMUP) est d'abord le rapport entre le total des coûts d'acquisition et les quantités acquises pour les biens acquis à titre onéreux ; entre le total des coûts de production et les quantités produites pour les biens produits :

$$\text{CMUP} = \frac{\text{stock initial en valeur} + \text{entrées en valeur}}{\text{stock initial en quantité} + \text{entrées en quantité}}$$

Plus généralement, si on appelle q_i les quantités entrant en stocks et p_i les coûts unitaires correspondants, alors le CMUP prend la forme ci-après :

$$\frac{\sum_i q_i \times p_i}{\sum_i q_i}$$

Selon le PCG (art. L. 333-2), le CMUP peut aussi être calculé après chaque entrée.

La première méthode est plutôt recommandée pour un inventaire permanent ; la seconde pour un inventaire intermittent. Le CMUP est la méthode préconisée par le Plan Comptable Général : donc si dans une étude de cas, rien n'est précisé quant à la méthode de valorisation des comptes d'inventaires permanents, alors il faut prendre la méthode du coût moyen unitaire pondéré.

3.3. La méthode du premier entré, premier sorti

La méthode du premier entré, premier sorti (de l'anglicisme : *first in, first out ou FIFO*) indique que les sorties sont valorisées au coût de la matière première ou du produit ou de la marchandise le plus ancien dans les stocks : on parle parfois de méthode fondée sur la notion d'épuisement des lots (même remarque pour DEPS). Avec cette méthode, les sorties suivent avec retard les variations de prix, retard qui reste fonction de la rotation plus ou moins rapide des stocks. Elle conduit à minorer les coûts de la période en majorant le stock final en période de hausse des prix. Le Plan Comptable Général et la 4e directive européenne acceptent ce type d'évaluation.

3.4. La méthode du dernier entré, premier sorti

La méthode du dernier entré, premier sorti (de l'anglicisme : *last in, first out ou LIFO*) indique que les sorties sont valorisées au coût de la matière première ou du produit ou de la marchandise existant le plus récent dans les stocks. Cette méthode n'est pas encore admise par les règles comptables françaises pour l'établissement des comptes annuels.

3.5. La méthode de la valeur de remplacement

L'entreprise évalue ses sorties à leur valeur de remplacement (d'où l'expression angliciste : *next in, first out ou NIFO*). Par exemple, une entreprise achète une pièce détachée 200 € mais devra payer 210 € pour la renouveler : elle associe au prix de sa vente un coût de 210 €.

L'écart entre le coût NIFO et le coût moyen est viré en fin de période dans un compte de provision. Cette méthode a été rejetée par la norme comptable internationale émise par l'*International Accounting Standards Committee* (IASC).

Tout comme la tenue d'une comptabilité analytique, l'Inventaire Permanent n'est pas obligatoire. Toutefois, l'art. L. 123-12 du Code de Commerce énonce que « toute personne physique ou morale ayant la qualité de commerçant doit contrôler par inventaire, au moins une fois tous les douze mois, l'existence et la valeur des éléments actifs et passifs du patrimoine de l'entreprise ».

Seules les méthodes CMUP et PEPS ne prêtent pas à discussion face à l'administration fiscale et l'entreprise utilisera l'une ou l'autre, selon qu'elle veut augmenter son résultat prévisionnel (si ce dernier peut être déficitaire avec le CMUP, il pourra passer bénéficiaire avec le PEPS) ou le diminuer pour payer moins d'impôt sur les bénéfices. En effet, en cas de hausse des coûts :

- en PEPS, les sorties sont évaluées aux coûts les moins élevés et le stock final aux coûts les plus élevés ; donc le résultat analytique se trouve d'autant majoré par le jeu de la variation des stocks ;
- en DEPS, les conséquences sont opposées.

Enfin, en cas de baisse des coûts, les conséquences sont inversées. En définitive, le CMUP compense ces variations et demeure un procédé de valorisation intermédiaire entre PEPS et DEPS. Les méthodes de valorisation des stocks permettent donc de lisser les résultats.

Le PCG précise que « tout changement éventuel de méthode doit être expressément signalé à tous les services intéressés de l'entreprise ». L'incidence du changement de méthode ainsi que son importance doivent être mentionnées dans l'annexe du bilan. Ce changement sera examiné par le commissaire aux comptes et rapporté à l'assemblée générale des actionnaires. Ce changement doit être justifié par un fait exceptionnel, car il déroge au principe de permanence des méthodes (Art. 11 du Code de Commerce).

3.6. Les emballages

Outre le matériel d'emballage, la CAE des emballages fait une double distinction : les emballages perdus ou les emballages récupérables.

Les premiers sont destinés à être livrés avec leur contenu sans reprise d'aucune sorte (perdus). Leur imputation aux coûts peut se faire à deux niveaux en fonction du moment où les produits sont emballés : imputation aux coûts de production (contenant d'un yogourt), imputation aux coûts de distribution (emballage en carton).

Pour les seconds, il faut distinguer… les emballages (récupérables) achetés ou les emballages (récupérables) produits.

Le PCG distingue deux catégories d'emballages récupérables susceptibles d'être provisoirement conservés par les tiers : les emballages récupérables identifiables (containers) qui sont considérés comme des immobilisations et les emballages récupérables non identifiables (bouteilles consignées) qui sont des stocks. La CAE des emballages récupérables intéresse uniquement le fournisseur, puisque le client recevant les emballages à rendre n'a pas à tenir une comptabilité, étant donné qu'il n'en est pas le propriétaire.

Cas n° 1 – **Mice** : page 172.

Chapitre 2

LES COÛTS COMPLETS

1. Principes généraux de la comptabilité analytique d'exploitation

Il était nécessaire de traiter analytiquement les charges (collecte de l'information) et les stocks ou IP (valorisation des mouvements « crédits ») : en effet, la CAE est un processus séquentiel qui suppose que les sorties d'Inventaires Permanents ont pu être déterminées.

1.1. Les composantes du coût de revient

Le processus de détermination du coût de revient d'un produit suivra le cheminement de celui-ci depuis son entrée au magasin sous forme de matières premières jusqu'à sa vente sous forme de produit fini. Avant de parvenir au stade final de la vente, le « futur produit » subira un certain nombre d'opérations matérielles (approvisionnement, stockage, transformation, stockage, distribution). Les diverses charges concernant chacun de ces stades seront regroupées pour former le coût correspondant ; la somme de ces derniers représentant, en première approximation, au stade final, le coût de revient.

Coût de revient = « somme de coûts »

Selon l'ancien PCG (non repris dans le PCG 1999), un coût est une « somme de charges relatives à un élément défini au sein du réseau comptable ». Un coût se caractérise par : son champ d'application (souvent une fonction économique) ; son contenu (coût complet, coût partiel) ; son calcul (le moment du calcul *a priori* ou *a posteriori*) ; son montant.

1.2. *Un processus séquentiel*

La comptabilité analytique d'exploitation est une technique comptable qui suit un processus systémique, c'est-à-dire un ensemble de stades (ou séquences) généralement liés entre eux par des phases d'entrée en stock et de sortie de stock (ou inventaire permanent).

Premier stade intermédiaire : Approvisionnement

Coût d'achat des matières premières = prix d'achat (net HT) des matières premières + frais sur achats des matières premières + éventuellement autres charges directes sur achat des matières premières

Stockage ⇒ IP matières premières

Le PCG parle de coût d'achat ou coût d'acquisition lorsque l'opération d'acquisition stipule un prix d'achat après déduction des rabais, remises et ristournes sur achats. Ce prix d'achat est majoré des frais accessoires à la mise en état du bien (art. 321-2 et 333-1 du PCG). C'est un coût réel définitif.

Les frais accessoires d'achat peuvent revêtir la forme suivante : courtages, commissions, frais de transport payés à des tiers, assurances transport, frais de réception et de déchargement, droits indirects, emballages maritimes, les frais de stockage lorsque des conditions spécifiques le justifient. Les charges financières ne sont jamais à retenir, même lorsqu'elles sont directement liées à l'achat.

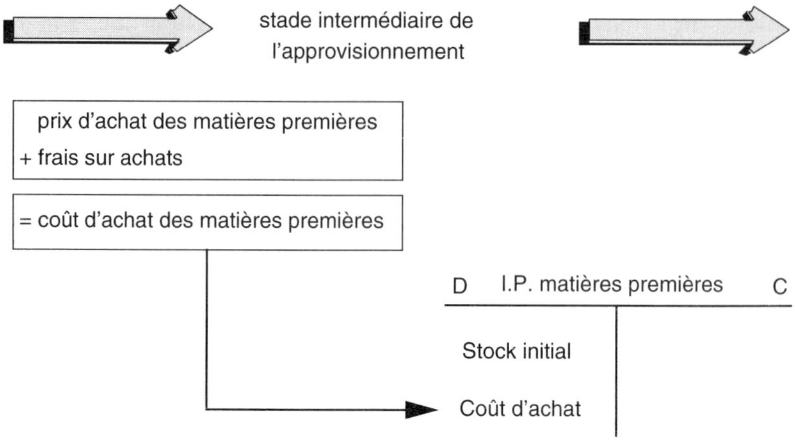

Deuxième stade intermédiaire : Production

> Coût de production des produits finis
> = coût d'achat des matières premières consommées
> + charges directes de production des produits finis (essentiellement main-d'œuvre directe (MOD))
> + frais de production des produits finis

> Stockage ⇒ IP produits finis

Le coût de production est obtenu après que le produit a subi des opérations de transformation. Le coût de production est égal au coût d'achat des matières consommées augmenté des charges directes et d'une fraction des charges indirectes de production (art. 321-3 du PCG). Ces dernières doivent être raisonnablement rattachées à la production du bien et les dotations aux amortissements pour dépréciation sont en principe à reprendre dans les coûts. C'est un coût réel définitif.

Les charges financières peuvent être incluses dans le coût de production si le cycle de production dépasse douze mois et si ce sont des intérêts d'emprunt pour financer la production (art. 331-1 du PCG).

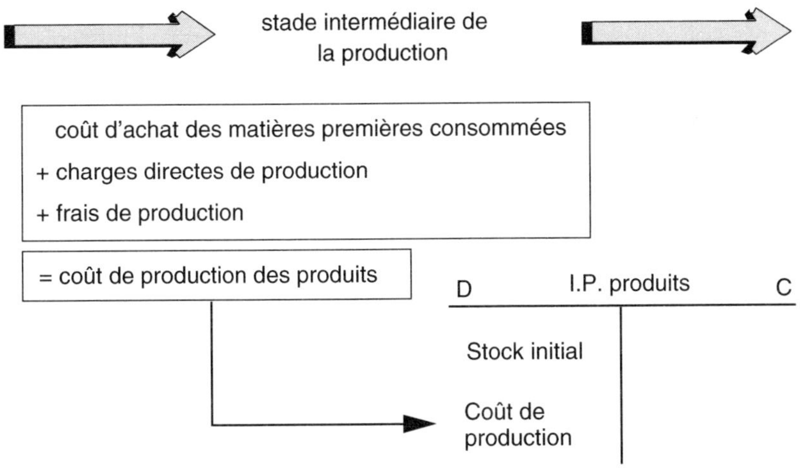

Les charges de main-d'œuvre représentent un poste important des charges à intégrer dans les coûts. La comptabilité analytique retient toutes les charges relatives au personnel qui font partie de l'exploitation normale et qui figurent en comptabilité générale dans plusieurs comptes : le compte 64 pour les charges de personnel, le compte 621 pour le personnel extérieur à l'entreprise, les comptes 604 et 605 pour les achats de sous-traitance. Quand cette dernière est « générale », inscrite au compte 611, elle n'entre généralement pas dans le coût de production.

Troisième stade intermédiaire : Distribution

Coût de distribution des produits finis vendus = charges directes et indirectes de distribution

Le PCG distingue, à côté des coûts de production, une catégorie de coûts qui regroupe des charges ne devant pas être comprises dans l'évaluation des stocks et, par conséquent, ne devant pas être imputées aux coûts de production. Ce sont les coûts « hors production » dont la répartition par produit devra être définie.

Le Plan Comptable les classe en deux catégories : les coûts de distribution et les autres coûts hors production (administration générale, gestion financière, autres frais à couvrir...). Le Conseil d'État a jugé que les frais accessoires de vente ne sont pas des charges de production (décision n° 61347 du 10 décembre 1990) et que les frais d'administration générale ne constituent pas en principe un élément du coût de revient, sauf si les conditions spécifiques de son exploitation justifient leur inclusion dans ce coût de revient (décision n° 45220 du 17 mai 1989).

Le texte devra préciser comment se répartissent les autres coûts hors production par produit.

Au sens large, le troisième stade intermédiaire peut donc aboutir à un :

Coût hors production des produits finis vendus = coût de distribution des produits finis vendus + autres coûts hors production

Stade final : Vente

Coût de revient des produits finis vendus = coût de production des produits finis vendus + coût de distribution (voire coût hors production)

On appelle donc coût de revient le coût complet d'un produit au stade final.

Enfin, la confrontation du prix de vente et du coût de revient donne le résultat analytique (sur vente) :

Résultat analytique des produits finis « vendus » = prix de vente – coût de revient

Selon l'ancien Plan Comptable, l'expression « coût de revient » se substitue au traditionnel « prix de revient », le terme « prix » signifiant plutôt relation avec l'environnement.

En conclusion, au cours du cycle d'exploitation, on calcule trois types de coûts :

– en fin du cycle d'approvisionnement, les coûts d'achat ;

– au cours du cycle de production, les coûts de production ;
– en fin du cycle de distribution, les coûts de distribution et éventuellement hors production.

Les coûts de revient représentent la synthèse des coûts précédents.

Suivre la formation des coûts, c'est suivre le cheminement rarement continu d'un produit, marqué par l'alternance transformation/stockage. Les entrées de matières premières sont valorisées aux coûts d'achat, celles des produits aux coûts de production ; les sorties sont valorisées suivant la méthode du CMUP ou bien du PEPS.

Lorsqu'une entreprise utilise plusieurs matières premières, elle calcule un (au sens d'unicité) coût d'achat par matière première ; lorsqu'elle fabrique et vend plusieurs produits, elle calcule un coût de production et un coût de revient par produit. En comptabilité analytique, « comptabilité du détail », il ne faut rien mélanger et surtout pas le chocolat en poudre et le lait !

Les méthodes de comptabilisation des coûts sont les suivantes : les coûts complets et l'apparition d'un résultat ; les coûts partiels et généralement l'apparition d'une marge ; les coûts standards.

En effet, le PCG fait la double distinction suivante :

– les coûts complets (origine : A. Church, un contemporain de Taylor – 1880), où le processus comptable est poursuivi jusque dans ses détails et les coûts partiels où le processus comptable n'est mené en détail qu'au niveau jugé utile, le reste des charges étant traité comme un tout ;

– les coûts réels (ou constatés) où le processus comptable est calculé *a posteriori* et les coûts standards (ou préétablis) où le processus comptable est estimé *a priori* entraînant le cas échéant la constatation d'écarts entre les coûts réels et les coûts standards (voir page suivante).

Exemples

Pour la fabrication d'un câble électrique, on peut rencontrer neuf séquences :

– le tréfilage, c'est-à-dire l'obtention d'un fil de cuivre ou d'aluminium par exemple, à un diamètre déterminé,

– le tordonnage, c'est-à-dire la réunion des fils en « poignée de cheveux »,

– le toronnage, c'est-à-dire la réunion en couches régulières,

– l'isolation, c'est-à-dire le recouvrement d'une matière isolante,

– l'écran, c'est-à-dire le recouvrement de l'isolant par un ensemble conducteur prolongeant la vie de l'isolant,

– l'assemblage, c'est-à-dire la réunion de plusieurs conducteurs pour constituer un câble,

– le gainage, c'est-à-dire le recouvrement de l'assemblage d'une protection adaptée au fonctionnement,

Les différentes méthodes de calcul des coûts

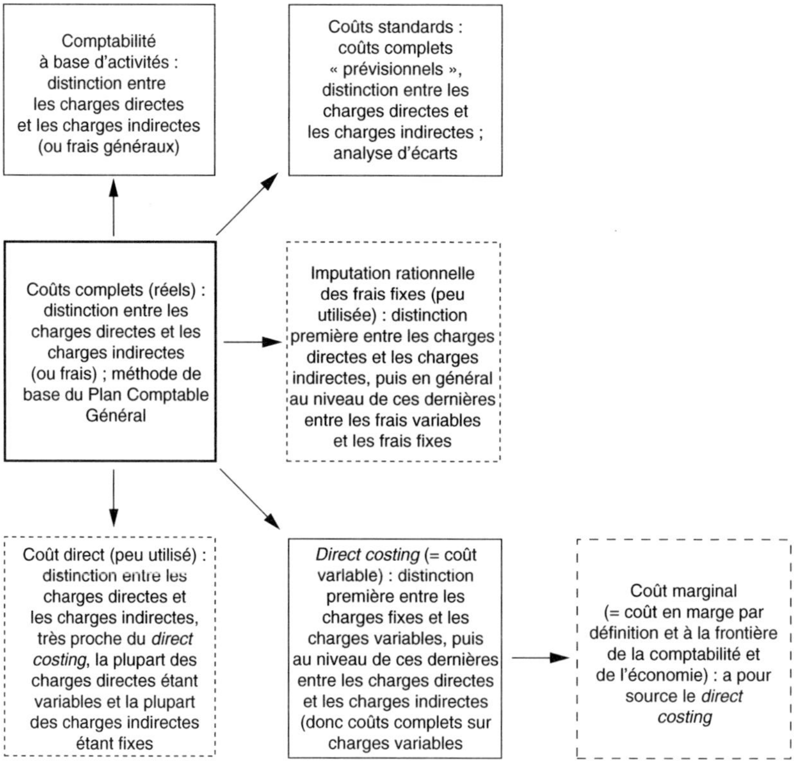

Source : P. Piget, « Comptabilité analytique » in *Encyclopédie de gestion*, 2e éd., Economica, 1997.

– l'armure, c'est-à-dire le recouvrement de la gaine d'une protection métallique,
– le gainage extérieur, c'est-à-dire le recouvrement de l'armure pour la protéger de la corrosion.

Selon *Le Monde* du 17 août 1999, le double affichage va entrer en vigueur lundi, pour une durée de un à trois mois selon les produits. Cette mesure suscite le doute des agriculteurs, une prudente satisfaction des consommateurs et les protestations des professionnels de la distribution.

La pomme

Prix payé au producteur	4,00		
+ emballage, main-d'œuvre, amortissements, frais commerciaux et administratifs, marge…	1,00	Prix départ Station	5,00
+ transport frigorifique	0,60	Prix arrivée Plate-forme	5,60
+ déchargement, stockage, préparation, main-d'œuvre, amortissements, transport plate-forme/magasin	1,30	Prix arrivée Magasin	6,90
+ main-d'œuvre, amortissements, présentation, communication, sacherie, déchets, marge ®	2,55		9,45
+ TVA	0,55		10,00
Prix de vente au consommateur	*10,00*	: soit un rapport 10,00/4,00 = *2,50*	

La pêche

Prix payé au producteur	2,80		
+ emballage, main-d'œuvre, amortissements, frais commerciaux et administratifs, marge…	2,90	Prix départ Station	5,70
+ transport frigorifique	0,60	Prix arrivée Plate-forme	6,30
+ déchargement, stockage, préparation, main-d'œuvre, amortissements, transport plate-forme/magasin	1,30	Prix arrivée Magasin	7,60
+ main-d'œuvre, amortissements, présentation, communication, sacherie, déchets, marge ®	2,70		10,30
+ TVA	0,60		10,90
Prix de vente au consommateur	*10,90*	: soit un rapport 10,90/2,80 ≈ *3,89*	

® D'après la Fédération des entreprises du commerce et de la distribution, cette marge est comprise entre 10 et 25 % du prix de vente final, selon le type de détaillant.

Remarques

Le processus séquentiel évoqué plus haut concerne le cas d'une entreprise industrielle, mais les stades peuvent aussi être adaptés pour une entreprise commerciale.

Premier stade intermédiaire : Approvisionnement

Coût d'achat des marchandises = prix d'achat des marchandises + frais sur achats des marchandises (+ éventuellement d'autres charges directes sur achats)

Stockage ⇒ IP marchandises

Deuxième stade intermédiaire : Distribution

Coût de distribution des marchandises vendues = charges directes et indirectes de distribution

Au sens large, le deuxième stade intermédiaire peut aboutir à un :

Coût hors approvisionnement des marchandises vendues = coût de distribution des marchandises vendues + autres coûts hors approvisionnement

Stade final : Vente

Coût de revient des marchandises vendues = coût d'achat des marchandises vendues + coût de distribution (voire coût hors approvisionnement)

Enfin, la confrontation du prix de vente et du coût de revient donne le résultat analytique (sur vente) :

Résultat analytique des marchandises vendues = prix de vente – coût de revient

• On peut éventuellement raisonner en termes de variation, différence entre le stock initial et le stock final :

Coût d'achat des matières premières
= prix d'achat (net HT) des matières premières + frais sur achats
Coût de production des produits
= coût d'achat des matières premières + Δ stocks matières premières + charges directes de production + frais de production
Coût de revient des produits vendus
= coût de production des produits + Δ stocks produits + coût de distribution.

• La distinction entre produits intermédiaires (ou semi-finis) et en-cours de production peut également être avancée : les produits intermédiaires sont des produits ayant atteint un certain stade d'achèvement mais destinés à entrer dans une nouvelle phase du circuit de production (contrairement aux en-cours de production) et étant généralement stockés en IP. Par exemple, une pièce détachée terminée à la fin d'une période, entrant dans la fabrication d'un produit fini, est un produit intermédiaire. *A contrario*, la même pièce détachée non terminée à la fin de la période est un en-cours de production.

– Le produit semi-fini

Le deuxième stade intermédiaire de la production comprend alors deux séquences :

2a) Coût de production du produit semi-fini

= coût d'achat des matières premières consommées + charges directes de production pour le produit semi-fini (essentiellement MOD) + frais de production pour le produit semi-fini

Stockage ⇒ IP produit semi-fini

2b) Coût de production du produit fini

= coût de production du produit semi-fini consommé + coût d'achat des matières premières consommées pour le produit fini (éventuellement) + charges directes de production pour le produit fini (essentiellement MOD) + frais de production pour le produit fini

Stockage ⇒ IP produit fini

Puis reprise du processus avec le troisième stade intermédiaire de la distribution.

– L'en-cours de production

Selon le PCG, « les encours représentent des produits ou des travaux en voie de formation ou de transformation à la clôture de l'exercice et qui ne sont pas inscrits à un compte de magasin ». En fin de période de calcul, il arrive donc que certaines productions ou certains services ne soient pas achevés en totalité. Dans ce cas, une partie des charges de la période concerne des produits en-cours de fabrication. S'il n'y a pas d'en-cours initial, il suffira pour connaître le coût de production des produits finis de valoriser les en-cours finaux puis de retirer cette dernière valeur du coût de production (des produits finis et des en-cours) de la période.

Le processus comptable des en-cours est conforme à celui des stocks et en comptabilité analytique sont tenus des comptes d'Inventaires Permanents d'en-cours. Il faut considérer l'existence de deux types d'en-cours : l'en-cours initial et l'en-cours final. La règle fondamentale est la suivante : l'en-cours initial augmente le coût de production de la période, l'en-cours final le diminue.

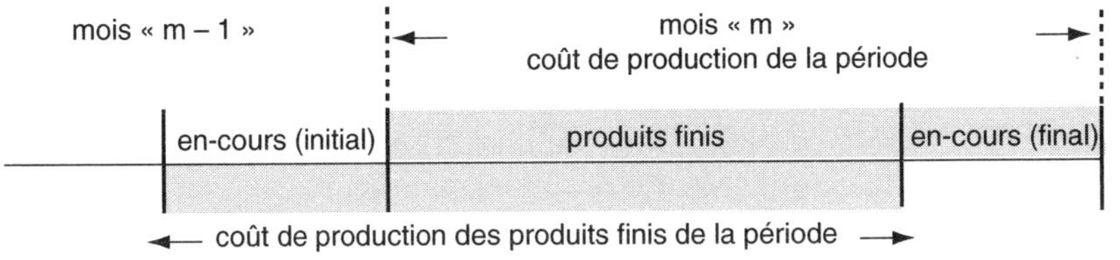

On constate l'égalité suivante :
coût de production des produits finis de la période
= coût de production de la période + en-cours initial – en-cours final

où l'en-cours final de période « m – 1 » devient l'en-cours initial de période « m ». Par exemple, si l'en-cours de production au 1er novembre N est de 123 000 €, si les charges de production relative au mois de novembre sont de 2 345 000 € et si l'en-cours de production au 30 novembre N est de 246 000, alors le coût de production des produits finis au mois de novembre N est de : 123 000 + 2 345 000 – 246 000 = 2 222 000.

L'évaluation des en-cours toujours délicate peut être appréhendée suivant les quatre approches suivantes :

– L'évaluation détaillée est utilisée chaque fois qu'il est possible de rassembler tous les renseignements nécessaires.

– L'évaluation forfaitaire consiste à déterminer approximativement ce qui a été consommé par les produits en-cours pour chaque composante du coût. Elle consiste à constater, en fin de période analytique, que les en-cours représentent un pourcentage « p % » du coût de production final. C'est une évaluation intuitive, résultat d'un constat opéré par une personne d'expérience. Par exemple, cette dernière estimera que l'en-cours comprend : 100 % de matières premières, x % de charges directes (un tiers par exemple) et y % de charges indirectes (la moitié par exemple).

– L'évaluation par équivalence se pratique en définissant un rapport global entre les en-cours et les produits finis : x en-cours ⇔ y produits finis.

Par exemple, au cours d'une période, on a conçu 5 300 produits dont 300 terminés approximativement au tiers. Les coûts de fabrication de la période sont de 1 377 000 €. On a fabriqué : (5 000 + 300/3) = 5 100 équivalents-produits. Le coût d'un produit fini est de 1 377 000/5 100 = 270 € et le coût d'un en-cours est donc de 270/3 = 90 €. Les 300 en-cours seront évalués à 27 000 € (= 300 × 90) et les 5 000 produits finis à 1 350 000 € (= 5 000 × 270).

– L'évaluation peut être réalisée à partir des coûts standards de la période lorsque l'entreprise les utilise. Ces coûts standards de la période sont souvent estimés à partir des coûts de production réels de la période précédente.

Exemple

La Cie Rose a pour objet la fabrication d'un produit Z. Le processus de production est le suivant : l'atelier A1 incorpore en totalité au début de la fabrication la matière M1 pour aboutir à un élément intermédiaire X qui ne peut être vendu en l'état. Dans l'atelier A2 et en début de fabrication, il lui est ajouté la matière M2. Le produit Z peut alors être commercialisé.

Durant le mois de mai N, la production a été dans l'atelier A1 de 7 700 éléments intermédiaires X et dans l'atelier A2 de 7 400 produits terminés

Z. Il y a en fin de mois 300 éléments Z en-cours de fabrication dont l'avancement est le suivant pour les heures de main-d'œuvre directe et pour les charges du centre :

Équipes	**Produits Z terminés au 31/05**	**Encours Z au 31/05**	
		Stade d'avancement	**Quantités**
1	2 500	60 %	80
2	2 300	50 %	100
3	2 600	80 %	120
	7 400		

Il n'y a pas d'en-cours au début du mois de mai.

Déterminons les équivalents-produits Z.

Il y a 7 700 produits X et 7 400 produits Z terminés.
Il y a 300 en-cours Z correspondant à :
(60 % × 80) + (50 % × 100) + (80 % × 120) = 194 équivalents-produits Z.
La relation est donc la suivante :
300 en-cours Z ⇔ 194 équivalents-produits Z.
Le nombre total (produits finis et en-cours) d'équivalents-produits est donc de 7 594 (7 400 + 194).
Si l'entreprise devait confronter un coût de production réel de la période et un coût préétabli (voir *infra* « les coûts standards »), alors la colonne « production réelle » (Pr) du tableau conduisant à l'écart global serait de la forme suivante :

Éléments	**Pr**
M1 pour X	7 700
MOD pour X	7 700
Centre A1 pour X	7 700
M2 pour Z	7 700
MOD pour Z	7 594
Centre A2 pour Z	7 594

Il y a 7 700 produits X terminés, donc Pr est égale à 7 700. La matière M2 étant ajoutée en début de fabrication, Pr est égale à 7 700 au niveau de M2 pour Z. C'est à partir de la MOD et des frais de centre A2 pour Z que Pr correspond à 7 594 équivalents-produits (c'est seulement à cet instant que les en-cours entrent en ligne…).

2. La méthode des centres d'analyse

La méthode des centres d'analyse fait la distinction fondamentale entre les charges directes et les charges indirectes.

2.1. Principes

La méthode des coûts complets ou des centres d'analyse est la méthode de base du Plan Comptable Général. Reposant sur la décomposition du coût de revient calquée sur la structure du cycle de transformation de l'entreprise, cette méthode se prête bien au calcul des coûts de revient d'une activité industrielle. Selon la *Revue Fiduciaire*, « la méthode des coûts complets est probablement la technique de comptabilité analytique la plus développée tant du point de vue théorique que pratique ».

Le Colonel Rimaïlho et son groupe de travail de la CEGOS ont défini cette technique (méthode des sections homogènes) en 1927, la première publication ne datant que de 1937 (CEGOS : « méthode uniforme de calcul des prix de revient »).

Elle repose sur la distinction entre charges directes et charges indirectes et l'affectation de la totalité de ces charges (incorporables et supplétives) dans les coûts. Rappelons que les charges directes sont imputées directement aux coûts (matières premières, MOD...) et que les charges indirectes (ou frais) transitent dans les centres d'analyse préalablement à leur imputation dans les coûts.

Ces centres doivent généralement coïncider avec des lieux physiques. Les inventaires permanents de matières premières, d'en-cours, de produits finis permettent de délimiter ces centres d'analyse : toutes les charges antérieures à une mise en stocks sont regroupées dans un type de coût. Elle est parfaitement adaptée aux industries mais peut être utilisée également par les entreprises de services.

La généralisation de l'informatique dans les entreprises a permis d'améliorer le circuit de l'information, d'accélérer les calculs et de diminuer le coût de la CAE. Les logiciels proposés actuellement sur le marché permettent de saisir les comptes de gestion (classes 6 et 7) à la fois par nature et par destination.

2.2. Un processus séquentiel

Les étapes sont les mêmes que celles décrites dans « ***1.2. Un processus séquentiel*** », avec avant le stade intermédiaire de l'approvisionnement, la construction du tableau des centres d'analyse.

Ce processus séquentiel peut être appréhendé comme un jeu de flux : le schéma (page suivante) décrit le cas d'une petite entreprise qui, à partir d'une matière, fabrique un produit.

Le Plan Comptable Général définit le centre d'analyse comme « une division de l'unité comptable où sont analysés des éléments de charges indirectes préalablement à leur imputation aux coûts des produits inté-

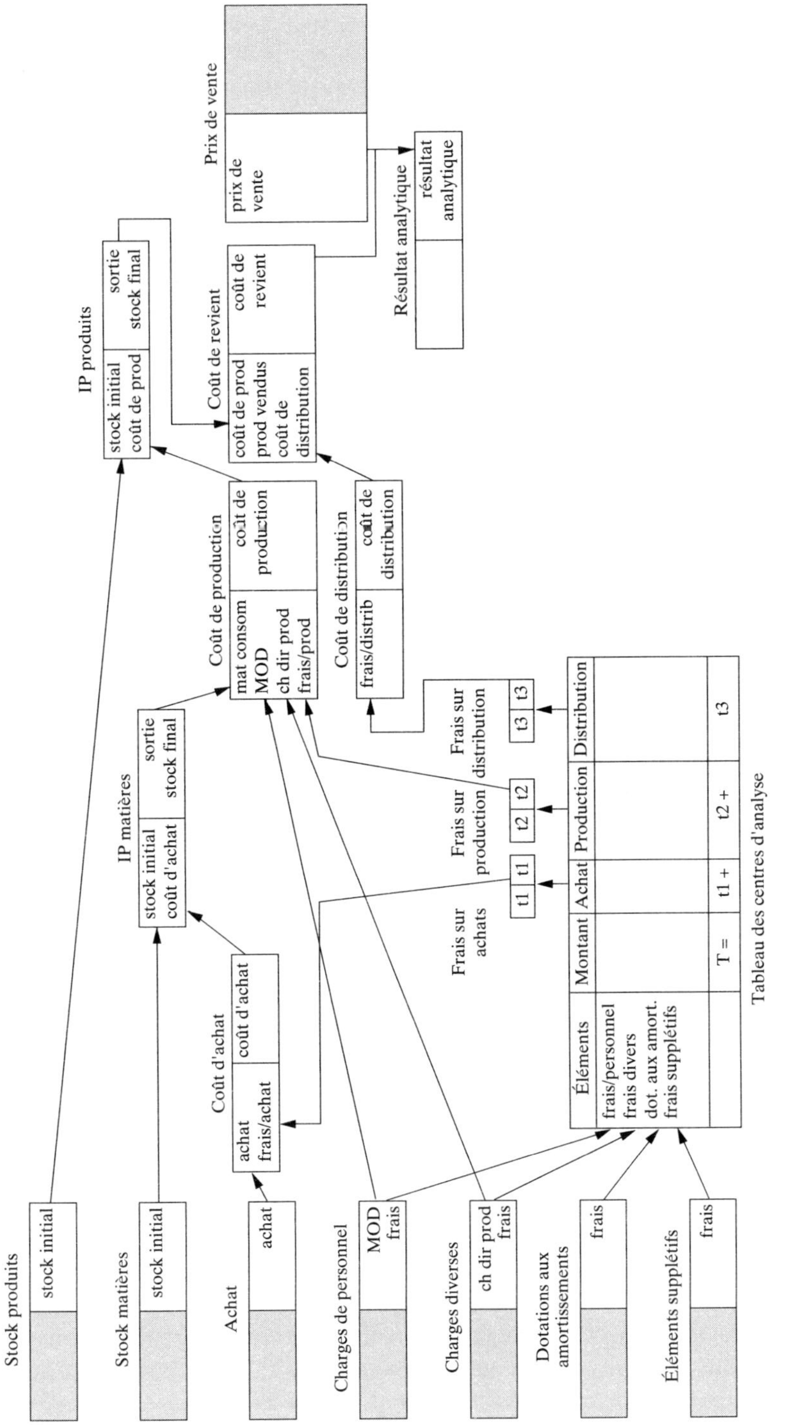
Stock produits
stock initial
Stock matières
stock initial
Achat
achat
Charges de personnel
MOD
frais
Charges diverses
ch dir prod
frais
Dotations aux amortissements
frais
Éléments supplétifs
frais
Coût d'achat
achat
frais/achat
coût d'achat
IP matières
stock initial
coût d'achat
sortie
stock final
IP produits
stock initial
coût de prod
sortie
stock final
Coût de production
mat consom
MOD
ch dir prod
frais/prod
coût de production
Coût de distribution
frais/distrib
coût de distribution
Coût de revient
coût de prod
prod vendus
coût de distribution
coût de revient
Prix de vente
prix de vente
Résultat analytique
résultat analytique
Frais sur achats
t1 t1
Frais sur production
t2 t2
Frais sur distribution
t3 t3
Éléments
Montant
Achat
Production
Distribution
frais/personnel
frais divers
dot. aux amort.
frais supplétifs
T =
t1 +
t2 +
t3
Tableau des centres d'analyse

ressés ». La méthode des coûts complets est donc décrite par le PCG 82 sous le nom de « méthode des centres d'analyse », version rénovée de la « méthode des sections homogènes ».

La méthode des centres d'analyse est la méthode de base proposée par le Plan Comptable pour le calcul des principaux types de coûts.

Il est fréquent que la division des centres d'analyse soit établie d'après les fonctions de l'entreprise, parmi lesquelles, on peut citer l'approvisionnement, la production, la distribution, l'administration.

Le PCG fait une première distinction entre les centres opérationnels et les centres de structure.

Les premiers permettent de mettre en œuvre les différents moyens d'approvisionnement, de production, de distribution... Ces centres participent directement à un stade de l'élaboration ou de la vente des produits et regroupent des charges relativement homogènes. Leur activité peut être mesurée par une unité physique ou unité d'œuvre.

Les seconds remplissent des fonctions communes et leur activité ne peut être mesurée par une unité physique.

Le PCG fait également une seconde distinction, fondamentale entre les centres d'analyse auxiliaires et principaux.

Avant d'arriver à cette distinction, un premier travail consiste en la répartition primaire ayant pour objectif de saisir l'ensemble des charges (incorporables et supplétives) indirectes dans les différents centres d'analyse.

Le PCG indique deux façons de saisir les charges indirectes dans les centres :

– l'affectation grâce à des moyens de mesure (bons de sortie magasin, feuilles de pointage d'heures) ;

– l'utilisation de clés de répartition ou clés technico-comptables (surfaces occupées, volumes chauffés, puissances installées, kilomètres parcourus).

Parmi ces centres d'analyse, les centres auxiliaires sont parfois appelés centres de gestion car ils n'ont que peu de lien immédiat avec les produits fabriqués (gestion des bâtiments, entretien, prestations connexes...).

Ils contribuent à l'organisation interne de la firme en fournissant leurs prestations aux autres centres : on parle alors de répartition secondaire.

Cette dernière, quant à elle, a pour objectif de répartir les charges des centres auxiliaires entre les centres (essentiellement principaux) ; deux cas de répartition secondaire sont possibles : les transferts en escalier et les transferts croisés.

Dans la première hypothèse, le coût constaté de chaque centre à un certain niveau de calcul est transféré aux suivants sans retour en arrière. Pour faciliter les calculs, il suffit de bien disposer les centres dans l'ordre de cession de leurs prestations.

Dans la seconde hypothèse, il y a transferts croisés ou prestations réciproques lorsque plusieurs centres auxiliaires consomment réciproquement des unités d'œuvre les uns des autres (voir *infra*). Après répartition secondaire, les centres auxiliaires sont annulés puisqu'ils ont donné leurs unités aux centres essentiellement principaux.

Les principales fonctions de l'entreprise se réalisent dans les centres principaux qui s'imputent aux coûts concernés de la manière suivante : nombre d'unités d'œuvre × coût d'unité d'œuvre. Par « imputation », on entend affectation à un produit ou à une prestation de service, de la part des frais du centre dont il ou elle a profité.

Selon le PCG, « le coût de l'unité d'œuvre d'un centre d'analyse est le quotient du coût du centre d'analyse par le nombre d'unités de ce centre » ; « l'unité d'œuvre est l'unité de mesure dans un centre d'analyse servant notamment à imputer le coût de ce centre aux coûts des produits ou des commandes intéressés ».

L'unité d'œuvre doit être la caractéristique de l'activité du centre d'analyse et lorsqu'on a le choix entre plusieurs unités d'œuvre, l'unité à retenir est celle qui exprime la meilleure corrélation entre la variation des charges du centre concerné et la variation quantitative de l'activité du centre d'analyse.

Les unités d'œuvre les plus couramment rencontrées sont :
- la quantité achetée pour le centre d'approvisionnement ;
- la quantité produite pour le centre de production ;
- les heures de main-d'œuvre directe pour les ateliers peu mécanisés ;
- les heures-machines pour les ateliers très mécanisés ;
- le chiffre d'affaires réalisé (éventuellement la quantité vendue) pour le centre de distribution.

Les principaux centres d'analyse sont les suivants : centre d'administration, centre de financement, centre de gestion du personnel, centre de gestion des moyens matériels, centre de prestations connexes, centre d'approvisionnement, centre d'études techniques, centre de production, centre de distribution, autres frais à couvrir. Ces centres peuvent être subdivisés en fonction des besoins de l'entreprise.

2.3. Application

Les clés de répartition primaire d'un ensemble de charges incorporables indirectes sont données dans le tableau ci-après :

Charges	Montant	Prestations connexes	Atelier A	Atelier B	Ventes en gros	Ventes au détail
Rémunération	12 400	10 %	30 %	40 %	10 %	10 %
Taxes	8 500	1			2	2
Entretien	4 000		40 %	60 %		
Voyages	1 240	10 %			40 %	50 %
PTT	160	50 %			20 %	30 %
Intérêts	500	100 %				
Dotations	8 000	20 %	20 %	20 %	20 %	20 %
Total	34 800					
Nature de l'unité d'œuvre			kg de mat.	heures mach.	€ de CA	€ de CA
Nombre d'unités d'œuvre			12 800	11 200	15 000	20 000

Travail à faire

Construire le tableau des centres d'analyse sachant que le coût du centre auxiliaire de prestations connexes se répartit dans les centres principaux à raison de 50 % pour l'atelier A, 25 % pour les ventes en gros, 25 % pour les ventes au détail.

Calculer les coûts d'unités d'œuvre arrondis au centime le plus proche.

Corrigé

Charges	Montant	Prestations connexes	Atelier A	Atelier B	Ventes en gros	Ventes au détail
Rémunération	12 400	1 240	3 720	4 960	1 240	1 240
Taxes	8 500	1 700			3 400	3 400
Entretien	4 000		1 600	2 400		
Voyages	1 240	124			496	620
PTT	160	80			32	48
Intérêts	500	500				
Dotations	8 000	1 600	1 600	1 600	1 600	1 600
Total après répartition primaire	34 800	5 244	6 920	8 960	6 768	6 908
Centre prestations connexes		– 5 244	2 622		1 311	1 311
Total après répartition secondaire	34 800	0	9 542	8 960	8 079	8 219
Nature de l'unité d'œuvre			kg de mat.	heures mach.	€ de CA	€ de CA
Nombre d'unités d'œuvre			12 800	11 200	15 000	20 000
Coût d'unité d'œuvre			0,75	0,80	0,54	0,41
Frais résiduels de centre			– 58	0	– 21	19

En conclusion, l'élaboration du tableau des centres d'analyse comprend quatre phases :

– la répartition des charges indirectes (ou frais) entre les divers centres concernés soit par affectation directe, soit à l'aide de clés de répartition, c'est-à-dire de proportions ;

– le calcul du total de chaque centre pour aboutir au total après répartition primaire ;

– l'imputation des frais des centres auxiliaires dans les centres (principaux) concernés pour aboutir au total après répartition secondaire ;

– la détermination des coûts d'unités d'œuvre des centres principaux à partir du total après répartition secondaire et du nombre d'unités d'œuvre du centre concerné.

Éventuellement, on déterminera la différence de traitement ou d'arrondi, différence entre le total du centre principal après répartition secondaire et le produit « nombre d'unités d'œuvre × coût d'unité d'œuvre ».

Cette différence de traitement devra être prise en compte pour rapprocher le résultat analytique du résultat net comptable (voir *infra*).

Enfin, il faut noter que la méthode des centres d'analyse présente au moins deux difficultés : premièrement, le problème de distinction et d'arbitraire dans le choix des clés de répartition fort différentes d'une activité à l'autre mais devant se rapprocher au plus près de la réalité ; deuxièmement, le problème du bon choix de l'unité d'œuvre et souvent le poids trop important de l'heure de MOD comme unité d'œuvre ; troisièmement, une apparente fascination pour la complexité qui a amené à une multiplication des centres d'analyse sans utilité et à des calculs savants de prestations réciproques (voir *infra*).

2.4. Les prestations réciproques

Il arrive fréquemment que des centres auxiliaires se fournissent des unités d'œuvre : on parle alors de prestations réciproques. Par exemple, une entreprise possède une centrale électrique ainsi qu'un service d'entretien : il peut survenir que la centrale électrique fournisse du courant au service d'entretien et que ce dernier fasse des réparations sur la centrale électrique.

Il faut se poser la question fondamentale suivante : qui reçoit de qui ?

Pour construire plus facilement un tableau de répartition des charges indirectes, il est préférable de classer les centres auxiliaires ainsi : d'abord ceux se fournissant mutuellement des œuvres, ensuite ceux ne participant pas à la manœuvre.

Exemple

Soit le tableau de répartition des charges indirectes ci-après, comprenant notamment des centres auxiliaires énergie et entretien.

		Centres auxiliaires			Centres principaux			
Charges	**Total**	**Gestion**	**Nrj**	**Entretien**	**Achat**	**Atelier 1**	**Atelier 2**	**Vente**
Total après rép. 1re	88 600	16 000	16 700	8 900	12 000	20 000	9 000	6 000
C/gestion			5 %	10 %	25 %	40 %	10 %	10 %
C/nrj				10 %	10 %	30 %	40 %	10 %
C/entretien			20 %			30 %	30 %	20 %

Il faut poser un système d'équations à deux inconnues : total nrj (x) et total entretien (y) :

	Total nrj	**Total entretien**
Total après répartition primaire	16 700	8 900
Centre gestion	800	1 600
Centre nrj		0,1.x
Centre entretien	0,2.y	
Total	x	y

D'où : $\begin{cases} x = 17\,500 + 0{,}2.y \\ y = 10\,500 + 0{,}1.x \end{cases}$

$y = 10\,500 + 0{,}1.\,(17\,500 + 0{,}2.\,y)$

$y = 12\,500 \qquad x = 20\,000$

		Centres auxiliaires			Centres principaux			
Charges	**Total**	**Gestion**	**Nrj**	**Entretien**	**Achat**	**Atelier 1**	**Atelier 2**	**Vente**
Total après rép. 1re	88 600	16 000	16 700	8 900	12 000	20 000	9 000	6 000
C/gestion		– 16 000	800	1 600	4 000	6 400	1 600	1 600
C/nrj			– 20 000	2 000	2 000	6 000	8 000	2 000
C/entretien			2 500	– 12 500		3 750	3 750	2 500
Total après rép. 2e	88 600	0	0	0	18 000	36 150	22 350	12 100

3. Les déchets, rebuts et sous-produits

3.1. Définitions

Toutes les matières utilisées pour une production donnée ne se retrouvent pas nécessairement dans les produits obtenus : si tel est le cas, la production a donné lieu à des déchets (sur matières premières). Par ailleurs, certains produits finis (ou bien en-cours de production, produits intermédiaires) peuvent présenter des défauts et se trouver de ce fait impropres à l'utilisation à laquelle ils étaient normalement destinés : on parle alors de rebuts (sur produits).

Supposons une entreprise qui, à partir de troncs d'arbre, fabrique des panneaux de porte. À la sortie de l'atelier, l'entreprise a produit les fameux panneaux de porte mais également des copeaux de bois : ces derniers sont des déchets. Par ailleurs, il peut survenir pour une raison ou une autre que certains panneaux soient non conformes : ce sont des rebuts.

Les déchets et rebuts sont dits récupérables ou irrécupérables selon qu'ils sont susceptibles ou non d'être vendus ou réutilisés par l'entreprise ; on peut donc éventuellement recycler, vendre ou bien détruire ces déchets ou rebuts. Cette seconde typologie est importante.

3.2. Les déchets ou rebuts irrécupérables

Il existe deux possibilités de traitement comptable dans le cas des déchets ou rebuts irrécupérables.

- Perte analytique sur les déchets ou rebuts

La valeur des produits finis X est égale à la différence entre le coût de production de X (et des déchets ou rebuts), moins la valeur de ces déchets ou rebuts. La CAE est une comptabilité du détail et distingue les bons produits X et les « mauvais produits », soit les déchets ou rebuts.

L'entreprise a produit des copeaux de bois (déchets) irrécupérables et/ou des panneaux non conformes (rebuts) irrécupérables.

Coût de prod. de X
(et des déchets ou rebuts)

matières utilisées	40	déchets ou rebuts	10
MOD	40	coût de prod. X	90
frais de centre	20		

IP déchets ou rebuts

entrée	10	sortie	10

IP produit X

entrée	90	sortie (ou SF)	90

Perte analytique sur déchets ou rebuts

perte	10		

• Non prise en compte des déchets ou rebuts

Il n'est pas utile d'en évaluer le coût qui reste incorporé au coût de production du produit principal. De plus, il faut parfois les traiter (déchets polluants) ; ces opérations entraînent des charges qui doivent être imputées au coût de production du produit principal. L'existence de ces déchets et rebuts contribue à augmenter le coût des « bons produits ».

Le choix entre •) ou bien •) peut avoir un impact sur le résultat analytique compte tenu des variations de stocks de produits et de déchets ou rebuts.

Coût de prod. de X
(et des déchets ou rebuts)

matières utilisées	40	coût de prod. X	100
MOD	40		
frais de centre	20		

IP produit X

entrée	100	sortie (ou SF)	100

3.3. Les déchets ou rebuts récupérables

Dans le cas des déchets ou rebuts récupérables, les déchets ou rebuts sont des matières ou des produits à part entière.

Dans la plupart des cas de récupération qu'il s'agisse de vente à l'extérieur ou de réutilisation pour une autre production, il convient de considérer que la matière mise en œuvre a été entièrement consommée et a généré une double production : le produit et le déchet (ou rebut).

L'entreprise a produit des copeaux de bois (déchets) récupérables et/ou des panneaux non conformes (rebuts) récupérables.

• Déchets ou rebuts vendus à l'extérieur en l'état

On parle de produits résiduels entraînant un résultat analytique en tant que tel : un bénéfice ou une perte.

L'entreprise a vendu des copeaux de bois (déchets) récupérables et/ou des panneaux non conformes (rebuts) récupérables à d'autres entreprises.

IP déchets ou rebuts

entrée	10	sortie	4
		SF	6

Coût de revient déchets ou rebuts

entrée	4	coût de revient	7
frais de distrib.	3		

Résultat analytique déchets ou rebuts

entrée	7	entrée	12
profit	5		

Vente déchets ou rebuts

sortie	12	vente	12

• Déchets ou rebuts réutilisés en l'état pour une autre production Y

Il faut, dans cette hypothèse, les valoriser au prix du marché ou à un prix forfaitaire. Leur valeur est soustraite du coût de production du produit fini dont ils proviennent et ajoutée au coût de production du produit dans lequel ils entrent. On parle souvent de produits résiduels réutilisés (verre refondu, copeaux de bois…). L'entreprise a utilisé des panneaux non conformes (rebuts) récupérables pour fabriquer des étagères en bois.

IP déchets ou rebuts

entrée	10	sortie	4
		SF	6

Coût de prod. de Y

entrée ®	4		
(…)			

® notamment en substitution à une autre matière première.

• Déchets ou rebuts réutilisés après traitement

On parle souvent de produits résiduels réutilisés (ou revendus) après transformation : le déchet ou rebut est parfois considéré comme ayant un coût d'acquisition nul et le coût de production est alors généralement constitué par le seul coût du traitement.

L'entreprise a utilisé des panneaux non conformes (rebuts) récupérables pour fabriquer après traitement des étagères en bois.

IP déchets ou rebuts

entrée	10	sortie	4
		SF	6

Coût des déchets ou rebuts régénérés

entrée	4	coût des déchets ou rebuts rég.	7
frais de traitement	3		

IP déchets ou rebuts régénérés

entrée	7	sortie	6
		SF	1

Coût de prod. de X (ou Y ou Z)

entrée	6		
(…)			

• Traitements des déchets ou rebuts

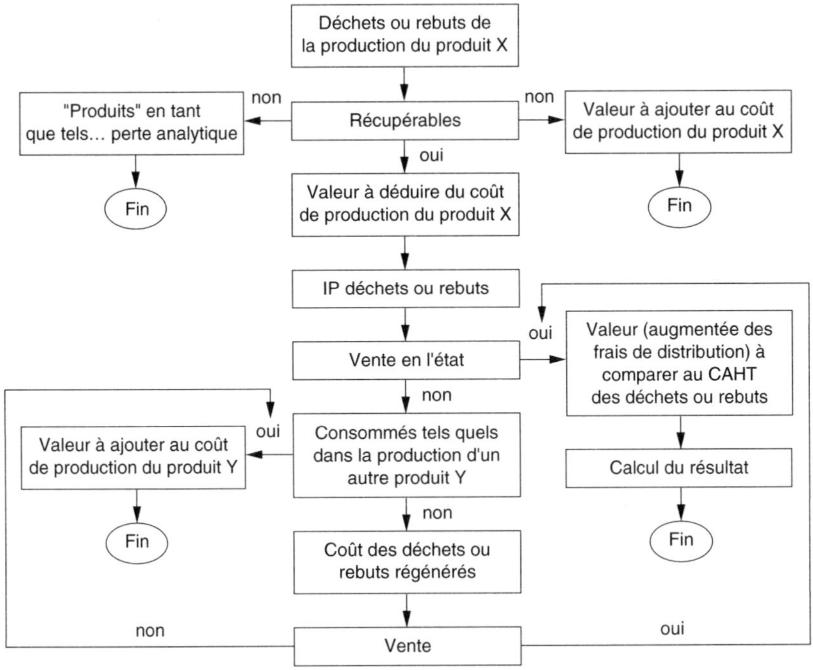

3.4. Les sous-produits

Il est question de produits secondaires obtenus au cours de l'élaboration du produit fini principal (ou déviation des produits finis). Ces produits liés mais non désirés par l'entreprise peuvent avoir une valeur marchande sous réserve d'un traitement supplémentaire ; ils se distinguent des déchets ou rebuts par leur valeur souvent plus importante.

Ainsi, une entreprise agro-alimentaire vend de la viande pour l'alimentation humaine mais les peaux peuvent éventuellement être cédées en tant que sous-produits. De même, une entreprise pétrolière obtient de l'essence mais également des sous-produits comme de l'huile ou du goudron.

D'un point de vue analytique, si le sous-produit est vendu, alors le prix perçu vient généralement diminuer le coût de production du produit principal. En revanche, si le sous-produit est irrécupérable, il faut s'en débarrasser et la charge entraînée vient s'ajouter à celle du produit principal.

Par exemple, une entreprise a fabriqué un produit fini pour un coût de 10 000 et il en a résulté un sous-produit dont la valeur marchande est de 2 500. Sachant que les charges de distribution relatives à ce sous-produit sont estimées à 500, on peut dire que le coût du sous-produit est de : 2 500 (prix du marché) – 500 (charges de distribution) = 2 000 et en conséquence, que le coût du produit fini principal est de : 10 000 – 2 000 = 8 000.

Exemple

La société Scrap et Cie installée près de Langres (Haute-Marne) fabrique deux produits principaux P1 et P2, à partir des matières premières A, B et C, dans deux ateliers de production : l'atelier 1 et l'atelier 2. Durant le processus de fabrication, l'atelier 1 génère un déchet D1 réutilisable intégralement dans l'atelier 2. À partir des matières A et B, l'atelier 1 obtient un produit P1, un déchet réutilisable D1 ; l'ensemble avec une perte de substance d'environ 8 %.

L'atelier 2 utilise les matières B et C ainsi que D1 obtenu en atelier 1 et obtient un produit P2 ainsi qu'un sous-produit SP2. Il y a lieu de remarquer que cette fabrication est plus délicate et entraîne des produits refusés par le service Contrôle. Ces produits rebutés dénommés R2 ne sont ni détruits, ni recyclés mais commercialisés sans marque dans un réseau distinct.

Pour le mois de juin, on vous communique les informations suivantes :

Consommations de matières

Atelier 1	10 000 kg de matière A 2 000 kg de matière B	coût : 22 €/kg coût : 34 €/kg
Atelier 2	4 000 kg de matière B 4 000 kg de matière C	coût : 34 €/kg coût : 45 €/kg
1 000 kg de déchet D1 produit par l'atelier 1 durant la période		

Charges de production

Directes	Atelier 1 - 201 000 € Atelier 2 - 122 000 €
Indirectes	Atelier 1 - 61 000 € Atelier 2 - 52 000 €

Production de la période

P1 D1 ® P2 R2 SP2	10 000 kg 1 000 kg 6 000 kg 1 800 kg 1 200 kg
® entièrement utilisé par l'atelier 2	

Travail à faire

Calculer le coût de production des diverses fabrications.

Éléments	Atelier 1		Atelier 2	
Matière A	10 000 kg × 22 €	220 000		
Matière B	2 000 kg × 34 €	68 000	4 000 kg × 34 €	136 000
Matière C			4 000 kg × 45 €	180 000
Déchets D1			1 000 kg × 50 €	50 000
Charges directes		201 000		122 000
Charges indirectes		61 000		52 000
Totaux		550 000		540 000
Quantité produite		11 000 kg		9 000 kg
Coût unitaire		50 €/kg		60 €/kg

Commentaires

Au niveau de l'atelier 1, la production est de 11 000 kg, car elle comprend les 10 000 kg de produit P1 ainsi que les 1 000 kg de déchets D1. Le coût unitaire ressort à 50 €/kg, ce qui permet d'évaluer le coût « matière » intégré à l'atelier 2. La production est de 11 000 kg, ce qui laisse présumer une chute de poids de 1 000 kg ; cette diminution est intégrée dans le coût unitaire.

En ce qui concerne l'atelier 2, on constate le transfert des 1 000 kg de D1 ; la production de 9 000 kg est conforme aux quantités de matières consommées (4 000 B + 4 000 C + 1 000 D1).

4. L'effet d'expérience

4.1. Principes

On appelle stratégie de coût une stratégie qui oriente de façon prioritaire tous les efforts de l'entreprise vers un objectif premier : la minimisation de ses coûts complets. Cette stratégie de coût se fonde sur l'hypothèse selon laquelle l'entreprise la plus compétitive est celle qui a les coûts complets les plus bas.

Entre 1908 et 1923, le prix de la Ford T est tombé de plus de 3 000 dollars à moins de 1 000 dollars grâce à des réductions de coûts dues à l'expérience. Ce phénomène a été mis en évidence dans l'industrie aéronautique aux États-Unis par l'ingénieur Wright en 1936 : il observa que le coût de production d'un avion diminuait d'un pourcentage constant lorsque la production cumulée doublait. Plus tard, dans les années quarante, le *Standford Research Institute* valida la loi en travaillant chez le constructeur *Lockheed.* Puis dans les années soixante, un cabinet de conseil en stratégie, le *Boston Consulting Group* (BCG), a élargi le champ d'observation à de nombreux domaines d'activité stratégique.

Le principe de l'effet d'expérience peut se définir ainsi : le coût de production (ou de revient) unitaire d'un produit (ou d'une série de produits) décroît d'un pourcentage constant, 20 à 30 %, chaque fois que la production cumulée de ce produit – l'expérience, est multipliée par deux.

Ces observations empiriques présentant une constance, le BCG en a déduit une formule générale avec toutes les limites que cela implique :

$$C_t = C_{t-1} \times \left(\frac{Q_t}{Q_{t-1}} \right)^{-\lambda}$$

avec :

Q_t, expérience actuelle ou quantité produite cumulée en t,

Q_{t-1}, expérience antérieure ou quantité produite cumulée en t – 1,

C_t, coût de production (ou de revient) en t, correspondant à la $Q_{t\text{-ième}}$ unité produite en t,

C_{t-1}, coût de production (ou de revient) à une date antérieure (plus précisément une période plus tôt), correspondant à la $Q_{t-1\text{-ième}}$ unité produite en t – 1,

λ, effet ou taux d'expérience.

Selon ce modèle, en supposant un taux d'expérience de 20 %, si la première unité Q_1 demande 1 000 heures, alors la deuxième Q_2 en demande 800 et la quatrième Q_4 640 (20 % de moins que la deuxième). Pour un coefficient de 20 % (on parle d'une courbe à 80 %), on a $\lambda = -\text{Log } 0{,}8/\text{Log } 2 \approx 0{,}32$.

Taux d'expérience	**Valeur correspondante de λ**
10 %	15,2 %
15 %	23,4 %
20 %	32,2 %
25 %	41,5 %
30 %	51,5 %

En passant par les logarithmes, la fonction d'expérience devient linéaire de la forme y = ax + b :

$$\text{Log } C_t = -\lambda \text{ Log} \frac{Q_t}{Q_{t-1}} + \text{Log } C_{t-1}$$

Parmi les raisons expliquant l'effet d'expérience, on peut relever :

– les économies d'échelle au niveau des achats de matières premières (remises), de la production (taille des équipements et constance des coûts fixes) et de la distribution (remises émanant des canaux de distribution) ;

– l'apprentissage de la main-d'œuvre directe (meilleure maîtrise des équipements par le personnel, meilleure organisation…).

Pour posséder l'effet d'expérience le plus fort, les entreprises cherchent à avoir la production la plus élevée et donc la part de marché la plus importante. C'est pourquoi ces stratégies de coûts (complets) sont également appelées stratégies de volume.

Dans la pratique, les Japonais ont souvent substitué à la formule originelle, la relation : $2 \cdot Q = \frac{2}{3} \cdot C$ indiquant qu'à chaque doublement de la production en volume Q doit correspondre un coût C réduit d'un tiers.

4.2. Application

Une firme fabrique des produits par série de 1 000 unités. Le coût de production unitaire de la première série a été de 35 K€, celui de la deuxième série de 28 K€. Quel devrait être le coût de la dixième série si la firme continuait à gérer son expérience de la même manière ?

$$C_2 - C_1 \times \left(\frac{Q_2}{Q_1}\right)^{-\lambda}$$

d'où :

$$-\lambda \operatorname{Log} \frac{Q_2}{Q_1} = \operatorname{Log} \frac{C_2}{C_1}$$

$\Leftrightarrow \lambda = -0{,}223 / 0{,}693 \simeq 0{,}32$.

Si la première série Q_1 demande 35 K€ et si la seconde Q_2 en demande 28 K€ (20 % de moins que la première), on aboutit à une courbe à 80 % caractérisé par $\lambda \approx 0{,}32$.

La formule énoncée par le BCG peut être étendue aux séries suivantes :

$$C_3 = C_2 \times \left(\frac{Q_3}{Q_2}\right)^{-\lambda}$$

d'où :

$$C_3 = \left[C_1 \times \left(\frac{Q_2}{Q_1}\right)^{-\lambda}\right] \times \left(\frac{Q_3}{Q_2}\right)^{-\lambda} = C_1 \times \left(\frac{Q_3}{Q_1}\right)^{-\lambda}$$

Par récurrence, on en déduit que :

$$C_{10} = C_1 \times \left(\frac{Q_{10}}{Q_1}\right)^{-0,32}$$

$$\Leftrightarrow C_{10} = 35 \times \frac{10^{-0,32}}{1} \approx 16{,}75 \text{ K€}.$$

Graphiquement, on peut représenter le coût (complet) unitaire en fonction de la quantité (ou l'expérience) :

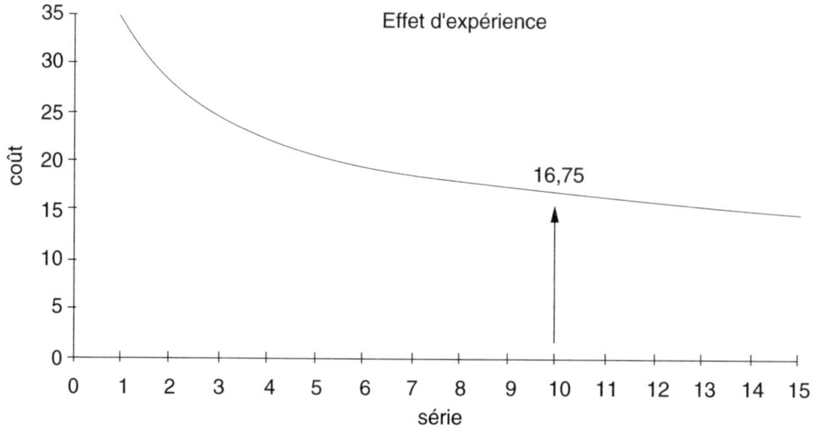

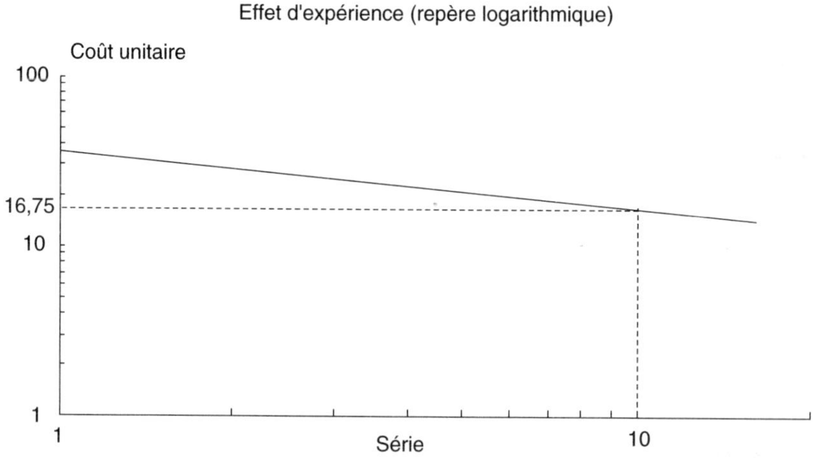

5. Écritures comptables et différences de traitement comptable

5.1. Introduction aux écritures comptables

Tous les comptes de gestion, regroupés dans les classes 6 et 7 du PCG et quelques comptes du bilan, notamment les comptes de stocks de la classe 3 du PCG, sont porteurs d'informations intéressant la CAE.

Les comptes de la CAE (voir tableau *infra*) utilisés pour l'imputation des charges incorporables et supplétives sont d'abord débités et sont ensuite, en général pour solde, crédités.

Les concepteurs du PCG ont créé des comptes nouveaux dits « réfléchis » :

– les comptes de charges réfléchies recueillant, à leur crédit, les charges de la comptabilité générale ;

– les comptes de produits réfléchis recueillant, à leur débit, les produits de la comptabilité générale.

Dans la pratique, on peut se contenter d'avoir un compte global par catégorie de charges et de produits : la CAE est alors une comptabilité autonome, complètement séparée de la comptabilité générale. Cette méthode est de loin la plus employée. La comptabilité analytique est autonome à partir du moment où elle utilise des comptes indépendants de ceux de la comptabilité générale. Le Plan Comptable a prévu à cet effet la classe 9 des comptes analytiques d'exploitation. La césure et l'articulation entre les deux comptabilités sont assurées par les comptes 90. dits « comptes réfléchis », ayant pour fonction de reprendre les éléments de la comptabilité générale sans en solder les comptes.

Exemple

Comptabilité intégrée

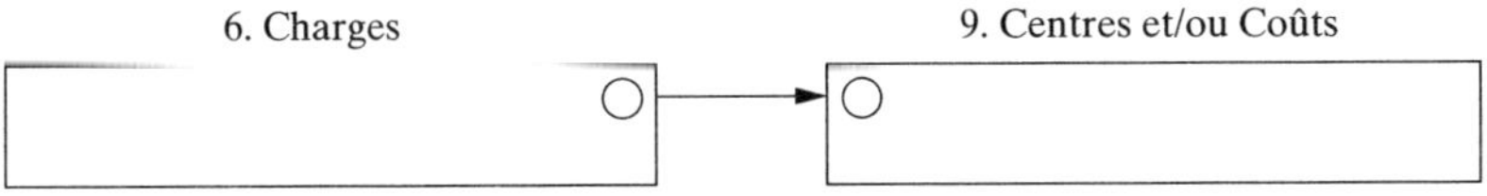

Comptabilité autonome

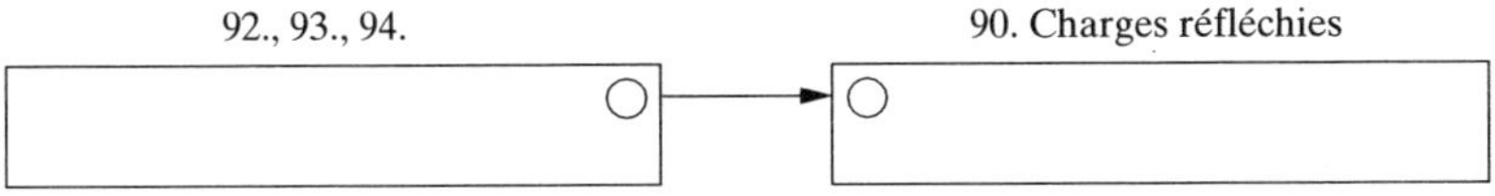

Ce compte 90. est la réflexion dans un miroir du compte de charges correspondant 6., à l'exception des comptes d'achats et de dotations qui ont des comptes de charges réfléchies spécifiques.

stock initial	903 stock réfléchi
achats	904 achats réfléchis
charges	905 charges réfléchies
dotations	906 dotations réfléchies
ventes	907 ventes réfléchies

Mais la CAE peut éventuellement être intégrée à la comptabilité générale : les comptes de charges et produits se trouvent alors soldés au profit des comptes de la CAE. Cette méthode dite de « comptabilité analytique intégrée » est relativement lourde à pratiquer, car elle mélange les écritures de la comptabilité générale et celles de la comptabilité analytique. Elle est surtout employée par les entreprises de distribution qui n'ont pas besoin de calculer de coûts de production mais qui souhaitent obtenir des informations par produits, groupes de produits… Les charges et les produits sont enregistrés normalement dans les comptes des classes 6 et 7 de la comptabilité générale.

On procède de la façon suivante :

– on ouvre des comptes spécifiques de coûts, de centres d'analyse et de résultats ;

– les charges directes sont transférées au débit des comptes de coûts ;

– les charges indirectes sont transférées au débit des comptes de centres d'analyse ;

– les produits sont transférés au crédit des comptes de résultats de la CAE ;

– les comptes de stocks fonctionnent comme des comptes d'inventaire permanent.

Il y a donc un passage direct des comptes de la classe 6 aux comptes de centres et de coûts.

Les comptes analytiques sont groupés dans la classe 9 :

90 – Comptes réfléchis	
	903 – Stocks et provisions pour dépréciation des stocks réfléchis
	904 – Achats réfléchis
	905 – Charges réfléchies
	906 – Dotations réfléchies
	907 – Produits réfléchis
91 – Reclassement préalable des charges et produits de la comptabilité générale	
92 – Centres d'analyse	
	920 – Centres d'administration
	921 – Centres de financement
	922 – Centres de gestion du personnel
	923 – Centres de gestion des moyens matériels
	924 – Centres de prestations connexes
	925 – Centres d'approvisionnement
	926 – Centres d'étude technique et recherche
	927 – Centres de production
	928 – Centres de distribution
	929 – Autres frais à couvrir
93 – Coûts des produits stockés	
	930 à 939 pour les coûts d'achat et de production
94 – Stocks	
	940 – Marchandises
	941 – Matières premières et fournitures
	942 – Autres approvisionnements
	943 – Production de biens en-cours

	944 – Production de services en-cours
	945 – Produits intermédiaires ou finis
	946 à 948 – …
	949 – Provisions pour dépréciation des stocks et des en-cours
95 – Coûts des produits vendus	
	950 à 959 pour les coûts hors production et de revient
96 – Écarts sur coûts préétablis	
97 – Différences de traitement comptable	
	970 – Différences d'incorporation sur matières
	971 – Différences d'incorporation sur amortissements et provisions
	972 – Différences d'incorporation pour éléments supplétifs
	973 – Différences d'incorporation sur autres charges de comptabilité générale
	974 – Différences d'inventaire constatées
	975 – Différences sur coûts et taux de cession
	976 – Différences sur niveau d'activité
	977 – Différences d'incorporation sur produits de la comptabilité générale
	978 à 979 – …
98 – Résultats de la comptabilité analytique	
99 – Liaisons internes	

5.2. Les différences de traitement comptable

Les différences de traitement sont des différences constatées d'une part, entre les charges figurant en comptabilité générale (classe 6) et les charges courantes incorporées aux coûts en comptabilité analytique ; d'autre part, entre les produits figurant en comptabilité générale (classe 7) et les produits courants retenus en comptabilité analytique.

Afin de retrouver le résultat comptable, il faut tenir compte des différences de traitement, c'est-à-dire :

– les charges non incorporables (voir *supra*) ;

– les charges supplétives (voir *supra*) ;

– les différences d'inventaire (différence constatée en fin de période entre les existants réels et les existants théoriques, n'intervenant pas dans le calcul des coûts mais uniquement pour la concordance entre le résultat analytique et le résultat comptable) ; les comptes d'inventaires permanents (comptes 94) sont alors :

– débités des différences positives (inventaire physique > inventaire comptable) par le crédit du compte 974 « différences d'inventaire » (boni d'inventaire) ;

– crédités des différences négatives (inventaire physique < inventaire comptable) par le débit du compte 974 « différences d'inventaire » (mali d'inventaire) ;

– les frais résiduels de centre (différence minime entre les frais de centre calculés et les frais de centre imputés effectivement aux coûts concernés) ;

– les produits non incorporables (surtout des produits exceptionnels) ;

– les différences sur charges financières et exceptionnelles ;

– éventuellement les coûts de sous-activité (voir *infra*, imputation rationnelle des frais fixes).

Éléments	**Incidence sur le résultat analytique**
charges non incorporables	minoration des coûts → majoration du résultat analytique
éléments (charges) supplétifs(ives)	majoration des coûts → minoration du résultat analytique
produits non incorporables	minoration des produits → minoration du résultat analytique
différence d'inventaire	
mali d'inventaire (CMUP arrondi par défaut)	minoration des coûts → majoration du résultat analytique
boni d'inventaire (CMUP arrondi par excès)	majoration des coûts → minoration du résultat analytique
frais résiduels de centre	
arrondis par défaut	minoration des coûts → majoration du résultat analytique
arrondis par excès	majoration des coûts → minoration du résultat analytique

Finalement, Résultats de la CAE ± différences de traitement comptable = Résultat de la Comptabilité Générale et plus précisément :
Résultats de la Comptabilité Analytique d'Exploitation – Charges non incorporables + Produits non incorporables + Charges supplétives = Résultat de la Comptabilité Générale.

6. La comptabilité à base d'activités

6.1. Principes

La pratique a précédé la théorie : c'est ainsi que commence l'histoire. En effet, la comptabilité à base d'activités (de l'anglicisme : *Activity-Based Costing, ABC*) a pour fondement le programme CMS de 1986 (*Cost Management System*) d'une commission, le CAM-I (*Computer Aided Manufacturing-International*) regroupant notamment les plus grands cabinets américains en audit et organisation (Arthur Andersen, Peat Marwick, Coopers & Lybrand...) et de grands groupes industriels (Boeing, General Electric, Kodak, Lockheed, Texas Instruments, Philips...). Il faut noter qu'une des premières expériences concernant la maîtrise des frais généraux (ou charges indirectes) fut réalisée en 1963 par General Electric.

Par la suite, en 1987, Kaplan & Johnson publient un ouvrage qui met en avant les limites de la comptabilité analytique traditionnelle (*« relevance cost - the rise and fall of management accounting »*) et qui présente un nouveau cadre conceptuel : la comptabilité à base d'activités.

À la même époque, un stratège, Porter (*« l'avantage concurrentiel »*), parle de chaîne de valeur pour une entreprise ayant des activités distinctes mais interconnectées qui donnent naissance à la valeur ; cette dernière étant la somme que le client est prêt à payer pour ce qu'une entreprise lui offre. Cette chaîne de valeur ou filière peut être appréhendée comme l'enchaînement des différents stades d'activité aboutissant aux produits et services satisfaisant les besoins du marché.

On peut distinguer deux séquences stratégiques : la fonction technique par laquelle l'entreprise convertit les ressources, grâce à des modes d'activité bien définis, et assure la conception et la distribution de produits ; la mission économique orientée vers la satisfaction des besoins des clients.

Ressources → Activités → Produits → Besoins → Clients

L'un des objectifs du CMS est de construire un nouveau type de comptabilité analytique, adapté à l'environnement d'industries fortement automatisées et intégrées. En effet, certaines formes d'organisation favorisent une transversalité des responsabilités au détriment de la verticalité de la logique fonctionnelle. En conséquence, les activités homogènes définies dans les centres d'analyse perdent de leur pertinence et de ce fait, le coût complet dans sa forme originelle ne répond pas aux nouveaux besoins d'analyse ; le niveau d'engagement des coûts n'est pas lié au seul facteur volume d'autant qu'un montant de plus en plus important des ressources doit être considéré comme représentant des charges indirectes.

Ce sous-chapitre est inspiré de P. Piget, « La comptabilité à base d'activité », Cahier du Crefib, Université de Paris I, novembre 1997.

L'approche ABC est une démarche d'analyse du fonctionnement de l'entreprise aboutissant à une nouvelle architecture du calcul des coûts à base d'activités : il faut alors tracer les relations entre ressources, activités et produits. Les coûts ne sont plus considérés comme une fatalité : ils doivent être gérés, c'est-à-dire maîtrisés et c'est par les activités, c'est-à-dire les processus liant des tâches, que l'on pourra réduire les coûts.

On va remplacer l'hypothèse implicite : « les produits consomment les ressources » des coûts complets par la nouvelle hypothèse « les activités consomment les ressources ».

Dans le modèle initial des coûts complets, on fait l'hypothèse que la valeur produite est correctement appréhendée par la valeur détruite, c'est-à-dire par les coûts alors que maintenant, les produits causent les activités, les activités causent les coûts. Il y a donc inversion de la logique : on part des produits pour arriver aux coûts. Au lieu de se représenter l'entreprise comme une juxtaposition de centres d'analyse qui cherchent chacun à minimiser ses coûts et qui sont coordonnés par une structure, l'entreprise devient un réseau d'activités. Le coût de revient obtenu comprend le coût provenant non seulement d'activités exercées à l'usine, mais aussi d'unités fonctionnelles parfois localisées à des kilomètres de distance, voire même des coûts mis en œuvre en dehors des limites légales de l'entreprise, chez les fournisseurs, les sous-traitants ou les clients. Ce n'est plus le coût d'un produit qui est calculé mais le coût généré par un processus ou par une activité (on parle d'objet de coût).

Par ailleurs, il faut noter que l'automatisation a des conséquences importantes sur la structure des coûts : la main-d'œuvre directe remplit de plus en plus de fonctions dites indirectes (gestion administrative, maintenance, contrôle de qualité) et, en définitive, la distinction entre les main-d'œuvre directe et indirecte devient de plus en plus artificielle ; et le coût direct tend à se limiter aux matières premières consommées, aux dotations aux amortissements de certains équipements, à une partie de la main-d'œuvre et éventuellement de la sous-traitance.

À présent, il devient nécessaire de donner une définition de l'« activité » : c'est un ensemble de tâches homogènes imputables à une personne ou (inclusif) à un ensemble de personnes ; à une machine ou à un ensemble de machines, caractéristiques d'un processus de réalisation de la chaîne de valeur et consommateur de ressources. L'activité constitue une pièce du puzzle organisationnel mais, bien évidemment, aucune activité n'est isolée au sein de l'entreprise : les activités se combinent en réseaux d'activités.

Les activités qui ont le même comportement économique (même cause, mêmes facteurs de coûts) ont vocation à être regroupées. Ainsi les activités de passation d'une commande, réception administrative de la livraison et entreposage ont une seule et même cause (la commande) et les mêmes facteurs de coûts (réduire le nombre d'erreurs et les délais).

On distingue généralement quatre catégories d'activités :

– les activités liées aux volumes fabriqués (activités répétitives de production comme entreposer des matières premières, assembler un produit, passer des écritures comptables...) : charges réparties avec des unités d'œuvre du type heures de main-d'œuvre directe, heure-machine... Elles se gèrent de façon assez aisée puisque l'objet de coût est clairement identifié ;

– les activités liées aux changements de lots ou de séries fabriqués : charges réparties avec des unités d'œuvre du type nombre d'ordres de production, nombre de séries fabriquées... ;

– les activités de support concernant le produit ou tout autre objet de coût : nombre de composants utilisés... ;

– les activités de support visant l'ensemble des productions : travaux de maintenance, conception... Le pilotage de ces activités est délicat car il existe parfois un décalage dans le temps entre consommations de ressources et création de valeur.

La méthode des centres d'analyse constitue sans aucun doute une forme d'analyse d'activités. Chaque centre est le lieu de consommation de ressources pour la production d'un service qui est consommé par les produits ou un autre centre. Certes les ouvrages de comptabilité analytique préconisent de multiples unités d'œuvre adaptées à chaque centre, mais celles que l'on trouve dans la pratique sont en nombre très limité : quantités de matières premières consommées, heures de main-d'œuvre directe, heures-machine et francs de chiffre d'affaires. Mais le terme activité est plus fin que celui de centre d'analyse et en fait, une activité est souvent un sous-ensemble d'un centre d'analyse (par exemple au sein d'un centre principal de production, trois activités peuvent être distinguées : maintenance des équipements, fabrication des produits et organisation du travail).

Mettre en place une comptabilité à base d'activités signifie que les dépenses de l'entreprise sont saisies sur la base des activités et lorsqu'une activité est commune à plusieurs unités organisationnelles ou bien plusieurs centres distincts, la dépense sera saisie pour l'activité au sein de chaque unité ou centre. Par exemple si on a retenu les dépenses de maintenance comme activité, la consommation de ressources (ou moyens en hommes et capital économique) correspondant à l'activité sera saisie séparément au sein de chaque service utilisant les moyens de la maintenance. La dépense globale de maintenance dans l'entreprise pourra être obtenue par une simple addition des dépenses de l'activité dans tous les services concernés. Pour calculer le coût unitaire d'une activité, il suffira de diviser la dépense globale sur une période donnée par le nombre d'« unités d'œuvre ». Cependant, la comptabilité à base d'activités utilise plus volontiers la terminologie d' « inducteur d'activité » en lieu et place d'unité d'œuvre par la volonté de rétablir un lien de causalité avec la consommation de ressources. L'inducteur de coût désigne alors une cause qui permet d'expliquer l'existence de la charge. On peut dès lors distinguer différents inducteurs d'activité correspondant à un certain niveau de causalité et permettant de répartir les coûts d'une activité entre les productions d'une entreprise (ou objets de coûts).

Les inducteurs peuvent être liés au volume quand les activités consomment des ressources proportionnellement au volume des produits fabriqués (quantité de matières consommées, heure-machine, heure de main-d'œuvre...) ; on peut presque parler d'unité d'œuvre. Les inducteurs liés à l'organisation constatent que la consommation des ressources peut dépendre de la façon dont sont agencées les opérations. Si la production est organisée par lots, la consommation de ressources est la même quelle que soit la taille du lot. L'inducteur est alors le nombre de lots et le coût attribué à chaque unité du lot est d'autant plus faible que le lot est grand (cf. *infra*). Les inducteurs liés à l'existence d'une capacité de production attestent que certaines ressources sont consommées pour maintenir une capacité : éclairage, chauffage, assurance, recherche-développement, formation, maintenance...

On peut éventuellement réduire à deux inducteurs principaux : ceux concernant des opérations répétitives quand chaque produit consomme le même temps de l'activité considérée et ceux concernant des opérations spécifiques où le temps passé est fonction de l'objet de coût concerné.

L'ambition est d'aboutir à la représentation de l'entreprise sous la forme d'une carte des activités. Cette nouvelle modélisation contribue à estomper la vision de l'entreprise sous forme de centres fonctionnels hiérarchisés au profit d'une vision sous forme d'une coopérative d'activités égales en droit et en devoir. La qualité du système de comptabilité par activités mis en place dépend du choix des activités. Ce choix est lié à la détermination des inducteurs (ou facteurs de coûts) qui causent les activités et dictent la répartition des coûts entre les produits.

Techniquement, l'entreprise peut envisager deux architectures.

Le modèle n° 1 de carte des activités se base sur le processus : ressources → activités → produits. Il montre à nouveau que les activités consomment des ressources et que les produits consomment des activités. Le coût de ressources est d'abord affecté aux activités en fonction d'inducteurs de ressources, puis les coûts rattachés aux activités sont répartis entre les produits selon un inducteur d'activité qui reflète la consommation de l'activité par le produit.

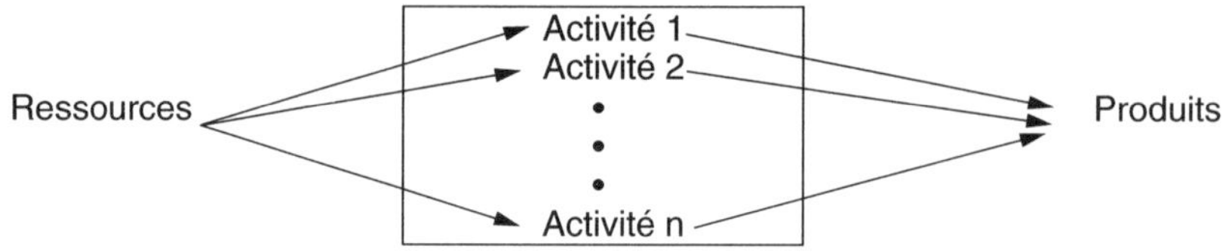

$$\text{Coût unitaire de l'inducteur d'activité} = \frac{\text{total des ressources consommées par cette activité}}{\text{nombre d'inducteurs}}$$

Une activité regroupant des ressources homogènes ; il devient possible de définir une mesure unique d'activité. Les ressources varient généralement en proportion du nombre d'inducteurs, d'où la définition de ce coût unitaire de l'activité ou coût par unité d'inducteur qui est le rapport entre les coûts des facteurs de production pouvant être tracés jusqu'à l'activité et le volume d'activité (ou nombre d'inducteurs).

Le modèle n° 2 de carte des activités est plus complexe et se fonde sur le processus : ressources → activités → centres de regroupement → produits. Il traduit la répartition des coûts des activités entre différents centres de regroupement, puis la répartition entre les produits des coûts rattachés aux différents centres de regroupement. Chaque centre de regroupement réunit les activités caractérisées par un même inducteur (ou facteur de coût).

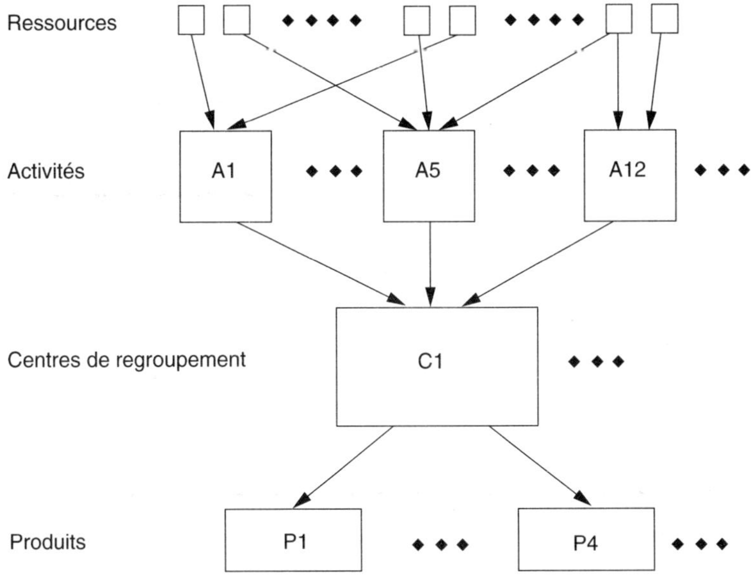

$$\text{Coût unitaire de l'inducteur} = \frac{\text{total des ressources consommées par centre de regroupement}}{\text{nombre d'inducteurs}}$$

Prenons l'exemple d'une entreprise qui a déterminé que trois de ses activités peuvent être regroupées au sein d'un même centre de regroupement :

Centre de regroupement	Activités	Ressources	Volume de l'inducteur	Coût unitaire de l'inducteur
Gestion des lots (C1)	Fabrication industrielle (A1) Contrôle industriel (A5) Maintenance industrielle (A12)	45 200 □□ 7 100 □□□ 2 300 □□ 54 600	70	$\frac{54\,600}{70} = 780$

Si l'entreprise a fabriqué : 7 lots de 20 000 produits A, 3 lots de 10 000 produits A et 8 lots de 30 000 produits A ainsi que 10 lots de 400 produits B, 25 lots de 700 produits B et 17 lots de 800 produits B. Le nombre total de lots s'élève à 70.

On utilise la relation ci-après, pour trouver 780 :

$$\text{coût unitaire de l'inducteur} = \frac{\text{total des ressources consommées par centre de regroupement}}{\text{nombre d'inducteurs}}$$

Le chiffrage des objets de coûts (souvent des produits) comprend finalement quatre étapes :

① analyse des activités proprement dites ;

② simplification de la carte des activités avec le choix des inducteurs ;

③ attribution des ressources consommées aux activités (ou bien au centre de regroupement d'activités) ; il est plus facile de « tracer » la consommation de ressources par les activités que par les centres d'analyse ; la plupart des charges indirectes étant directes par rapport aux activités ;

④ architecture de calcul des coûts.

Pour commencer, il faut se demander : quelles sont les activités présentes ? quelles sont les causes de l'activité ? Les tâches sont reliées entre elles et forment une activité. Reprenons l'exemple cité dans la *Revue Fiduciaire* : « le déchargement du camion de matières premières, le contrôle du bon de livraison, le rapprochement avec le bon de commande, le contrôle de qualité des matières et le transfert au magasin constituent cinq tâches que l'on peut regrouper sous le terme d'activité de réception. Il existe plusieurs possibilités de mesure de la production d'une activité. Si on reprend l'exemple de l'activité de réception, on peut imaginer de mesurer le volume de l'activité par le nombre de camions déchargés, par le nombre de bons de réception traités, par le nombre de références contrôlés… ».

Il faut construire une cartographie suffisamment pertinente des activités sans tomber dans une trop grande simplification ou dans une description trop détaillée. L'expérience montre que, généralement, les différentes tâches d'un centre d'analyse peuvent se regrouper autour de 2 à 5 activités principales et en définitive, pour une entreprise débutante dans l'approche ABC, la mise en évidence de 25 à 100 activités différentes est largement suffisante. Sinon, le projet peut être très coûteux en termes de traitement et long à mettre en œuvre. On peut alors essayer de regrouper les activités homogènes. Si dans la carte des activités, il y a trois activités « gestion du personnel », une par centre principal d'approvisionnement, de production et de distribution, on peut créer une activité « gestion du personnel » rassemblant les trois activités initiales. On imagine aisément que les activités identiques regroupées ont un coût qui obéit à une même loi de comportement. Finalement, le système de coûts construit se trouve très proche de l'esprit du *direct costing* puisqu'au sein de chaque regroupement, on retrouve un coût variable en fonction du facteur explicatif ou inducteur, employé au niveau des centres de regroupement et non plus au niveau de activités. Un second mode de simplification vise à regrouper non plus les activités identiques par nature mais celles obéissant à un déclenchement commun. Il n'est plus question de regrouper ensemble réception et expédition car si ces deux activités sont sur le plan professionnel très proches et très homogènes, elles appartiennent à deux processus très différents. La première appartient au processus d'approvisionnement, la seconde au processus de distribution. Si le regroupement se fait sur la base de l'homogénéité, c'est la mesure de production homogène qui est l'inducteur de coût. Si le regroupement se fait sur la base des processus, c'est le facteur commun intervenant dans toutes les activités regroupées qui est retenu comme inducteur.

Le calcul des coûts proprement dit consiste en une affectation des charges directes entre les objets de coûts et en l'analyse des charges indirectes qui montre finalement que ce sont les activités (et non les produits) qui consomment les ressources et que tous les coûts sont variables. On peut montrer que ces frais généraux sont plutôt fixes par rapport au volume de produits finis parce qu'il n'y a pas de relation directe de cause à effet entre la variation du nombre de produits finis et le montant des frais généraux. Ces derniers sont cependant variables par rapport au volume de leur activité lui-même linéairement corrélé à long terme avec le volume de produits finis. L'identification des objets de coûts conduit généralement à calculer le coût par produit mais il est possible d'envisager des calculs de coûts par contrat, par service offert, par client…

La mise en œuvre de la comptabilité par activités dépend donc de la taille et de la complexité de l'organisation : par exemple, les coûts des trois activités A1, A5 et A7 sont réunis dans un centre de regroupement 2 avant d'être répartis entre les produits car elles sont caractérisées par un même facteur de coût.

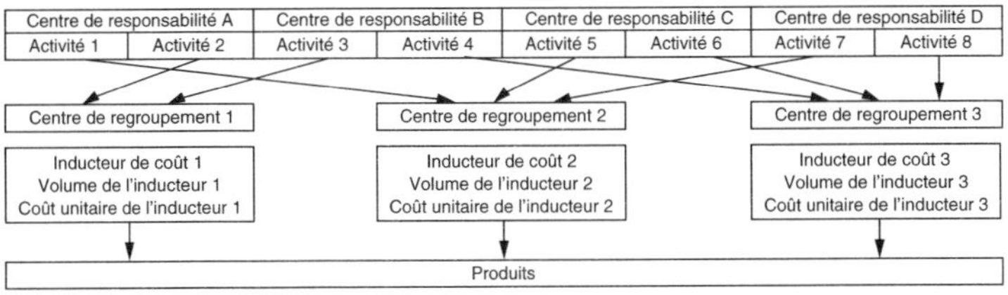

6.2. Application

Soit une entreprise industrielle dont le processus continu de fabrication est défini ci-après.

Les matières premières sont d'abord transformées en produits intermédiaires ; ces derniers sont assemblés pour constituer un produit fini. Il faut une dizaine de produits intermédiaires pour aboutir à un produit fini. Ce dernier subit un contrôle de qualité où il est éventuellement retravaillé pour éliminer les déchets et/ou rebuts. Plusieurs lots de produits finis peuvent être mis simultanément en fabrication.

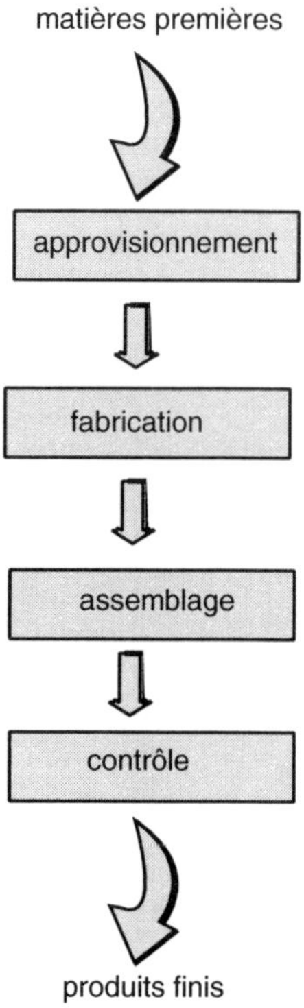

Outre le prix d'achat des matières premières, il y a quatre catégories de frais généraux (ou centres principaux) : ceux liés à l'approvisionnement ; ceux liés à la fabrication ; ceux liés à l'assemblage ; ceux liés au contrôle.

Le premier centre d'analyse regroupe toutes les charges liées à l'approvisionnement, à la réception et à l'entreposage des matières premières. Ces charges sont imputées en fonction des quantités de matières consommées.

Le centre d'analyse lié à la fabrication est constitué d'équipements permettant la transformation de matières premières en produits intermédiaires ; il regroupe toutes les charges qui lui sont imputables : électricité, entretien, main-d'œuvre, dotations aux amortissements des équipements. Ces charges sont affectées en fonction du nombre d'heures-machines utilisées.

Le centre d'analyse lié à l'assemblage, quant à lui, est constitué d'équipements différents des précédents permettant l'assemblage des produits intermédiaires pour obtenir des produits finis ; il regroupe toutes les charges qui lui sont imputables : électricité, entretien, main-d'œuvre, dotations aux amortissements des équipements. Ces charges sont affectées en fonction du nombre d'heures-machines utilisées.

Le centre d'analyse lié au contrôle regroupe toutes les charges qui lui sont imputables : main-d'œuvre, électricité, dotations aux amortissements des équipements. Ces charges sont réparties en fonction du nombre d'heures de main-d'œuvre consommées. Cette dernière doit parfois retoucher les produits finis présentant des défauts en repassant par la fabrication et/ou l'assemblage.

Les données extraites de la comptabilité analytique sont précisées ci-après.

	Produit P (standard)	**Produit Q (luxe)**
Prix de vente unitaire	420	750
Quantités de produits vendus	250	80
Prix d'achat des matières premières par produit	122	187
Kg de matières consommées	6 614	3 386

Centres principaux				
Éléments	**Approvi-sionnement**	**Fabrication**	**Assemblage**	**Contrôle**
Total du centre	7 560	23 750	14 300	10 650
Nature de l'U.O.	Kg MP consommées	Heures-machines	Heures-machines	Heures-M.O.
Nombre d'U.O.	10 000	1 900 ①	1 040 ②	1 420 ③
Coût d'Unité d'Œuvre	0,756	12,5	13,75	7,5

dont pour le produit P – ① : 1400 ; ② : 800; ③ : 800.

La somme des charges indirectes est de 56 260.

On peut retrouver l'architecture des coûts complets :

	Produit P (standard)	**Produit Q (luxe)**
Prix de vente	105 000	60 000
Prix d'achat des matières premières consommées	30 500	14 960
Frais généraux approvisionnement	≈ 5 000	≈ 2 560
Frais généraux fabrication	17 500	6 250
Frais généraux assemblage	11 000	3 300
Frais généraux (ou charges indirectes) contrôle	6 000	4 650
Coût de revient	70 000	31 720
Résultat analytique	35 000	28 280

L'entreprise arrive à un résultat analytique global de 63 280.

	Produit P (standard)	**Produit Q (luxe)**
Prix de vente unitaire	420	750
Coût de revient unitaire	280	396,5
Résultat unitaire	140	353,5
Taux de marge	33,3 %	47,1 %

Raisonnons à présent selon la comptabilité à base d'activités, sachant que l'analyse des centres principaux a révélé six activités essentielles.

Centres principaux	**Activités**	**Ressources**
Frais généraux approvisionnement	relations avec les fournisseurs	2 200
	réception des matières premières	1 450
	entreposage	3 910
Frais généraux fabrication	fabrication	20 460
	entretien	3 290
Frais généraux assemblage	assemblage	9 900
	entretien	4 400
Frais généraux contrôle	contrôle	4 970
	relations avec les fournisseurs	1 180
	entreposage	4 500

... ces dernières étant caractérisées par les facteurs de coûts ci-après :

Activités	**Facteurs explicatifs ou inducteurs**
Relations avec les fournisseurs	Catégories de produit
Réception des matières premières	Catégories de produit
Entreposage	Catégories de produit
Fabrication	Nombre de produits intermédiaires fabriqués
Assemblage	Nombre de produits finis assemblés
Entretien	Nombre d'heures machines
Contrôle	Nombre d'heures de main-d'œuvre

On peut alors calculer le coût unitaire de chaque inducteur :

Inducteurs d'activité	**Ressources**	**Volume de l'inducteur**	**Coût unitaire de l'inducteur d'activité**
Catégories de produits	13 240	2	6 620
Nombre de produits intermédiaires fabriqués	20 460	® 3 300	6,2
Nombre de produits finis assemblés	9 900	330	30
Nombre d'heures-machines	7 690	2 940	≈ 2,616
Nombre d'heures de main-d'œuvre	4 970	1 420	3,5
	56 260		

® : 10 produits intermédiaires pour réaliser un produit fini ; donc 3 300 pour 330.

On peut alors construire l'architecture de la comptabilité à base d'activités :

	Produit P (standard)	**Produit Q (luxe)**
Prix de vente	105 000	60 000
Prix d'achat des matières premières consommées	30 500	14 960
Coût par inducteur d'activité		
Catégories de produit	6 620	6 620
Nombre de produits intermédiaires fabriqués	15 500	4 960
Nombre de produits finis assemblés	7 500	2 400
Nombre d'heures-machines	≈ 5 755	≈ 1 935
Nombre d'heures de main-d'œuvre	2 800	2 170
Coût de revient	68 675	33 045
Résultat analytique	36 325	26 955

L'entreprise aboutit encore à un résultat analytique global de 63 280.

	Produit P (standard)	**Produit Q (luxe)**
Prix de vente unitaire	420	750
Coût de revient unitaire	274,7	413,1
Résultat unitaire Taux de marge	145,3 34,6 %	336,9 44,9 %

Terminons l'application en esquissant une comparaison analytique…

	Produit P (standard)	**Produit Q (luxe)**
Coût de revient unitaire « traditionnel »	280	396,5
Coût de revient unitaire « ABC » Différence n° 1	274,7 – 1,9 %	413,1 + 4,2 %
Résultat unitaire « traditionnel » Résultat unitaire « ABC » Différence n° 2	140 145,3 + 3,8 %	353,5 336,9 – 4,7 %

Cas n° 2 – **Amstram Jam** : page 176.
Cas n° 3 – **Bonchoco** : page 186.
Cas n° 4 – **Arghh** : page 192.
Cas n° 5 – **Julien** : page 199.
Cas n° 8 – **No Fun** questions 1 à 3 : page 223.
Cas n° 13 – **CHA** questions 1 à 8 : page 254.
Cas n° 14 – **Navimar** questions 1 à 3 : page 261.
Cas n° 15 – **Nocturne** questions 1 à 5 : page 266.
Cas n° 16 – **Pharma** questions 1 à 4 : page 282.

Chapitre 3

L'IMPUTATION RATIONNELLE DES FRAIS FIXES

La méthode de l'imputation rationnelle des frais fixes fait la distinction fondamentale entre les charges directes et les charges indirectes, puis généralement au niveau des charges indirectes, entre les charges variables et les charges fixes.

1. Définitions

Les méthodes de calcul de coûts complets consistent à répartir entre différents produits les charges directes et les charges indirectes.

On peut distinguer classiquement quatre méthodes :

- la méthode des centres d'analyse (voir chapitre 2 – 2) ;
- la comptabilité à base d'activités (voir chapitre 2 – 6) ;
- la méthode de l'imputation rationnelle des frais fixes (voir chapitre 3 – 1 à 5) ;
- la méthode du coefficient global d'imputation (voir chapitre 3 – 6).

Développée vers 1915 par H. Gantt, un collègue de F. Taylor, l'imputation rationnelle (des frais fixes) est donc un développement de la méthode des centres d'analyse destiné à filtrer certains effets considérés comme fâcheux. Elle consiste à ne faire entrer dans le calcul du coût de revient d'un produit que la part des frais fixes nécessaire à sa production normale.

Rappelons que les charges variables (ou opérationnelles) sont proportionnelles au volume d'activité et restent constantes dans la composition du coût variable unitaire et que les charges fixes (ou de structure) sont en principe indépendantes du volume d'activité.

Le problème est :

– de déterminer un niveau d'activité pouvant servir d'étalon de référence à une entreprise dans l'obtention de ses coûts de revient et qui sera désigné sous le nom d'activité normale ; elle est généralement fonction de la capacité de production de l'entreprise ;

– de faire apparaître l'incidence de la seule variation d'activité sur le résultat analytique en parvenant à évaluer le boni de suractivité réalisé du fait d'une activité réelle supérieure à celle qui avait été prise comme référence ou bien le coût de chômage subi par suite d'une activité réelle inférieure à la normale.

Exemple

Il est facile de montrer que lorsqu'on calcule un coût de production unitaire, le montant des charges fixes incorporables dans ce coût varie avec le niveau d'activité de l'entreprise, alors que la part des charges variables reste constante.

Considérons un centre d'analyse qui produit normalement 2 000 articles (en 500 heures ouvriers) coûtant 10 000 € de frais variables et 15 000 € de frais fixes.

Sur une période de trois mois, la fabrication connaît des variations :

– avril : 1 500 articles fabriqués (sous-activité) ;

– mai : 2 000 articles fabriqués (activité normale) ;

– juin : 2 500 articles fabriqués (suractivité).

Les coûts de production mensuels correspondant à l'activité réelle sont les suivants :

Niveau d'activité	**Sous-activité**		**Activité normale**		**Suractivité**	
Mois	**avril**		**mai**		**juin**	
Quantités fabriquées	1 500 articles		2 000 articles		2 500 articles	
Nature des coûts	Coût total	Coût unitaire	Coût total	Coût unitaire	Coût total	Coût unitaire
Frais variables Frais fixes	7 500 15 000	5 10	10 000 15 000	5 7,5	12 500 15 000	5 6
Coût de production	22 500	15	25 000	12,5	27 500	11

Les frais fixes unitaires varient en sens inverse du volume d'activité et l'imputation rationnelle des frais fixes se propose de réaliser une sélection : les frais variables qui n'introduisent aucune distorsion entrent dans la totalité du coût de production mais les frais fixes ne sont imputés au coût de production que dans une certaine proportion.

Lorsque la production effective est sous-utilisée, alors la partie non imputée est considérée comme un coût de sous-activité et doit être débitée au compte de résultat. Lorsque la production effective est sur-utilisée, alors l'autre partie est considérée comme un boni de suractivité et doit être créditée au compte de résultat.

En reprenant l'exemple précédent, l'application du principe de l'imputation rationnelle des frais fixes fournit les résultats suivants :

Niveau d'activité	**Sous-activité**		**Activité normale**		**Suractivité**	
Mois	**avril**		**mai**		**juin**	
Quantités fabriquées	1 500 articles		2 000 articles		2 500 articles	
Nature des coûts	Coût total	Coût unitaire	Coût total	Coût unitaire	Coût total	Coût unitaire
Frais variables	7 500	5	10 000	5	12 500	5
Frais fixes	*15 000*	*10*	*15 000*	*7,5*	*15 000*	*6*
– CIR = 0,75	11 250	7,5				
– CIR = 1,00			15 000	7,5		
– CIR = 1,25					18 750	7,5
Coût de production	18 750	12,5	25 000	12,5	31 250	12,5

® : CIR = coefficient d'imputation rationnelle (cf. *infra*).

On constate alors une insensibilité du coût de production unitaire aux variations du niveau d'activité en cas d'imputation rationnelle des frais fixes.

2. Détermination de l'activité normale

La détermination du niveau normal d'activité est certainement le point le plus délicat de la méthode. Le Conseil National de la Comptabilité fournit les précisions suivantes : « l'activité normale correspond à l'activité théorique maximale diminuée des déperditions incompressibles de l'activité liées aux temps de congés, d'arrêts de travail, de réparations (entretien, pannes, réglages) statistiquement normales et aux contraintes structurelles de l'organisation (changements d'équipes, goulots d'étranglements) ». Généralement, les responsables prennent pour point de départ la capacité théorique optimale de production de laquelle ils déduisent un certain pourcentage censé prendre en considération les aléas de fabrication. Pour les entreprises industrielles, l'activité normale s'appelle souvent capacité normale de production.

Sur-activité et sous-activité sont alors des phénomènes transitoires de déséquilibre par rapport à ce niveau d'activité dit normal.

Cette activité qui est déterminée pour l'entreprise ne correspond pas obligatoirement à une activité normale pour tous les centres principaux, surtout en cas de multiproduction. D'un centre principal à l'autre peuvent apparaître des capacités excédentaires ou bien des goulots d'étranglement. La plupart du temps, il y aura donc des coefficients d'activité différents pour chacun des centres principaux, ces coefficients d'activité (voir *infra*) comparant l'activité réelle d'un centre par rapport à l'activité normale.

Il semble logique *a priori* de raisonner pour les centres auxiliaires comme pour les centres principaux et de déterminer pour chaque centre auxiliaire un niveau normal d'activité. Mais beaucoup de centres auxiliaires rassemblent essentiellement des charges fixes et il est difficile d'y définir une unité de mesure de l'activité. En général, le comptable préfère considérer que l'activité des centres auxiliaires dépend de celle des centres principaux : plus les centres (importants car fonctionnels) en aval travailleront, plus ils tireront les centres (moins importants car peu fonctionnels) en amont. Aussi le procédé de détermination qui semble le plus satisfaisant est celui consistant à calculer un coefficient d'activité à partir des coefficients d'activité des centres principaux pondérés par les clés de répartition.

De deux choses l'une :

– soit l'information est complète : les coefficients d'activité peuvent être calculés pour tous les centres auxiliaires ou principaux ;

– soit l'information est incomplète : pour les centres auxiliaires, il faut dans la mesure du possible utiliser le procédé décrit plus haut ou, en dernier recours, prendre par hypothèse un coefficient d'activité de 1.

Exemple

Soit le centre auxiliaire « prestations connexes » qui se répartit dans trois centres principaux dont les coefficients d'activité sont connus.

Centres principaux	**Approvisionnement**	**Production**	**Distribution**
Coefficient d'activité des centres principaux (1)	1,2	1	0,7
Répartition du centre prestations connexes (2)	0,3	0,2	0,5
(1) ×(2)	0,36	0,2	0,35

Comme coefficient d'activité pour le centre prestations connexes, on prendra 0,91 : soit la somme 0,36 + 0,2 + 0,35.

3. Principes

L'imputation rationnelle des frais fixes consiste à multiplier le montant réel des frais fixes attribué à chacun des centres par le rapport :

$$\text{CIR} = \frac{\text{activité réelle}}{\text{activité normale}}$$

où CIR est le coefficient d'imputation rationnelle ou coefficient d'activité et trois cas sont à envisager :

(1) Si CIR < 1 alors l'activité réelle de la période est inférieure à l'activité normale, une partie de frais fixes ou coût de chômage (ou coût non absorbé) ne sera pas imputée aux coûts mais devra être considérée comme une perte due à la sous-activité. Ce coût de chômage indique que les frais fixes engagés pour disposer d'un potentiel non utilisé sont perdus ; le potentiel est lui-même perdu puisque la non-utilisation ne peut être considérée comme un report sur l'avenir.

CIR < 1

⇔ activité réelle < activité normale

⇔ frais fixes (imputation rationnelle) < frais fixes (coûts complets)

⇔ coût de revient (imputation rationnelle) < coût de revient (coûts complets)

⇔ résultat analytique (imputation rationnelle) > résultat analytique (coûts complets)

donc résultat analytique (imputation rationnelle) – coût de chômage = résultat analytique (coûts complets). Le coût de chômage fait partie du compte « différences de traitement comptable », plus précisément « différences sur niveau d'activité ».

(2) Si CIR = 1 alors l'activité réelle est égale à l'activité normale et on revient donc à la méthode des coûts complets, c'est voulu ou subi en fonction de l'information disponible.

(3) Si CIR > 1 alors l'activité réelle est supérieure à l'activité normale, les frais de structure imputés aux coûts sont supérieurs au montant normal supporté, la partie supplémentaire de frais fixes affectée ou boni de suractivité sera considérée comme un profit dû à la sur-activité. Par mesure de prudence, le boni de suractivité ne peut être utilisé qu'à amortir une sous-activité dans une autre production.

CIR > 1

⇔ activité réelle > activité normale

⇔ frais fixes (imputation rationnelle) > frais fixes (coûts complets)

⇔ coût de revient (imputation rationnelle) > coût de revient (coûts complets)

⇔ résultat analytique (imputation rationnelle) < résultat analytique (coûts complets)

donc résultat analytique (imputation rationnelle) + boni de sur-activité = résultat analytique (coûts complets). Le boni de sur-activité fait partie du compte « différences de traitement comptable ».

Enfin, le principe fondamental de la méthode est le suivant : en général, l'imputation rationnelle des charges indirectes fixes se pratique dans le tableau des centres d'analyse avant répartition secondaire (voir *infra* 4.). Lorsque les coefficients d'activité sont les mêmes pour tous les centres, il n'y a aucun problème, on peut faire le calcul de la différence d'imputation à n'importe quel moment. En revanche, lorsque les coefficients sont différents, le calcul de la différence d'imputation doit être effectué centre par centre, il faut donc obligatoirement le faire après la répartition primaire et avant la répartition secondaire. Si le comptable ne dispose que d'un tableau de centres d'analyse après répartition secondaire, alors il n'aura pas le choix et ne pourra pratiquer la méthode qu'après répartition secondaire.

La méthode de l'imputation rationnelle des frais fixes est donc un développement de la méthode des centres d'analyse ; l'imputation rationnelle découlant des coûts complets, on doit retrouver le résultat « coûts complets » après prise en compte des différences de traitement comptable.

Le point délicat est le choix du niveau normal d'activité qui conditionne toute l'analyse. De même, rien ne prouve que l'unité d'œuvre qui s'applique aux frais fixes est nécessairement la même que celle des frais variables d'un centre. De plus, on peut noter qu'il peut très bien exister des charges directes fixes sur lesquelles il faudrait logiquement appliquer un coefficient d'activité. Finalement, l'imputation rationnelle est relativement lourde à mettre en place et reste en pratique peu utilisée.

Exemple

Soit un centre d'analyse de production dont les frais fixes s'élèvent à 100.

Le prix de vente du produit généré par ce centre est de 300.

Les heures de travail correspondant à l'activité normale sont estimées à 100 heures.

Travail à faire

a) Déterminer le résultat analytique (coûts complets – CC).

b) Déterminer le résultat analytique (imputation rationnelle – IR) dans le cas d'une hypothèse d'activité réelle H_1 de 80 heures (les frais variables du centre s'élèvent à 120) puis H_2 de 120 heures (les frais variables du centre s'élèvent à 165).

a) H_1 : résultat analytique (CC) = 300 – (120 + 100) = 80
H_2 : résultat analytique (CC) = 300 – (165 + 100) = 35

b) Soient respectivement A_N, A_{R1} et A_{R2}, les activités normales, réelle (hyp. H_1) et réelle (hyp. H_2).

$$H_1 \Rightarrow CIR = \frac{A_{R1}}{A_N} = \frac{80}{100} = 0,8$$

le montant des frais fixes imputés est donc de : 0,8 × 100, soit 80 d'où un résultat analytique (IR) = 300 – (120 + 80) = 100.

On constate que (120 + 80) = 0,8 × (150 + 100), c'est-à-dire que si on suppose que les frais variables du centre augmentent linéairement en fonction de l'activité réelle, alors le montant des frais imputés rationnellement est égal au produit du coefficient d'imputation rationnelle et des frais complets.

Pour retrouver le résultat analytique (CC), il faut tenir compte d'une différence de traitement, en l'occurrence le coût de chômage évalué à 20 (= 100 – 80), d'où :

résultat analytique (CC) = résultat analytique (IR)
– coût de chômage = 100 – 20 = 80.

$$H_2 \Rightarrow CIR = \frac{A_{R2}}{A_N} = \frac{110}{100} = 1{,}1$$

le montant des frais fixes imputés est donc de : 1,1 × 100, soit 110, d'où un résultat analytique (IR) = 300 – (165 + 110) = 25.

On constate que (165 + 110) = 1,1 × (150 + 100). Pour retrouver le résultat analytique (CC), il faut tenir compte d'une différence de traitement, en l'occurrence le boni de sur-activité évalué à 10 (= 110 – 100), d'où :

résultat analytique (CC) = résultat analytique (IR)
+ boni de sur-activité = 25 + 10 = 35.

En définitive, la méthode de l'imputation rationnelle ne modifie pas le montant réel des frais fixes mais uniquement le montant imputé aux coûts (donc avant différences de traitement comptable).

Si on appelle fvu les frais variables unitaires, ffu exceptionnellement les frais fixes unitaires et FF les frais fixes, alors le coût de revient complet « CC » est égal à : (fvu × A_R) + FF et le coût de revient rationnel « CC » est égal à : (fvu + ffu) × A_R.

À partir de l'exemple précédent (hyp. H_1), on vérifie que CC est égal à : (fvu × A_{R1}) + FF = (1,5 × 80 heures) + 100 = 220, tandis que CR est défini ainsi : (fvu + ffu) × A_{R1} = (1,5 + 1) × 80 = 200. De même (hyp. H_2), on vérifie que CC est égal à : (fvu × A_{R2}) + FF = (1,5 × 110 heures) + 100 = 265, tandis que CR est défini ainsi : (fvu + ffu) × A_{R2} = (1,5 + 1) × 110 = 275.

L'imputation rationnelle des frais fixes revient en quelque sorte à assimiler les frais fixes à des frais variables.

Graphiquement, on peut représenter les coûts en fonction des deux hypothèses d'activité réelle A_{R1} et A_{R2}.

Soient D_1 : la droite d'équation y_1 = (fvu × A_R) + FF = 1,5 × A_R + 100, caractérisant les coûts complets et D_2 : la droite d'équation y_2 = (fvu + ffu) × A_R = 2,5 × A_R, caractérisant l'imputation rationnelle des frais fixes.

On obtient le graphique suivant (pour une activité allant de 60 heures à 130 heures) :

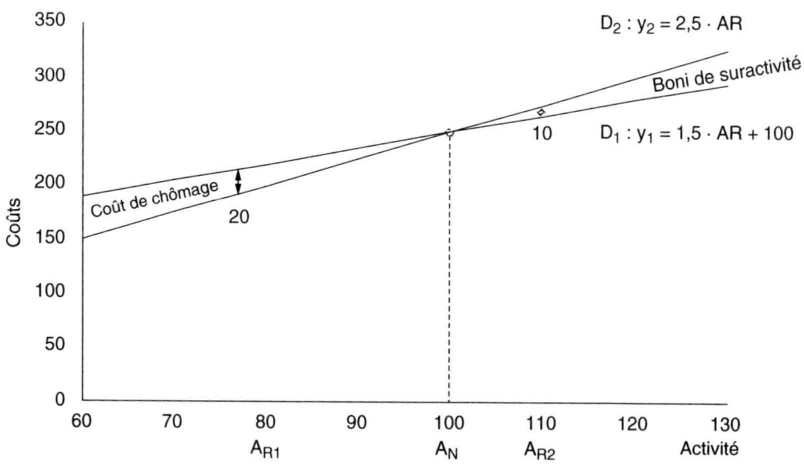

4. Application

Soit le tableau de répartition des charges indirectes ci-après :

		Centres auxiliaires						Centres principaux					
Éléments	**Total**	**1**		**2**		**3**		**Achat**		**Production**		**Distribution**	
		Fixe	Var.	Fixe	Var.	Fixe	Var.	Fixe	Var.	Fixe	Var.	Fixe	Var.
Total après rép. 1re	15 000	600	0	1 000	400	500	500	0	2 286	6 500	1 420	1 000	794
CIR		1		1,2		0,8		1		0,8		1,2	
Centre 1									30 %		30 %		40 %
Centre 2									24 %		60 %		16 %
Centre 3									1		1		4

Le tableau de répartition des charges indirectes présente des charges ! En conséquence, un profit sera précédé du signe « – » afin de retrouver le total après répartition primaire (15 000) tant après imputation rationnelle qu'après répartition secondaire.

Plus précisément, la répartition primaire permet essentiellement de reclasser l'ensemble des charges indirectes (incorporables et supplétives) : dans le cas présent, 15 000 € de charges par nature se répartissent dans des centres de structure (1 à 3) puis dans des centres opérationnels (achat, production, distribution). À la différence de la méthode des centres d'analyse, il est fait une distinction entre la partie fixe et la partie variable pour chaque centre d'analyse.

		Centres auxiliaires						Centres principaux							
Éléments	**Total**	**1**		**2**		**3**		**Achat**		**Production**		**Distribution**		**Coût de chômage**	**Boni de sur activité**
		Fixe	**Var.**	**Fixe**	**Var.**	**Fixe**	**Var.**	**Fixe**	**Var.**	**Fixe**	**Var.**	**Fixe**	**Var.**		
Total après rép 1re	15 000	600	0	1 000	400	500	500	0	2 286	6 500	1 420	1 000	794		
CIR		1		1,2		0,8		1		0,8		1,2			
Imputation rationnelle				– 1 200	1 200	– 400	400			–5200	5 200	– 1 200	1 200		
Différence d'imputation				200		– 100				–1300		200		1 400	– 400
Total après imp rat.	15 000		600	0	1 600	0	900		2 286	0	6 620	0	1 994	1 400	– 400
Centre 1 Centre 2 Centre 3			– 600		– 1 600		– 900		180 384 150		180 960 150		240 256 600		
Total après rép 2e	15 000		0		0		0		3 000		7 910		3 090	1 400	– 400

Le total après répartition primaire est suivi de l'imputation rationnelle des frais fixes : une première ligne indique le coefficient d'imputation rationnelle (CIR) caractéristique du centre, sous la donnée « fixe » par essence. Ensuite une deuxième ligne dite d'« imputation rationnelle » reprend le principe de base qui consiste à multiplier le montant réel des frais fixes attribué à chacun des centres par le rapport CIR. Par exemple, pour le centre auxiliaire 2, on impute le produit « 1 000 × 1,2 » à la partie variable du centre, d'où une troisième ligne intitulée « total après imputation rationnelle des frais fixes », somme des frais fixes imputés et des frais variables, soit : 400 + 1 200 = 1 600. La quatrième ligne ou « différence d'imputation » est ici un boni de suractivité constaté du fait d'une activité réelle supérieure à l'activité normale, soit 200 (en fait, on impute un profit de – 200 ; or, imputer c'est annuler, donc – (– 200) = 200 et donc le total après imputation rationnelle, part des frais fixes, est nul). Bien évidemment, dès que le coefficient d'activité est égal à l'unité, on retrouve la méthode des centres d'analyse : le total après répartition primaire est équivalent au total après imputation rationnelle (centre auxiliaire 1 et centre principal d'achat).

L'étape suivante est la répartition secondaire « classique » se concluant par la détermination des coûts d'unité d'œuvre ; puis le processus de calcul est analogue à celui de la méthode des centres d'analyse jusqu'au résultat analytique (voir *supra* chapitre 2). Enfin pour retrouver le résultat analytique (coûts complets), il faudra tenir compte des différences de traitement comptable que sont notamment le coût de chômage et le boni de suractivité.

5. La méthode du coefficient global d'imputation

La méthode du coefficient global d'imputation (ou du taux unique d'absorption) est la plus rudimentaire des quatre méthodes de coûts complets.

Elle consiste à :

– totaliser en bloc les charges indirectes de la période ;

– choisir et calculer un coefficient global d'imputation indifférencié qui servira, en quelque sorte, d'instrument de répartition des charges indirectes entre les différents produits, avec pratiquement trois choix possibles :

$$k_1 = \frac{\text{total des charges indirectes}}{\text{total des charges directes}}$$

$$k_2 = \frac{\text{total des charges indirectes}}{\text{total des matières premières consommées}}$$

$$k_3 = \frac{\text{total des charges indirectes}}{\text{total de la main-d'œuvre directe}}$$

k_1, coefficient le plus usité, conduit à répartir les charges indirectes proportionnellement à l'ensemble des charges directes ;

k_2 et k_3 conduisent, quant à eux, à répartir la masse des charges indirectes proportionnellement aux matières premières consommées (quand celles-ci sont prépondérantes dans le coût du produit) ou bien à la main-d'œuvre directe (quand celle-ci est importante dans le coût du produit) ;

– calculer la part des charges indirectes respectivement imputables aux différents produits, par application du coefficient k.

Cette méthode du coefficient global d'imputation présente un avantage incontestable de rapidité et de simplicité de calcul mais elle suppose que les charges indirectes varient proportionnellement aux charges directes. Ce n'est pas vraiment fondé : les charges indirectes sont la plupart du temps fixes donc non liées à l'activité.

Cette méthode ne peut donc convenir qu'à de petites entreprises quand les charges indirectes sont relativement faibles ou bien à des entreprises de taille plus conséquente dont l'utilisation des facteurs de production est sensiblement la même pour tous les produits. Enfin, la méthode du coefficient global d'imputation a le mérite d'exister : en cas d'absence de CAE, elle fournit une approche de solution analytique.

Exemple

Soit une entreprise fabriquant deux produits L et M, qui a retenu comme coefficient global d'imputation le rapport :

$$k_1 = \frac{\text{total des charges indirectes}}{\text{total des charges directes}}$$

Elle a enregistré pour la période considérée :

– charges indirectes : 30 400,

– charges directes : 76 000 dont 40 000 pour le produit L et 36 000 pour le produit M,

d'où $k_1 = \dfrac{30\ 400}{76\ 000} = 0,4$.

Le coût de revient complet est donc par produit :

– coût de revient de L = 40 000 × (1 + 0,4) = 56 000,

– coût de revient de M = 36 000 × (1 + 0,4) = 50 400.

Cas n° 6 – **Electronix** : page 212.
Cas n° 7 – **Dogue** questions 1 à 5 : page 217.
Cas n° 8 – **No Fun** questions 4 à 5 : page 223.

Chapitre 4

LE DIRECT COSTING

La méthode du *direct costing* (origine : l'Américain Harris vers 1908) fait la distinction fondamentale entre les charges fixes et les charges variables, puis généralement au niveau des charges variables, entre les charges directes et les charges indirectes.

1. Définitions

Cette distinction entre charges fixes et charges variables remonte au siècle dernier mais son emploi en gestion est plus récent. La méthode du *direct costing* est synonyme de méthode du coût variable (et pas nécessairement de méthode du coût direct).

Un coût variable ou opérationnel est un coût comprenant exclusivement des charges variant avec l'activité (ou chiffre d'affaires) sans qu'il y ait nécessairement une proportionnalité exacte. Empiriquement, on constate que certains facteurs transforment la droite des charges variables (en fonction de l'activité) en une courbe en « S ». En effet, certains facteurs font diminuer le coût variable unitaire (baisse du coût d'achat unitaire due à l'effet volume et les remises des fournisseurs, organisation plus efficiente de la main-d'œuvre de production entraînant des gains de productivité…) et d'autres font augmenter le coût variable unitaire (heures supplémentaires, travail de nuit, recours à la sous-traitance, sur-régime des équipements avec des pannes et des dépenses d'entretien plus fréquentes…).

Ces coûts « techno-variables » sont essentiellement les coûts des matières premières et de la main-d'œuvre directe. Pour les activités industrielles, ils découlent de la conception du produit et de son mode de fabrication. Si on ajoute éventuellement à variable le préfixe « techno », c'est que le montant de ces coûts est étroitement lié à la technologie utilisée.

Un coût fixe ou de structure est généralement indépendant du niveau d'activité et irréversible à court terme puisqu'on ne peut en modifier le montant une fois qu'il a été engagé. Ces coûts fixes sont souvent associés aux immobilisations et aux personnes et services incompressibles, c'est-à-dire dont on ne peut pas se passer.

En fait, ils varient par palier : par exemple, une machine valant 10 000 € amortissable linéairement sur 5 ans permet de fabriquer de 0 à 1 000 pièces à l'heure. La dotation aux amortissements est une charge fixe : que l'on fabrique 0 ou 1 000 pièces, la charge est de 2 000 €. Mais si on souhaite augmenter la production et fabriquer plus de 1 000 pièces à l'heure, la charge fixe passera un palier pour s'établir à 4 000 €, correspondant à l'acquisition d'une deuxième machine de mêmes caractéristiques techniques.

Les charges variables sont considérées comme des charges d'exploitation, alors que les charges fixes, différence entre le total des charges et les charges variables, sont des charges de période qui doivent être couvertes par la marge sur coût variable (voir *infra*).

Exemple

Les charges variables liées au fonctionnement de l'entreprise sont notamment : les consommations de matières et d'emballages, de gaz, d'eau, d'électricité, d'énergie, le petit outillage, la sous-traitance, les déplacements, la taxe sur les salaires, la taxe d'apprentissage, la rémunération du personnel (MOD), les escomptes accordés, les commissions VRP… et la plupart du temps les charges directes.

Les charges fixes sont notamment : les loyers, les primes d'assurances, les honoraires, les rémunérations du PDG et du personnel d'encadrement, les dotations aux amortissements des bâtiments et des équipements… et la plupart du temps les charges indirectes.

Graphique 1. – *Charges variables proportionnelles à 2x*

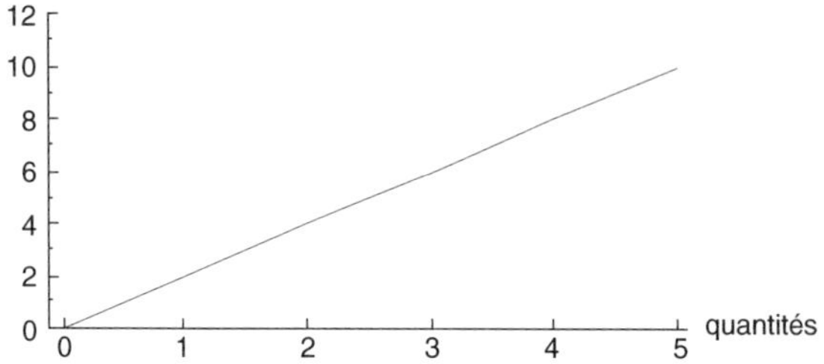

Graphique 2. – *Charges variables proportionnelles à $3x^2$*

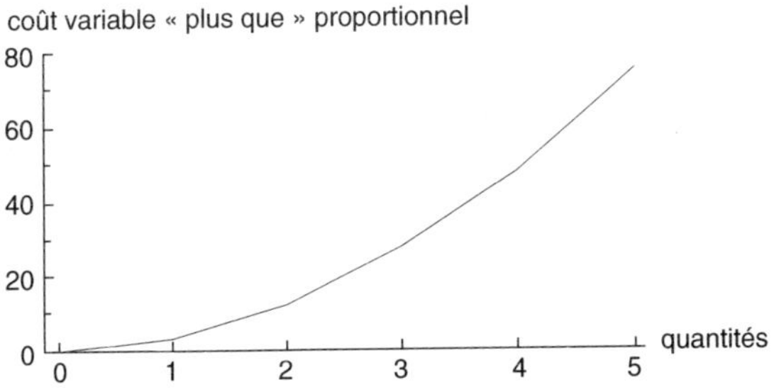

Graphique 3. – *Charges fixes constantes jusqu'au palier 2*

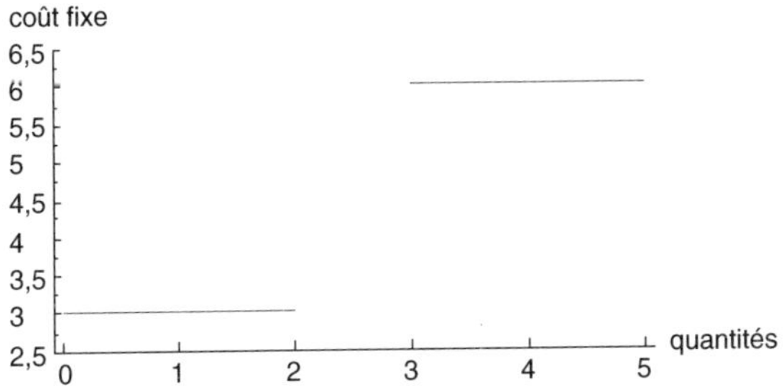

Pour une période donnée, le *direct costing* est caractérisé par les deux relations suivantes :

Chiffre d'affaires (CA) – Coût Variable (CV) = Marge sur Coût Variable (MCV)

MCV – Coût Fixe (CF) = Résultat Analytique (RA)

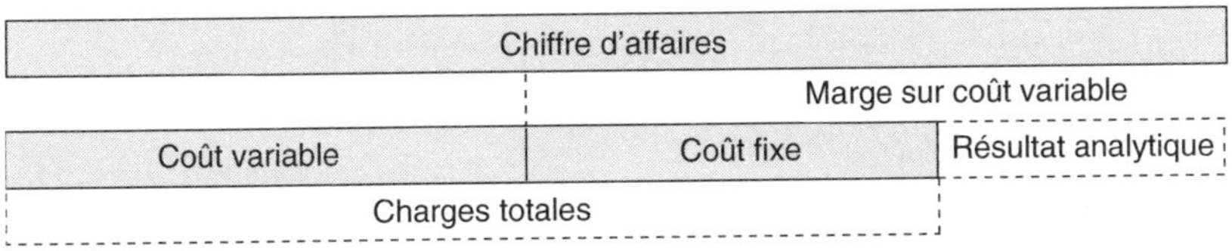

Si l'entreprise vend plusieurs produits J durant la période i (mensuelle), alors elle obtiendra une marge sur coût variable (mensuelle) globale sur l'ensemble des produits :

$$MCV_i = \sum_{j=1}^{J} MCV_j$$

Si les charges fixes sont annuelles alors,

$$RA_{annuel} = \sum_{i=1}^{12} MCV_i - CF_{annuels}$$

cependant, le responsable de la comptabilité pourra éventuellement affecter, à chaque période mensuelle, la part des charges fixes lui revenant théoriquement afin d'obtenir un résultat analytique mensuel.

2. Un processus séquentiel

Le processus de calcul en *direct costing* comporte les trois étapes suivantes :

1) Distinction entre charges variables et charges fixes
Le coût fixe de la période est « mis de côté » pour traitement ultérieur.

2) Pratique de « la méthode des coûts complets sur les charges variables »
Les charges variables vont être traitées lors de cette étape.

a) Éventuellement, stade du tableau des centres d'analyse
C'est assez peu fréquent, car la plupart des charges variables sont directes. C'est une simplification de calcul importante !

b) Stade de l'approvisionnement

> Coût d'achat (variable) des matières premières
> = prix d'achat des matières premières
> + (frais variables sur achats)

Les frais variables sont mis entre parenthèses car ils sont rarement indirects.

> Stockage ⇒ IP matières premières

Les stocks (initiaux) sont pris uniquement pour leur partie variable.

c) Stade de la production

> Coût de production variable des produits
> = coût d'achat (variable) des matières premières consommées
> + charges variables directes de production
> + (frais variables de production)

Les frais variables sont mis entre parenthèses car ils sont rarement indirects.

Stockage ⇒ IP produits

Les stocks (initiaux) sont pris uniquement pour leur partie variable.

d) Stade de la distribution

Coût de distribution variable des produits vendus = charges variables directes de distribution + (frais variables de distribution)

Les frais variables sont mis entre parenthèses car ils sont rarement indirects.

e) Stade de la vente

Coût de revient variable des produits vendus, c'est-à-dire coût variable = coût de production variable des produits vendus + coût de distribution variable

Résultat analytique variable = Marge sur Coût Variable = Chiffre d'Affaires – Coût Variable

3) Détermination du Résultat Analytique

Dans cette troisième étape, on rapproche (marge sur) coût variable et coût fixe :

Résultat Analytique = Marge sur Coût Variable – Coût Fixe

Remarques

• Le processus de calcul en *direct costing* pour une entreprise commerciale comporte également les trois étapes suivantes :

I – Distinction entre charges variables et charges fixes

II – Pratique de « la méthode des coûts complets sur les charges variables »

1) Éventuellement, stade du tableau des centres d'analyse

2) Stade de l'approvisionnement

Coût d'achat (variable) des marchandises = prix d'achat des marchandises + (frais variables sur achats) puis IP marchandises

3) Stade de la distribution

Coût de distribution variable des marchandises vendues = charges variables directes de distribution + (frais variables de distribution)

4) Stade de la vente

Coût de Revient variable des marchandises vendues, c'est-à-dire Coût variable = coût d'achat (variable) des marchandises vendues + coût de distribution variable

Résultat Analytique variable = Marge sur Coût Variable = Chiffre d'Affaires – Coût Variable

III – Détermination du Résultat Analytique

Résultat Analytique = Marge sur Coût Variable – Coût Fixe

• On peut distinguer plusieurs étapes en termes de marges avant d'aboutir à la fameuse marge sur coût variable.

Cas de l'entreprise commerciale
Chiffre d'affaires – Coût d'achat des marchandises vendues
= Marge sur coût d'achat – Charges variables de distribution
= Marge sur coût variable – Coût fixe
= Résultat analytique

Cas de l'entreprise industrielle
Chiffre d'affaires – Coût d'achat des matières premières consommées
= Marge sur coût d'achat – Charges variables de production ± Variation de stocks des produits finis
= Marge sur coût variable de production – Charges variables de distribution
= Marge sur coût variable – Coût fixe
= Résultat analytique

• Parfois, au niveau des charges fixes, on fait la différence entre charges fixes directes (ou spécifiques) pouvant être affectées à un produit déterminé, et les charges fixes indirectes (ou communes) continuant à être considérées globalement ; et on parle alors de « *direct costing* évolué ». Cette technique qui est un développement du *direct costing* est parfois utile pour juger de l'intérêt ou non de certaines productions.

Supposons une entreprise qui fabrique deux produits A et B et utilise le *direct costing* évolué :

Produit A	Produit B
CA (A) – CV (A)	CA (B) – CV (B)
= MCV (A) – CF spécifique (A)	= MCV (B) – CF spécifique (B)
= marge sur coût spécifique ou contributive (A)	= marge sur coût spécifique ou contributive (B)
– CF commune (A + B)	
= résultat analytique (A + B)	

3. Le problème de l'évaluation des stocks

Pour respecter les directives du Plan Comptable Général, les stocks doivent être évalués selon la méthode des coûts complets. Or avec des stocks évalués à des coûts (partiels) variables de production, cette particularité crée une « différence d'incorporation » sur produits (et éventuellement sur matières) dont il faut tenir compte pour retrouver le résultat de la comptabilité générale (≃ résultat analytique coûts complets). En règle générale, la méthode du *direct costing* sous-évalue les coûts de production en n'y intégrant que les charges variables ; cela conduit à une sous-évaluation des stocks finaux des produits. Si on distingue, dans le stock initial et dans le stock final de la comptabilité générale, la partie fixe et la partie variable :

$$SI = (If + Iv) \text{ et } SF = (Ff + Fv)$$

avec SI : stock Initial, SF : stock Final, f : fixe et v : variable.

La comptabilité générale prend en compte le coût de production complet des stocks :

$$\text{Résultat de la Comptabilité Générale} = \Sigma \text{ Produits} - \Sigma \text{ Charges} + [(Fv - Iv) + (Ff - If)]$$

En général, la méthode des coûts variables sous-évalue les stocks (si $(Ff - If) \geq 0$ mais peut éventuellement les surévaluer si $(Ff - If) < 0$) en les valorisant au coût variable de production :

$$\text{Résultat du } \textit{Direct Costing} = \Sigma \text{ Produits} - \Sigma \text{ Charges} + (Fv - Iv)$$

*

* *

Les problèmes relatifs à la méthode du *direct costing* résultent notamment dans la difficulté pratique pour distinguer les charges variables et les charges fixes, l'hypothèse de constance de la marge sur coût variable et du coût fixe, le problème de l'évaluation des stocks en coût variable (non admis fiscalement). De nos jours, le déplacement massif des charges vers la structure, dû à la complexité croissante des processus et des produits, à l'automatisation et à l'informatisation, réduit la part des charges variables aux matières premières et consommables, à la main-d'œuvre directe et à la sous-traitance.

En effet, dans les entreprises intervenant dans les techniques de pointe, le pourcentage des charges variables comme les matières premières et la MOD est plus faible, alors que celui des frais généraux fixes de production est plus élevé qu'autrefois : il peut facilement atteindre 70 à 80 % du coût de revient. À la limite, autant ne plus distinguer les charges variables et les charges fixes et donc raisonner selon la méthode des coûts complets, ou bien celle de la comptabilité à base d'activités.

Cas n° 8 – **No Fun** questions 6 à 7 : page 223.
Cas n° 9 – **G 314** question 1 : page 229.
Cas n° 10 – **CEE** questions 1, 4, 6 à 9 : page 235.
Cas n° 16 – **Pharma** questions 5 à 7 : page 282.

4. Le coût direct

La méthode du coût direct fait la distinction fondamentale entre les charges directes et les charges indirectes.

4.1. Principes

Le PCG définit ainsi le coût direct :
« un coût direct est constitué :
– des charges qui lui sont directement affectées ; ce sont le plus généralement, des charges variables ;
– des charges qui ne peuvent être rattachées à ce coût sans ambiguïté ; certaines sont variables, d'autres sont fixes ».

Le calcul de ces coûts et de ces marges est particulièrement important lorsque, dans la structure des coûts, on constate que les coûts directs sont prépondérants (voir *infra* 4.2.) par rapport aux autres ; cette méthode permet alors d'obtenir des coûts pertinents en évitant la lourdeur des coûts complets.

La méthode du coût direct consiste à imputer à un « secteur d'activité » toutes les charges directes afférentes, qu'elles soient variables ou fixes, d'où les deux relations suivantes :

chiffre d'affaires – coût direct = marge sur coût direct (ou marge de contribution)

marge sur coût direct – coût indirect = résultat analytique

La marge sur coût direct contribue à couvrir le coût indirect (ou ensemble de charges indirectes) commun à toutes les activités de l'entreprise. Cette méthode reprend la définition de celle des coûts complets puisqu'elle distingue les charges directes et les charges indirectes.

Mais une simplification importante apparaît : il n'y a plus de tableau de répartition des charges indirectes, ces dernières étant considérées globalement.

Cette méthode est peu utilisée, notamment en raison du fait que les stocks sont évalués en coût (partiel) direct. De plus, le coût direct fait double emploi, par définition, avec les coûts complets mais également avec le *direct costing* puisque la plupart des charges directes sont variables et la plupart des charges indirectes sont fixes.

4.2. Application

Le cabinet d'expertise comptable FSEC (Fiduciaire des Sciences et Études Comptables) est un cabinet moyen constitué en SA qui emploie

13 collaborateurs. Son responsable estime que l'adage généralement appliqué à certaines professions – « les cordonniers sont les plus mal chaussés » – n'a aucune raison de l'être à la profession comptable. En conséquence, il vous charge de mettre en place un système de prévisions et de contrôle de gestion fondé sur les travaux de l'IFEC (Institut Français des Experts-Comptables).

D'un commun accord, il est convenu que votre mission se déroulera en trois étapes successives :

– l'élaboration d'un budget annuel,
– le contrôle de production basé sur ce budget,
– l'élaboration d'une application informatique destinée au contrôle de gestion du cabinet.

Il est fortement recommandé de procéder dans l'ordre indiqué ; il est toutefois signalé que les résultats des calculs conduits dans les deux premières parties ne sont pas utilisés dans la troisième partie.

Concernant la première étape, vous disposez, d'une part, de données concernant le cabinet (annexe 1) et, d'autre part, de données professionnelles standards (annexe 2).

Travail à faire

1) Vous présenterez un budget analytique, c'est-à-dire par niveau de collaborateur (en ligne) permettant pour chacun d'eux de faire ressortir notamment :

– les honoraires bruts facturés,
– le coût salarial,
– la marge d'apport (honoraires bruts facturés – coût salarial),
– une synthèse (sous une forme s'apparentant à un compte de résultat en liste) pour l'ensemble du cabinet.

2) Vous commenterez succinctement les hypothèses retenues et notamment celles concernant les charges indirectes.

Annexe 1 – Données concernant le cabinet

La FSEC détient environ 130 dossiers d'inégale importance correspondant aux trois types de missions usuellement réalisées par les membres de l'Ordre : tenue, surveillance, audit. Pour élaborer ce premier budget, on considérera que les dossiers « saturent » les possibilités actuelles de production de la FSEC, c'est-à-dire que le développement de celle-ci est limité par le recrutement de collaborateurs qualifiés et non par la demande. En conséquence, le chiffre d'affaires est uniquement déterminé par les heures facturées. Il y a lieu cependant de tenir compte du coefficient d'activité et du taux de facturation propre à chaque niveau de collaborateur (voir annexe 2). Le personnel de la FSEC s'analyse comme suit :

® d'après DECF.

Niveau (1)	Effectif budgété	Rémunération mensuelle brute
N1	1	25 000
N2	1	20 000
N3	2	12 000
N4	3	8 000
N5	4	6 000
Secrétaire	1	8 000
Dactylo	1	6 000
Total	13	

Ces niveaux correspondent à ceux de la convention collective.

L'expert-comptable responsable du cabinet est le N1 figurant dans le tableau ci-dessus.

Il y a 13 mois payés dans l'année pour l'ensemble du personnel. Par mesure de simplification (problème des travaux en-cours et facturation d'avance), on considérera que tous les travaux du mois sont facturés le mois même. Le taux des charges sociales patronales est de 40 % des salaires bruts. L'horaire hebdomadaire de travail est de 39 heures ; le nombre de jours travaillés dans l'année est de 227. Tous les calculs, même intermédiaires, seront arrondis à l'unité la plus proche.

Annexe 2 – Données professionnelles standards

Le taux de facturation horaire de chaque collaborateur est déterminé par son niveau (conformément à la convention collective) et plus précisément par son salaire brut mensuel sans tenir compte d'un 13e mois conformément aux usages professionnels. Selon les normes professionnelles, la facturation horaire normale s'établit entre 2 % et 2,3 % du salaire brut mensuel (pour la FSEC, on retiendra 2,1 %).

Par exemple, un salarié dont le salaire brut mensuel est de 8 000 (compte non tenu du 13e mois) est facturé 8 000 × 2,1 % = 168 de l'heure aux clients. Comme dans beaucoup d'activités, toutes les heures travaillées (et donc rémunérées) ne sont pas productives, c'est-à-dire dans le cas présent facturées aux clients (temps consacrés à la gestion du cabinet, à la formation…). Selon les usages de la profession, on détermine des coefficients d'activité (ou coefficients d'heures facturables) calculés par le rapport :

$$\frac{\text{heures facturées} \times 100}{\text{heures travaillées}}$$

Ces coefficients sont variables selon le type d'activité dominant dans le cabinet (tenue, surveillance, audit) et le niveau de qualification. Pour la

FSEC, on retiendra les taux suivants qui correspondent à une moyenne professionnelle :
- N1 = 50 %,
- N2 = 70 %,
- N3 = 80 %,
- N4 = 85 %,
- N5 = 90 %,
- Secrétaire = 20 %,
- Dactylo = 80 %.

Les charges indirectes (autres charges externes, impôts et taxes, charges financières, dotations aux amortissements et provisions) peuvent être estimées à 25 % du chiffre d'affaires net (donnée professionnelle moyenne). Il est généralement constaté un mali global (réductions sur honoraires, impayés...) égal à 8 % du chiffre d'affaires. Ces taux seront retenus pour la FSEC.

Corrigé

1) Budget

Niveau 1	Effectif 2	Rémunération 3	Taux de facturation 4	Coefficient d'activité 5	Heures facturées 6	Chiffre d'affaires 7	Coût salarial 8	Marge d'apport 9
N1	1	25 000	525	50 %	885	464 625	455 000	9 625
N2	1	20 000	420	70 %	1 239	520 380	364 000	156 380
N3	2	12 000	252	80 %	2 833	713 916	436 800	277 116
N4	3	8 000	168	85 %	4 515	758 520	436 800	321 720
N5	4	6 000	126	90 %	6 374	803 124	436 800	366 324
Secrétaire	1	8 000	168	20 %	354	59 472	145 600	- 86 128
Dactylo	1	6 000	126	80 %	1 416	178 416	109 200	69 216
Total	13				17 616	3 498 453	2 384 200	1 114 253

Explications :

(4) = (3) × 2,1 %

(6) = (39/5) × 227 × (5) × (2)

(7) = (4) × (6)

(8) = (3) × (2) × 13 × 1,4

(9) = (7) − (8)

Synthèse

Chiffre d'affaires – mali	3 498 453 – 279 876
Chiffre d'affaires net – charges directes	3 218 577 – 2 384 200
Marge sur coût direct – charges indirectes	834 377 – 804 644
Résultat analytique	29 733

2) Commentaires

La référence à des données professionnelles est bonne en soi, il conviendrait cependant de vérifier qu'elles correspondent à la réalité du cabinet. Il est rare de considérer que la totalité des charges indirectes est variable ; cela est souvent vrai à long terme mais pas à court terme. Il conviendrait de les budgéter séparément. Les temps improductifs devraient être affinés (formation, gestion...). Enfin, le coût du mali est important : il correspond essentiellement aux impayés.

Chapitre 5

LE SEUIL DE RENTABILITÉ

Le seuil de rentabilité est une application du *direct costing*.

1. Définitions

Le seuil de rentabilité dû à l'ingénieur H. Hess, est le chiffre d'affaires pour lequel l'entreprise fait un résultat analytique nul. La notion de seuil de rentabilité remonte aux années 1903-1904 mais c'est dans les années cinquante que son emploi s'est répandu.

Le seuil de rentabilité (SR) est caractérisé par les deux relations ci-après :

chiffre d'affaires (CA) = coût variable (CV) + coût fixe (CF)

marge sur coût variable (MCV) = coût fixe

Cas général	**Cas particulier : le seuil de rentabilité**
$CA = pvu \times Q$ $- \ CV = cvu \times Q$	$CA_0 = SR = pvu \times Q_0$ $- CV_0 = cvu \times Q_0$
$MCV = mcvu \times Q$ $- CF$	$MCV_0 = mcvu \times Q_0$ $- CF$
résultat analytique	0

avec pvu : prix de vente unitaire, cvu : coût variable unitaire, mcvu : marge sur coût variable unitaire, Q_0 : quantité permettant d'obtenir un résultat analytique nul et CF : coût fixe.

Les charges fixes sont, en général, indépendantes du niveau d'activité. En principe, il est faux d'indiquer des charges fixes unitaires puisque si on divise des charges fixes par une quantité, alors logiquement les charges fixes sont variables, ce qui est incohérent sauf si la quantité en question n'est pas en rapport avec l'activité. Par exemple, pour une compagnie aérienne, l'activité est l'heure de vol (Q = heure) et l'entreprise peut éventuellement diviser les charges fixes par le nombre d'avions.

Le taux de marge (TDM), c'est-à-dire le rapport MCV/CA, reste constant et donc, pour le cas général comme pour un cas particulier :

$$\text{TDM} = \text{MCV}/\text{CA} = \text{MCV}_0/\text{CA}_0$$

d'où :

$$\text{MCV} \times \text{CA}_0 = \text{MCV}_0 \times \text{CA}$$

mais sachant que $\text{CA}_0 = \text{SR}$ et pour le seuil de rentabilité, $\text{MCV}_0 = \text{CF}$ pour obtenir un résultat nul, alors on aboutit à la formule du seuil de rentabilité :

$$\text{seuil de rentabilité} = \frac{\text{chiffre d'affaires} \times \text{coût fixe}}{\text{marge sur coût variable}}$$

$$\Leftrightarrow \text{SR} = \frac{\text{CA} \times \text{CF}}{\text{MCV}}$$

le seuil de rentabilité est donc le produit du chiffre d'affaires par le coût fixe, le tout divisé par la marge sur coût variable.

Sachant que CA = pvu × Q et que MCV = mcvu × Q, on arrive également à la formule suivante :

$$\text{SR} = \frac{\text{pvu} \times \text{CF}}{\text{mcvu}} = \frac{100\ \% \times \text{CF}}{\text{mcvu}/\text{pvu}} = \frac{\text{CF}}{\text{TDM}}$$

le seuil de rentabilité dans sa forme la plus dépouillée est le rapport entre le coût fixe et le taux de marge (sur coût variable).

On peut également définir un seuil de rentabilité en quantité (SRQ) permettant d'obtenir un résultat analytique nul :

$$\text{SRQ} = \frac{\text{SR}}{\text{pvu}} = \frac{\text{CF}}{\text{mcvu}}.$$

De même, le point mort (PM) est le laps de temps au bout duquel l'entreprise couvre son coût fixe par sa marge sur coût variable, pour un chiffre d'affaires donné.

Le chiffre d'affaires annuel CA est atteint *ipso facto* au bout de 12 mois, le point mort au bout de x mois (donc à une certaine date), d'où les deux relations suivantes :

$$\text{CA} \leftrightarrow 12 \text{ mois}$$
$$\text{SR} \leftrightarrow x \text{ mois (PM)}$$

$$\text{d'où PM} = \frac{12 \times SR}{CA} = \frac{12 \times CF}{MCV}.$$

La marge de sécurité MDS est égale à la différence entre le chiffre d'affaires et le seuil de rentabilité : MDS = CA – SR.

2. Application

Soit une entreprise commerciale caractérisée par les trois paramètres suivants (en euros) :
- marge sur coût d'achat (MCHA) = 30 %,
- coût variable de distribution (CVD) = 20 %,
- coût fixe (CF) = 50 000.

Travail à faire

1) Déterminer le montant des ventes correspondant au seuil de rentabilité.

2) Le coût fixe diminue de 10 000, quelle est la variation correspondante du seuil de rentabilité ?

3) Le coût variable baisse de 10 % (par rapport au chiffre d'affaires), quel est le montant des ventes permettant de réaliser un bénéfice de 8 000 ?

4) On suppose que les ventes augmentent :
si CA = 800 000 alors CF = 90 000 (hypothèse H_1)
si CA = 1 000 000 alors CF = 120 000 (hypothèse H_2)
Déterminer les résultats obtenus pour ces niveaux de ventes.

5) Quelle est la nouvelle valeur du coût d'achat permettant d'obtenir un résultat nul pour ces niveaux de ventes ?

1) MCHA = CA – coût d'achat d'où coût d'achat = 70 %, marge sur… signifie toujours chiffre d'affaires moins « ce qui suit le sur » ; d'où :

coût variable (CV) = coût (variable) d'achat + coût variable de distribution = 70 % + 20 % = 90 %

et MCV = CA – CV = 100 % – 90 % = 10 %, l'activité (le chiffre d'affaires) étant la base, on part de 100 % (rapport CA/CA) ;

$$\text{d'où SR} = \frac{100\ \% \times 50\ 000}{10\ \%} = 500\ 000$$

on a le tableau suivant :

Données en valeur absolue (euros)	**Données en valeur relative (pourcentages)**
CA – CV	100 % – 90 %
MCV – CF = – 50 000	10 %
résultat analytique	

À partir de là, si la mémoire flanche, si la formule est oubliée, on peut retrouver le seuil de rentabilité, c'est-à-dire le chiffre d'affaires pour lequel l'entreprise fait un résultat nul :

$$MCV = MCV_0 = CF = 50\,000$$
$$\text{et } MCV_0 = 10\ \% \times CA_0 = 10\ \% \times SR$$

d'où $SR = \dfrac{50\,000}{10\ \%} = 500\,000$ €.

2) CF = 40 000 (après diminution de 20 %)

alors $SR = \dfrac{100\ \% \times 40\,000}{10\ \%} = 400\,000\ (-20\ \%)$

on a le tableau suivant :

Données en valeur absolue (euros)	**Données en valeur relative (pourcentages)**
CA – CV	100 % – 90 %
MCV – CF = – 40 000	10 %
résultat analytique	

Le nouveau seuil de rentabilité, c'est-à-dire le chiffre d'affaires pour lequel l'entreprise fait un résultat nul, est caractérisé par les deux relations ci-après :

$$MCV = MCV_0 = CF = 40\,000$$
$$\text{et } MCV_0 = 10\ \% \times CA_0 = 10\ \% \times SR$$

d'où $SR = \dfrac{40\,000}{10\ \%} = 400\,000$ €.

3) CV = 80 % d'où MCV = 20 % du chiffre d'affaires
MCV – CF = 8 000 d'où MCV = 58 000

$$\text{MCV} = 20\ \% \text{ alors CA} = \frac{58\ 000}{20\ \%} = 290\ 000\ €.$$

On a le tableau suivant :

Données en valeur absolue (euros)	**Données en valeur relative (pourcentages)**
CA – CV	100 % – 80 %
MCV – CF = – 50 000	20 %
8 000	

4) H_1 et H_2

H_1	H_2
CA = 800 000 – CV	CA = 1 000 000 – CV
MCV – CF = – 90 000	MCV – CF = – 120 000
– 10 000	– 20 000

5) H_1 pour CA = 800 000 (ici c'est un seuil de rentabilité)
résultat analytique = 0 alors MCV = 90 000,
sachant que le coût de distribution vaut 20 % du CA, soit 160 000,
d'où marge sur coût d'achat = 250 000,
d'où coût d'achat = 800 000 – 250 000 = 550 000 soit 68,75 % (baisse du coût d'achat de 1,25 %).

H_2 pour CA = 1 000 000 (ici c'est un seuil de rentabilité)

$$\text{SR} = \frac{100\ \% \times \text{CF}}{\text{TDM}} \qquad \text{d'où TDM} = \frac{100\ \% \times \text{CF}}{\text{SR}}$$

$$\text{d'où TDM} = \frac{120\ 000}{1\ 000\ 000} = 12\ \%.$$

La marge sur coût d'achat est donc de 12 + 20, soit 32 %, d'où coût d'achat = 68 % (soit une baisse du coût d'achat de 2 %).

On peut résumer les hypothèses H_1 et H_2 dans le tableau suivant :

H_1 : données en valeur absolue	**Données en valeur relative**	**H_2 : données en valeur absolue**	**Données en valeur relative**
CA = 800 000 – Coût d'achat	100 % – 68,75 %	CA = 1 000 000 – Coût d'achat	100 % – 68 %
MCHA - CVD	– 20 %	MCHA - CVD	– 20 %
MCV - CF = – 90 000		MCV - CF = – 120 000	
0		0	

3. Représentations graphiques

3.1. Première méthode : CA = CV + CF

Elle est fondée sur la relation vérifiée uniquement pour le seuil de rentabilité :

$$CA = CV + CF$$

Exemple avec le seuil de rentabilité en valeur

MCV = 70 %
CF = 200

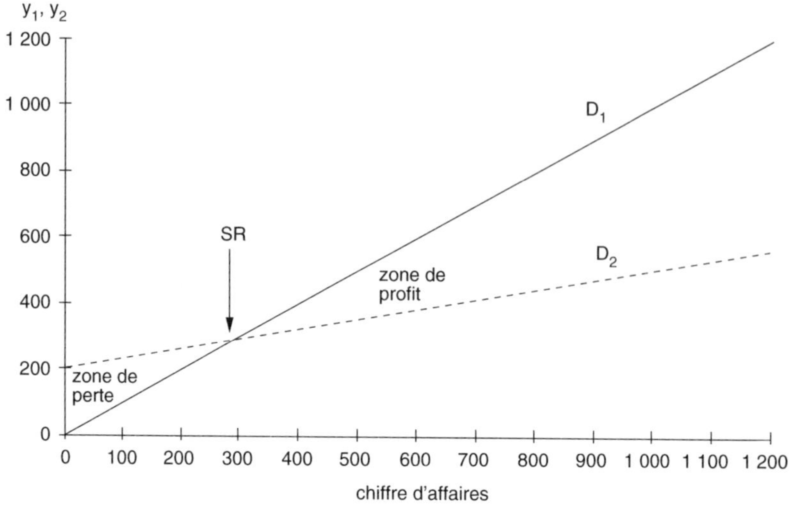

Soit CA le chiffre d'affaires atteint à un instant donné, il est possible de définir deux droites D_1 et D_2 caractérisant le chiffre d'affaires d'une part, la somme du coût variable et du coût fixe d'autre part :

$D_1 : y_1 = CA$
$D_2 : y_2 = 0{,}3 \times CA + 200$

Par le calcul, on vérifie que le seuil de rentabilité SR est égal à $\frac{200}{0,7}$, soit 286.

Exemple avec le seuil de rentabilité en quantité

CA = 120 × Q
CV = 60 × Q
CF = 80 000 €

Soit Q la quantité vendue à un instant donné, il est possible de définir deux droites D_1 et D_2 caractérisant le chiffre d'affaires d'une part, la somme du coût variable et du coût fixe d'autre part :

$D_1 : y_1 = 120 \times Q$
$D_2 : y_2 = 60 \times Q + 80\,000$

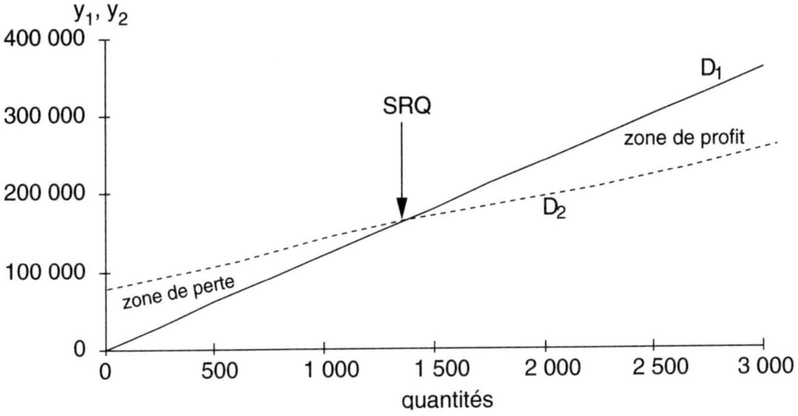

Par le calcul, on vérifie que le seuil de rentabilité en quantité SRQ est égal à $\frac{80\,000}{60}$, soit 1 333 unités.

3.2. Seconde méthode : MCV = CF

Elle est fondée sur la relation vérifiée uniquement pour le seuil de rentabilité :

$$MCV = CF$$

Exemple avec SR

MCV = 70 %
CF = 200

Soit CA le chiffre d'affaires atteint à un instant donné, il est possible de définir deux droites D_3 et D_4 caractérisant la marge sur coût variable et le coût fixe :

$D_3 : y_3 = 0{,}7 \times CA$

$D_4 : y_4 = 200$

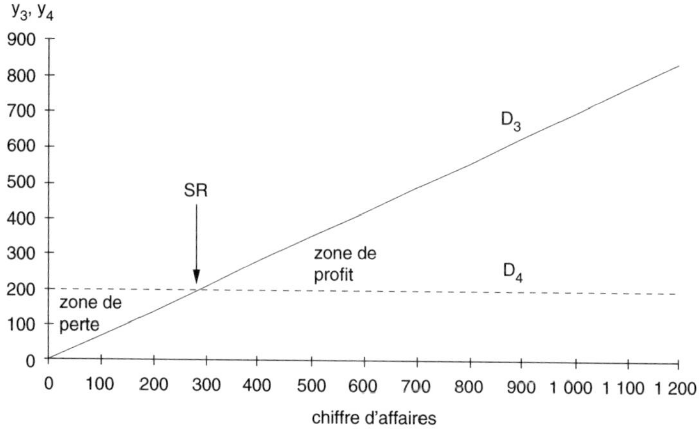

Exemple avec SRQ

$CA = 120 \times Q$

$CV = 60 \times Q$

$CF = 80\,000$ €

Soit Q la quantité vendue à un instant donné, il est possible de définir deux droites D_3 et D_4 caractérisant la marge sur coût variable d'une part, le coût fixe d'autre part :

$D_3 : y_3 = 60 \times Q$

$D_4 : y_4 = 80\,000$

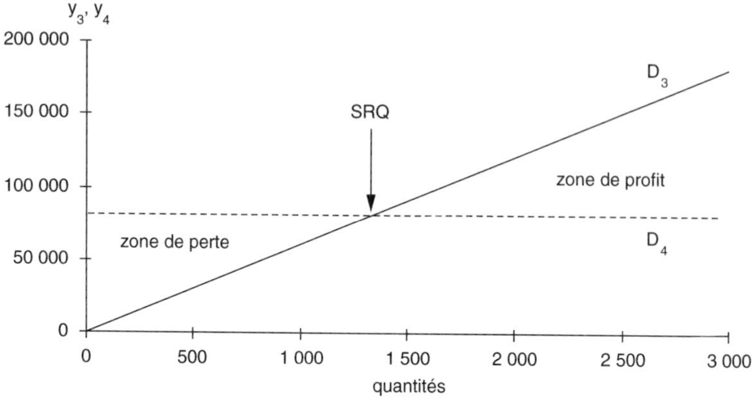

3.3. *Compléments graphiques*

Ils sont multiples.

Premièrement, l'approche graphique du seuil de rentabilité permet de faire de l'analyse de sensibilité, c'est-à-dire d'estimer le résultat analytique pour un niveau de chiffre d'affaires donné (ou pour une quantité donnée si l'abscisse est une quantité et non une valeur). Par exemple à partir de la seconde méthode, on peut lire sur l'axe des ordonnées le résultat analytique pour un chiffre d'affaires de 1 000.

En effet, le résultat analytique est la différence entre la marge sur coût variable et le coût fixe, soit une confrontation entre les deux droites D_3 et D_4 : le résultat est alors un vecteur, différence entre B et A, soit 700 – 200 = 500.

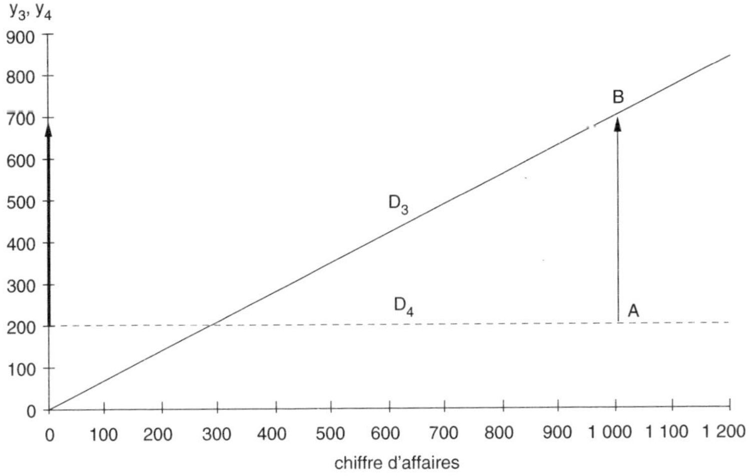

Deuxièmement, une autre méthode aurait pu être envisagée, fondée sur la relation vérifiée uniquement pour le seuil de rentabilité : résultat analytique = 0.

Exemple

MCV = 70 %
CF = 200

Soit CA le chiffre d'affaires atteint à un instant donné, il est possible de définir une droite D_5 caractérisant le résultat analytique : $D_5 : y_5 = 0{,}7 \times CA - 200$.

Elle est peu usitée sauf si on compare plusieurs produits. En effet, le choix entre deux produits à partir de la première ou de la seconde méthode, fait apparaître quatre droites rendant la lecture de la représentation graphique difficilement interprétable. *A contrario*, si on exprime chaque produit à partir du résultat analytique, alors il suffit de voir quelle droite domine l'autre.

Exemple

Soit un produit P6 dont l'équation du résultat analytique est caractérisée par la droite

$D_6 : y_6 = 0,3 \times CA - 300$;

soit un produit P7 dont l'équation du résultat analytique est caractérisée par la droite

$D_7 : y_7 = 0,4 \times CA - 500$.

On peut représenter graphiquement le produit le plus intéressant en termes de résultat analytique :

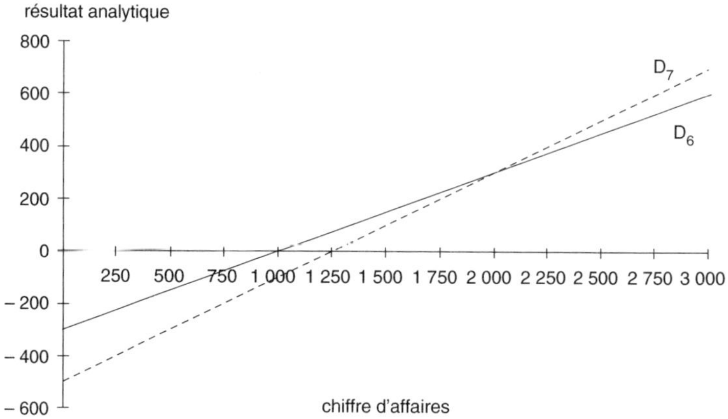

4. L'effet de levier d'exploitation

L'un des problèmes fondamentaux en matière de gestion prévisionnelle consiste à mesurer le degré de sensibilité des résultats à la variation de certaines charges et/ou de certains paramètres.

De l'idée de seuil de rentabilité va naître celle d'effet de levier d'exploitation. On sent intuitivement qu'au-delà du seuil de rentabilité, le résultat analytique va s'améliorer. Il paraît donc intéressant de mesurer le degré de volatilité du résultat analytique suite à une variation du chiffre d'affaires. Il existe un effet de levier favorable si une augmentation du chiffre d'affaires au-delà du seuil de rentabilité entraîne une augmentation plus que proportionnelle du résultat analytique.

On appelle effet de levier d'exploitation (ELE) la variation relative du résultat analytique à une variation relative du volume des ventes, d'où :

$$ELE = \frac{\text{variation relative du résultat analytique}}{\text{variation relative des ventes en volume}}$$

$$\Leftrightarrow \; ELE = \frac{\Delta \text{ résultat analytique / résultat analytique}}{\Delta \text{ quantité / quantité}}.$$

ELE est donc un coefficient d'élasticité, un coefficient de 2 signifie que si le chiffre d'affaires en volume progresse de 10 %, le résultat analytique augmentera de 20 %.

Si on appelle :

- Q_t est la quantité initiale,
- Q_{t+1} est la quantité finale,
- pvu est le prix de vente unitaire,
- cvu est le coût variable unitaire,
- CF est le coût fixe supposé constant entre Q_t et Q_{t+1},

alors on aboutit à :

$$ELE = \frac{\dfrac{\left[(pvu - cvu) \cdot Q_{t+1} - CF\right] - \left[(pvu - cvu) \cdot Q_t - CF\right]}{\left[(pvu - cvu) \cdot Q_t - CF\right]}}{\dfrac{Q_{t+1} - Q_t}{Q_t}}$$

$$ELE = \frac{(pvu - cvu) \cdot Q_t}{(pvu - cvu) \cdot Q_t - CF} = \frac{MCV_t}{MCV_t - CF}.$$

En conséquence, il faut que la marge sur coût variable (MCV_t) soit supérieure au résultat analytique (Ra_t) pour que l'effet de levier soit supérieur à un.

Si d'aventure, le coût fixe n'est pas constant entre Q_t et Q_{t+1}, alors la relation de l'effet de levier d'exploitation ne peut être simplifiée ($\Delta RA = RA_{t+1} - RA_t$ et $\Delta Q = Q_{t+1} - Q_t$) et :

$$ELE = \frac{\dfrac{\left[(pvu - cvu).Q_{t+1} - CF_{t+1}\right] - \left[(pvu - cvu).Q_t - CF_t\right]}{\left[(pvu - cvu).Q_t - CF_t\right]}}{\dfrac{Q_{t+1} - Q_t}{Q_t}} = \frac{Q_t.\Delta RA}{RA_t.\Delta Q}.$$

La signification de l'effet de levier d'exploitation est la suivante :

$ELE \leq 0$ signifie qu'une augmentation des quantités vendues entraîne une baisse du résultat analytique : en général, la cause première est le franchissement d'un palier au niveau des charges fixes ;

$0 < ELE < 1$ signifie qu'une augmentation des quantités vendues entraîne une augmentation moindre du résultat analytique ;

$ELE \geq 1$ signifie qu'une augmentation des quantités vendues entraîne une augmentation plus que proportionnelle du résultat analytique.

Plus les charges fixes d'une entreprise sont importantes relativement à ses charges variables, plus l'effet de levier d'exploitation est prononcé. Plus ce dernier est important, plus le risque économique (le résultat analytique est un résultat économique) est élevé.

Lorsque les charges fixes sont nulles (rare), le coefficient vaut 1 ($ELE = \frac{MCV_t}{MCV_t - CF(=0)} = 1$) et dans ce cas, une variation de 5 % des quantités vendues entraîne une variation de 5 % du résultat analytique.

Si les quantités vendues Q_t correspondent au seuil de rentabilité $SRQ\left(= \frac{CF}{pvu - cvu}\right)$, alors l'effet de levier d'exploitation est indéterminé puisque $ELE = \frac{(pvu - cvu) \cdot SRQ}{(pvu - cvu) \cdot SRQ - CF} = \text{«}\frac{CF}{0}\text{»}$.

Lorsque les quantités vendues excèdent SRQ alors le coefficient d'exploitation prend une valeur positive puisque le numérateur et le dénominateur sont nécessairement supérieurs à zéro.

Pour des quantités vendues supérieures à SRQ, le coefficient de levier d'exploitation diminue au fur et à mesure qu'augmentent les quantités vendues Q_t et tend asymptotiquement vers 1. En effet si Q_t est très grand, alors MCV_t devient très grand par rapport à CF et en conséquence, on peut écrire que : $ELE \to \frac{MCV_t}{MCV_t} = 1$

En définitive, le levier d'exploitation peut donc servir à mesurer les conséquences du choix d'un mode de production.

Exemple

Soit une entreprise caractérisée par les paramètres ci-après :

pvu = 120 € ; cvu = 60 € ; CF = 15 000 ; quantités Q_N vendues en N = 300 unités.

On peut synthétiser analytiquement l'entreprise ainsi :

Données en valeur absolue (euros)	**Données en valeur relative (pourcentages)**
CA = 120 × Q – CV = – 60 × Q	100 % – 50 %
MCV = 60 × Q – CF = – 15 000	50 %
résultat analytique	

Données en valeur absolue (euros) pour N	**Données en valeur absolue (euros) pour SRQ**
CA = 120 × 300 = 36 000 – CV = – 60 × 300 = – 18 000	CA = 120 × SRQ – CV = – 60 × SRQ
MCV = 18 000 – CF = – 15 000	MCV = 60 × SRQ – CF = – 15 000
résultat analytique = 3 000	résultat analytique = 0

d'où SRQ = 15 000/60 = 250 unités.

Pour N+1, l'entreprise envisage de vendre 350 unités et en conséquence, on peut calculer l'effet de levier d'exploitation :

$$ELE = \frac{\dfrac{\left[(120-60)\cdot 350 - 15\,000\right] - \left[(120-60)\cdot 300 - 15\,000\right]}{\left[(120-60)\cdot 300 - 15\,000\right]}}{\dfrac{350-300}{300}}$$

$$\approx \frac{1,0}{0,1667} = 6.$$

ELE = 6 (> 1) signifie qu'une augmentation des quantités vendues de 16,67 % (= 50/300) entraîne une augmentation de 100 % du résultat analytique, c'est-à-dire 6 × 16,67 % ≈ 100 % (le résultat analytique serait en N+1 de 6 000, soit le double de celui de N).

Données en valeur absolue (euros) pour N+1
CA = 120 × 350 = 42 000 – CV = – 60 × 350 = – 21 000
MCV = 21 000 – CF = – 15 000
résultat analytique = 6 000

Enfin, si on représente graphiquement l'évolution du coefficient de levier d'exploitation en fonction des quantités vendues Q (supérieures à 350 unités), on constate bien que la courbe tend asymptotiquement vers 1. Par exemple pour 2 000 unités, on aboutit à :

$$\frac{2\,000 \times 60}{(2\,000 \times 60) - 15\,000} \approx 1,1.$$

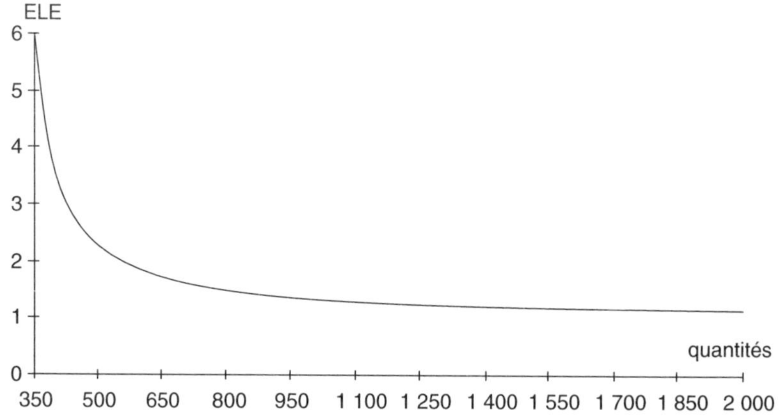

5. Le seuil de rentabilité probabilisé

Pour commencer, il est nécessaire de faire l'hypothèse que les quantités produites et vendues suivent une loi normale, qui peut être complètement définie par l'espérance et la variance (ou l'écart-type).

À partir de la table de la loi normale centrée réduite (voir page 111), il faut centrer et réduire la valeur-seuil étudiée en retranchant l'espérance et en divisant par l'écart type.

La courbe de densité de probabilité de la loi normale se présente comme une courbe symétrique à un seul mode, ses branches extrêmes se raccordant tangentiellement à l'axe des abscisses : on parle souvent de courbe en cloche.

Elle est définie par la relation suivante :

pour $Z = \frac{Q - E(Q)}{\sigma(Q)}$, alors $P(Z) = \frac{1}{\sqrt{2\pi}} e^{-\frac{Z^2}{2}}$. On constate bien que cette fonction est paire, c'est-à-dire que P(Z) = P(– Z), et en raison de cette parité la courbe cumulative est symétrique par rapport au point d'abscisse zéro.

Cette valeur Z traduit la probabilité que les ventes en volume dépassent tel montant ; par exemple pour une probabilité de 10 %, elle vaut 1,28. En la multipliant par l'écart-type σ(Q) accompagné du signe « + » ou « – », on dégage les valeurs respectivement optimistes ou pessimistes au seuil de 10 %.

Par analogie à la lecture de la table, on en déduit qu'à des intervalles de 1 et 2 écarts-types correspondent des probabilités de 15,9 % et 2,3 % d'être au-dessus de la valeur optimiste ou en dessous de la valeur pessimiste. Il existe alors une probabilité d'environ 68 % que la quantité vendue soit comprise entre [E(Q) – σ(Q), E(Q) + σ(Q)] ; cette probabilité s'élève à plus de 95 % si l'intervalle est élargi à ± 2σ.

Forme de la loi normale : groupement des observations autour de l'espérance E(Q) en fonction de l'écart-type σ(Q)

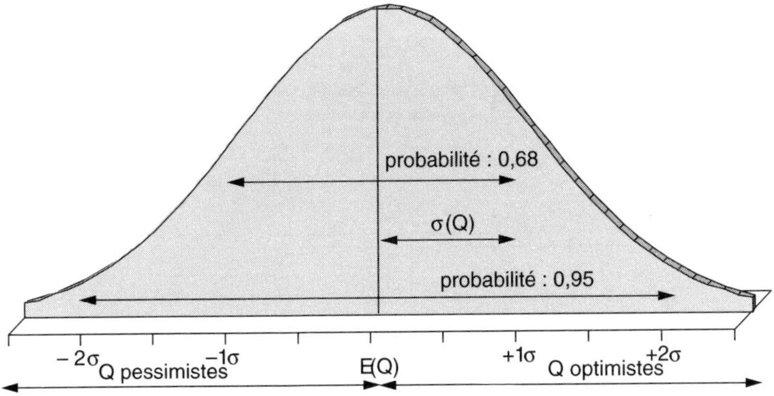

La table donne, pour toute valeur positive z_0 de la variable normale centrée réduite, la valeur correspondante de la fonction de répartition qui est égale à la probabilité pour que Z soit supérieur à z_0 : par exemple, la probabilité pour que Z soit supérieur à 0,84 (= z_0) est $P_N(Z > 0{,}84) = 20\ \%$.

L'aire totale comprise entre la courbe et l'axe des abscisses représente la somme des probabilités de la loi normale et est égale à 1 ; on a donc : $P_N(Z \leq z_0) = 1 - P_N(Z > z_0)$ et par exemple la probabilité pour que Z soit inférieur à 0,84 est $P_N(Z \leq 0{,}84) = 1 - P_N(Z > 0{,}84) = 1 - 20\ \% = 80\ \%$. Par ailleurs en raison de la symétrie de la courbe, la table permet de déterminer la fonction de répartition pour les valeurs négatives de z_0 : $P_N(Z > -z_0) = P_N(Z < z_0) = 1 - P_N(Z \geq z_0)$, sachant que pour une variable continue $P_N(Z \geq z_0) = P_N(Z > z_0)$; par exemple, la probabilité pour que Z soit supérieur à – 0,84 est $P_N(Z > -0{,}84) = 1 - P_N(Z > 0{,}84) = 1 - 0{,}20 = 80\ \%$.

Pour chaque situation, un graphique facilite beaucoup le raisonnement :

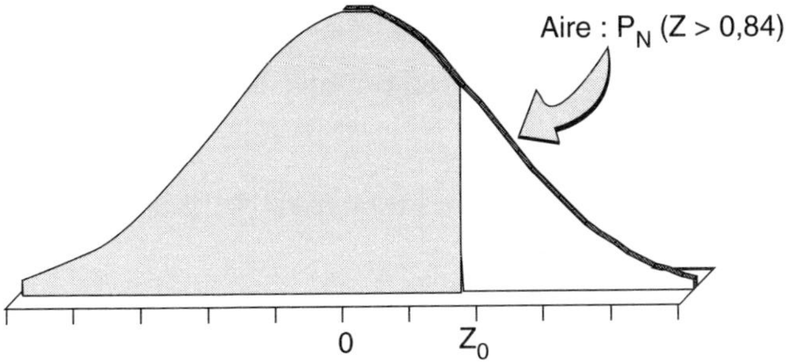

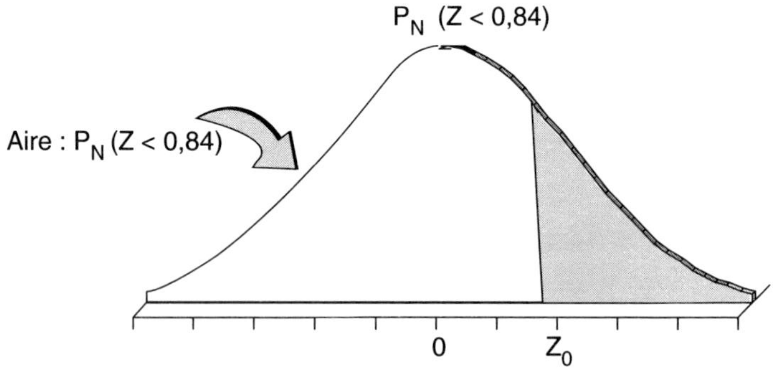

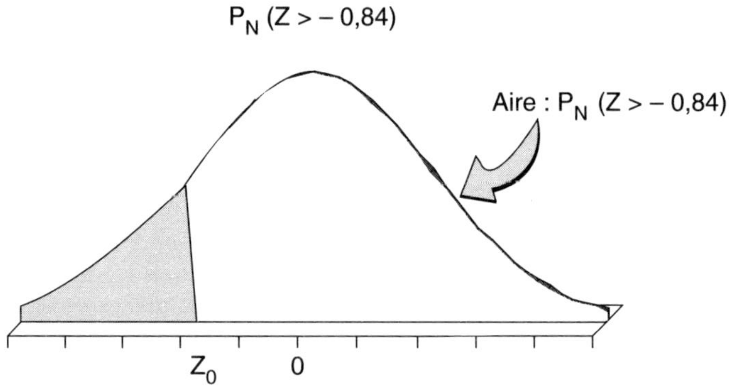

La « probabilisation » du seuil de rentabilité devient alors possible dès qu'on connaît le niveau du chiffre d'affaires en volume le plus probable E(Q) et son écart-type σ(Q).

Soient : R : le résultat analytique attendu ; (pvu – cvu) = mcvu : la marge sur coût variable unitaire ; CF : les charges fixes ; SRQ : le seuil de rentabilité en quantité.

Supposons par exemple que, sur la base des informations passées, la direction commerciale d'une entreprise estime que les ventes en volume les plus probables s'élèveront à 10 000 unités, soit E(Q) = 10 000 mais qu'il y a une probabilité de 50 % pour que la valeur soit comprise entre 6 000 et 14 000 unités (c'est-à-dire que les ventes puissent varier de plus ou moins 4 000 unités autour de l'espérance mathématique).

Étant donné la symétrie de la loi normale, il y a donc une probabilité de 25 % pour que les ventes soient inférieures à 6 000 unités ou bien supérieures à 14 000 unités, d'où :

$$P(Q > 14\,000) = P(Q < 6\,000) = 25\ \%.$$

Si on pose : $Z = \frac{Q - E(Q)}{\sigma(Q)}$, alors on obtient :

$$P(Q > 14\,000) = P_N\left(Z > \frac{14\,000 - 10\,000}{\sigma(Q)}\right) = 0,25.$$

La lecture d'une table de la loi normale centrée réduite permet d'en déduire :

$P_N(Z > 0{,}67) = 0{,}25$ d'où : $4\,000 / \sigma(Q) = 0{,}67$ ce qui implique que $\sigma(Q) \approx 5\,970$ unités.

Connaissant E(Q) et σ(Q), il devient possible de « probabiliser » le seuil de rentabilité sachant que le résultat analytique espéré est défini comme suit :

$E[R(Q)] = E[(mcvu \times Q) - CF] = mcvu \times E(Q) - CF$ puisque $E(Q + a) = E(Q) + a$ si a est une constante ; et $\sigma[R(Q)] = mcvu \times \sigma(Q)$ puisque $\sigma(Q + a) = \sigma(Q)$.

Étant donné que Q suit une loi normale, il s'ensuit nécessairement que le résultat analytique R suit une loi normale dont les moments sont E[R(Q)] et σ[R(Q)].

Pour probabiliser le seuil de rentabilité, il suffit de calculer la probabilité d'obtenir un résultat analytique supérieur ou égal à zéro, ou bien, une quantité supérieure ou égale à SRQ :

$$P[R(Q) \geq 0] = P_N\left(Z > \frac{0 - E[R(Q)]}{\sigma[R(Q)]}\right)$$

$$\text{ou bien } P(Q \geq SRQ) = P_N\left(Z > \frac{SRQ - E(Q)}{\sigma(Q)}\right).$$

Sachant que SRQ = CF/mcvu alors :

$$\frac{0 - E[R(Q)]}{\sigma[R(Q)]} = \frac{CF - mcvu \cdot E(Q)}{mcvu \cdot \sigma(Q)}$$

$$= \frac{mcvu \cdot SRQ - mcvu \cdot E(Q)}{mcvu \cdot \sigma(Q)} = \frac{SRQ - E(Q)}{\sigma(Q)}.$$

Si la marge sur coût variable unitaire, mcvu, est de 60 € et si les charges fixes sont de 300 000 € alors on en déduit le seuil de rentabilité en quantité, SRQ = CF / mcvu = 300 000 / 60 = 5 000 unités.

Par ailleurs, le bénéfice espéré E[R(Q)] est donné par l'expression suivante : mcvu × E(Q) – CF, soit : (60 × 10 000) – 300 000 = 300 000. Son écart-type, quant à lui, est égal à : σ[R(Q)] = mcvu × σ(Q), soit : 60 × 5 970 = 358 200.

En conséquence, on en déduit le seuil de rentabilité probabilisé, SRP caractérisé par l'expression suivante :

$$P[R(Q) \geq 0] = P_N\left(Z > -\frac{E[R(Q)]}{\sigma[R(Q)]}\right) = P_N\left(Z > -\frac{300\,000}{358\,200}\right)$$

$$= P_N(Z > -0,84) = 1 - P_N(Z > 0,84) = 80\ \%$$

ou bien

$$P(Q \geq SRQ) = P_N\left(Z > \frac{SRQ - E(Q)}{\sigma(Q)}\right) = P_N\left(Z > \frac{5\,000 - 10\,000}{5\,970}\right)$$

$$= P_N(Z > -0,84) = 1 - P_N(Z > 0,84) = 80\ \%.$$

Il y a donc une probabilité de 20 % (1 – 0,80), pour que le seuil de rentabilité ne soit pas atteint : on parle parfois de probabilité de ruine, c'est-à-dire qu'une cible fixée ne soit pas atteinte.

En définitive, si le décideur souhaite connaître la probabilité de non-atteinte du seuil de rentabilité à partir de E(Q) et de σ(Q), il peut calculer l'expression suivante :

$$1 - P_N\left(Z > \frac{CF - mcvu \times E(Q)}{mcvu \times E(Q)}\right).$$

Enfin, il en déduira la probabilité en retranchant de l'unité la valeur trouvée (à partir d'une table de loi normale centrée et réduite).

Le décideur peut aussi se fixer un résultat analytique-cible et déterminer la probabilité d'atteinte de ce dernier. Par exemple, si ce résultat-cible est de 100 000 €, on peut écrire :

$$P[E[R(Q)] > 100\,000] = P[[60 \times E(Q)] - 300\,000 > 100\,000]$$

$$= P[E(Q) > 6\,667]$$

$$= P_N\left(Z > \frac{6\,667 - E(Q)}{\sigma(Q)}\right) = P_N\left(Z > \frac{6\,667 - 10\,000}{5\,970}\right)$$

$$= P_N(Z > -0,56) = 1 - P_N(Z > 0,56) \approx 0,70.$$

En conséquence, il y a une probabilité de 70 % pour que le résultat analytique soit supérieur ou égal à 100 000 €.

Table de la loi normale centrée et réduite : probabilité de trouver une valeur supérieure à la valeur centrée réduite $z_0 : P_N(Z > z_0)$

	2e décimale de z_0									
z_0	**0**	**1**	**2**	**3**	**4**	**5**	**6**	**7**	**8**	**9**
0,0	0,500	0,496	0,492	0,488	0,484	0,480	0,476	0,472	0,468	0,464
0,1	0,460	0,456	0,452	0,448	0,444	0,440	0,436	0,433	0,429	0,425
0,2	0,421	0,417	0,413	0,409	0,405	0,401	0,397	0,394	0,390	0,386
0,3	0,382	0,378	0,374	0,371	0,367	0,363	0,359	0,356	0,352	0,348
0,4	0,345	0,341	0,337	0,334	0,330	0,326	0,323	0,319	0,316	0,312
0,5	0,309	0,305	0,302	0,298	0,295	0,291	0,288	0,284	0,281	0,278
0,6	0,274	0,271	0,268	0,264	0,261	0,258	0,255	0,251	0,248	0,245
0,7	0,242	0,239	0,236	0,233	0,230	0,227	0,224	0,221	0,218	0,215
0,8	0,212	0,209	0,206	0,203	0,200	0,198	0,195	0,192	0,189	0,187
0,9	0,184	0,181	0,179	0,176	0,174	0,171	0,169	0,166	0,164	0,161
1,0	0,159	0,156	0,154	0,152	0,149	0,147	0,145	0,142	0,140	0,138
1,1	0,136	0,133	0,131	0,129	0,127	0,125	0,123	0,121	0,119	0,117
1,2	0,115	0,113	0,111	0,109	0,107	0,106	0,104	0,102	0,100	0,099
1,3	0,097	0,095	0,093	0,092	0,090	0,089	0,087	0,085	0,084	0,082
1,4	0,081	0,079	0,078	0,076	0,075	0,074	0,072	0,071	0,069	0,068
1,5	0,067	0,066	0,064	0,063	0,062	0,061	0,059	0,058	0,057	0,056
1,6	0,055	0,054	0,053	0,052	0,051	0,049	0,048	0,047	0,046	0,046
1,7	0,045	0,044	0,043	0,042	0,041	0,040	0,039	0,038	0,038	0,037
1,8	0,036	0,035	0,034	0,034	0,033	0,032	0,031	0,031	0,030	0,029
1,9	0,029	0,028	0,027	0,027	0,026	0,026	0,025	0,024	0,024	0,023
2,0	0,023	0,022	0,022	0,021	0,021	0,020	0,020	0,019	0,019	0,018
2,1	0,018	0,017	0,017	0,017	0,016	0,016	0,015	0,015	0,015	0,014
2,2	0,014	0,014	0,013	0,013	0,013	0,012	0,012	0,012	0,011	0,011
2,3	0,011	0,010	0,010	0,010	0,010	0,009	0,009	0,009	0,009	0,008
2,4	0,008	0,008	0,008	0,008	0,007	0,007	0,007	0,007	0,007	0,006
2,5	0,006	0,006	0,006	0,006	0,006	0,005	0,005	0,005	0,005	0,005
2,6	0,005	0,005	0,004	0,004	0,004	0,004	0,004	0,004	0,004	0,004
2,7	0,003	0,003	0,003	0,003	0,003	0,003	0,003	0,003	0,003	0,003
2,8	0,003	0,002	0,002	0,002	0,002	0,002	0,002	0,002	0,002	0,002
2,9	0,002	0,002	0,002	0,002	0,002	0,002	0,002	0,001	0,001	0,001

*

* *

Outre la simplication des calculs résultant généralement de la disparition des opérations de répartition des charges indirectes, la méthode du *direct costing* présente l'intérêt de correspondre à une représentation bien connue d'analyse du niveau d'activité : le seuil de rentabilité.

Mais des critiques liées aux hypothèses simplicatrices restent inévitables :

– le volume est la seule variable qui influence les coûts ;

– les charges variables évoluent proportionnellement au volume d'activité ;
– le prix de vente unitaire est constant ;
– les coûts unitaires des facteurs sont constants ;
– les charges fixes sont constantes ;
– il n'y a qu'un seul produit.

En conséquence, l'espace de variation d'activité prévisionnelle doit être limité.

Enfin la connaissance du seuil de rentabilité permet d'orienter des décisions de type commercial (augmentation ou baisse du prix de vente unitaire) ou technique (réduction des charges variables unitaires, compression du coût fixe).

Cas n° 8 – **No Fun** questions 6 à 7 : page 223.
Cas n° 9 – **G 314** questions 2 à 7 : page 229.
Cas n° 10 – **CEE** questions 2, 3, 5, 10 : page 235.
Cas n° 16 – **Pharma** question 8 : page 282.

Chapitre 6

LE COÛT MARGINAL

Construit à partir du *direct costing*, le coût marginal est plus un coût économique d'opportunité (d'une commande supplémentaire) qu'un coût comptable.

1. Définitions

Les décisions à court terme ont une incidence quasi immédiate sur le compte de résultat, et par conséquent la décision sera qualifiée de positive si le « résultat analytique avec » est supérieur au « résultat analytique sans ».

L'origine des coûts partiels peut être recherchée dans la théorie économique, particulièrement dans la théorie des prix sur les marchés : le coût marginal est un coût économique permettant de répondre à une question du type : « peut-on accepter telle commande supplémentaire au prix demandé par le client ? ».

Selon le PCG, « le coût marginal est la différence entre l'ensemble des charges courantes nécessaires à une production donnée et l'ensemble de celles qui sont nécessaires à cette même production majorée ou minorée d'une unité ». Coût marginal signifie « coût en marge », donc à la limite. En pratique, on constate que beaucoup de produits sont fabriqués par série ou par lot, l'unité sera donc souvent la série d'unités.

2. Vers l'optimum technique

2.1. Principes

Le coût marginal est le coût d'une unité (ou d'une série d'unités) additionnelle produite. Par conséquent, il s'agit de l'accroissement des charges résultant de la production de la dernière unité (ou série d'unités). La décision de prendre une commande supplémentaire entraînera un accroissement d'activité et en principe, seules les charges variables varieront puisque, sur une courte période, les charges fixes restent constantes quelle que soit l'activité. Cependant le décideur vérifiera que l'acceptation de la commande supplémentaire n'a pas pour effet de faire croître les charges fixes (franchissement d'un palier). Les économistes font alors la distinction entre la théorie des coûts sur courte période et sur longue période.

Envisagé dans une optique à court terme, c'est-à-dire dans le contexte d'une commande supplémentaire sans extension des capacités de production (soit par exemple, l'acquisition d'un équipement supplémentaire), le coût marginal ne contient que des charges variables. En revanche, dans une optique à long terme, où on entend une extension des capacités de production (donc le franchissement d'un palier de charges fixes), le coût marginal comprend outre des charges variables des charges fixes liées à l'investissement de production. Comme le soulignent Lauzel & Bouquin, « l'expression coût marginal à court terme est très mauvaise ; elle donne en effet à penser que le temps est pris en considération, ce qui n'est absolument pas le cas ; en fait il s'agit d'un coût marginal à l'exploitation d'un équipement existant ». Conséquemment, dans la suite de l'exposé, on parlera de coût marginal sans faire référence au temps.

Si on appelle :

– Q (x) un premier niveau de production auquel correspond un coût total CT (x) ;

– Q (x + 1) un second niveau de production auquel correspond un coût total CT (x + 1) ;

le coût marginal Cm de la (x + 1) ème unité (ou série d'unités) est donné par la relation ci-après :

$$\text{Cm } (x + 1) \text{ ème} = \text{CT } (x + 1) - \text{CT } (x)$$

Elle est basée sur celle de la différentielle d'une fonction.

Le quotient : $\dfrac{\text{accroissement du coût total CT}}{\text{accroissement des quantités x}}$ peut s'écrire : $\dfrac{\Delta CT}{\Delta x}$.

Dans la définition du coût marginal, le dénominateur est escamoté puisqu'il est égal à 1 ((x + 1) – x).

Si on suppose que le facteur quantité est divisible en unités infiniment petites x (x positif ou nul, CT = f(x)), alors la limite de $\dfrac{\Delta CT}{\Delta x}$ lorsque que x tend vers 0 est CT' (dérivée de CT) :

$$\lim_{\Delta x \to 0} \frac{\Delta CT}{\Delta x} \to CT'.$$

On peut dire que le coût marginal est la dérivée du coût total par rapport aux quantités :

$$\boxed{Cm = f'(x) = CT'}$$

De même le coût total moyen CTM est donné par la formule :

$$\boxed{CTM = \frac{CT}{x}}$$

Si la fonction économique du coût total moyen est souvent représentée par une fonction du deuxième degré (la fonction économique du coût total = coût total moyen multiplié par x, est une fonction du troisième degré), alors on peut représenter CTM et Cm dans le même plan. En effet, la fonction de coût total considérée comme la plus typique de la théorie micro-économique est caractérisée par des phases de rendements croissants puis de rendements décroissants (donc de coûts décroissants puis croissants) : c'est donc une fonction du troisième degré du type :

$$CT(x) = a \cdot x^3 + b \cdot x^2 + c \cdot x + z.$$

Calculons la dérivée de CTM par rapport à x (quantité) :

$$y'_{CTM} = \frac{CT' \cdot x - CT}{x^2}.$$

Rappelons les conditions d'extrema locaux : quand l'argument x d'une fonction f (x) passe par l'abscisse x_m d'un extremum local, le signe de la dérivée f'(x) change. Pour l'abscisse x_{min} d'un minimum local, $f'(x) < 0$ pour $x < x_{min}$ et $f'(x) > 0$ pour $x_{min} > x$ et par conséquent si la dérivée est continue, $f'(x) = 0$.

Donc une condition nécessaire pour avoir un extremum local est que la dérivée f'(x) s'annule. Le changement de signe de la dérivée première f'(x), exprimée par $f'(x_{min}) > 0$, garantit l'existence d'un minimum local. La naissance d'un extremum est vérifiée lorsque la dérivée est égale à zéro, d'où :

$$(CTM)' = \left(\frac{CT}{x}\right)' = \frac{CT' \cdot x - CT}{x^2} = 0$$

$$\Leftrightarrow CT' = \frac{CT}{x}.$$

Or CT' est le coût marginal et $\frac{CT}{x}$ est le coût total moyen ; d'où

Cm = CTM : on parle alors d'optimum technique.

Le point d'intersection OT entre les deux courbes Cm et CTM est appelé optimum technique puisque le coût total moyen est minimum. Le coût marginal passe nécessairement par l'optimum technique, il est très élevé pour les premières unités, décroît rapidement, passe par un minimum, puis remonte, mais plus lentement qu'il n'est descendu, en fonction des quantités produites : le coût marginal exprime la loi des rendements décroissants.

Pour déterminer l'optimum technique, deux voies restent possibles :

– soit on part de la définition (voie la plus rigoureuse) : l'optimum technique correspondant au coût total moyen le plus bas est donc un optimum (ici un minimum), il suffit de dériver le coût total moyen CTM par rapport à x et d'annuler pour arriver à la solution OT en quantité et en valeur ;

– soit on part du résultat : l'optimum technique est caractérisé par le résultat ci-après : Cm = CTM permettant d'aboutir à la solution OT en quantité et en valeur.

La connaissance de la courbe du coût marginal, si elle s'accompagne de celle de la « recette marginale » Rm, permet de déterminer le profit (ou la perte) marginal(e), Pm.

Par analogie au coût marginal, la recette marginale est la recette (ou chiffre d'affaires) procurée par la vente d'une unité (ou d'une série d'unités) supplémentaire.

Le profit marginal est le profit (ou la perte) procuré par la vente d'une unité (ou d'une série d'unités) supplémentaire.

Le profit marginal est donné soit par la différence entre la recette marginale et le coût marginal ; soit par la différence entre le profit total pour (x + 1) unités et x unités :

$$\text{Rm } (x+1) \text{ ème} = \text{RT } (x+1) - \text{RT } (x)$$

$$\begin{aligned}\text{Pm } (x+1) \text{ ème} &= \text{Rm } (x+1) \text{ ème} - \text{Cm } (x+1) \text{ ème} \\ &= \text{PT } (x+1) - \text{PT } (x)\end{aligned}$$

2.2. Application

Soit la compagnie Ambloc caractérisée par les coûts et les recettes suivants :

Nombre d'unités produites	Charges variables	Charges fixes	Coût total	Recette totale
10	3,6	2	5,6	6,8
20	8	2	10	13,3
30	13	2	15	19,6
40	19	2	21	25,6
50	24	4	28	31,6
60	31,2	4	35,2	37,4

Travail à faire

1) Présenter un tableau faisant apparaître le coût total, le coût total moyen, le coût marginal, la recette totale, la recette totale moyenne, la recette marginale, le profit total et le profit marginal.

2) Représenter graphiquement le coût total moyen, le coût marginal, la recette totale moyenne et la recette marginale en fonction des quantités.

Corrigé

1) La Cie Ambloc travaille en série de 10, en conséquence l'unité sera la série de 10.

Séries de 10	**Charges variables**	**Charges fixes**	**Coût total**	**Coût total moyen**	**Coût marginal**
1	3,6	2	5,6	5,6	5,6 ®
2	8	2	10	5	4,4
3	13	2	15	5	5
4	19	2	21	5,3	6
5	24	4	28	5,6	7
6	31,2	4	35,2	5,9	7,2

® Cm = CT (1) – CT (0) = 5,6 ou bien 3,6 si CT (0) = CF = 2.

Séries de 10	**Recette totale**	**Recette totale moyenne**	**Recette marginale**	**Profit total**	**Profit marginal**
1	6,8	6,8	6,8	1,2	1,2
2	13,3	6,7	6,5	3,3	2,1
3	19,6	6,5	6,3	4,6	1,3
4	25,6	6,4	6	4,6	0
5	31,6	6,3	6	3,6	– 1,0
6	37,4	6,2	5,8	2,2	– 1,4

2) Représentation graphique de CTM, Cm, RTM et Rm

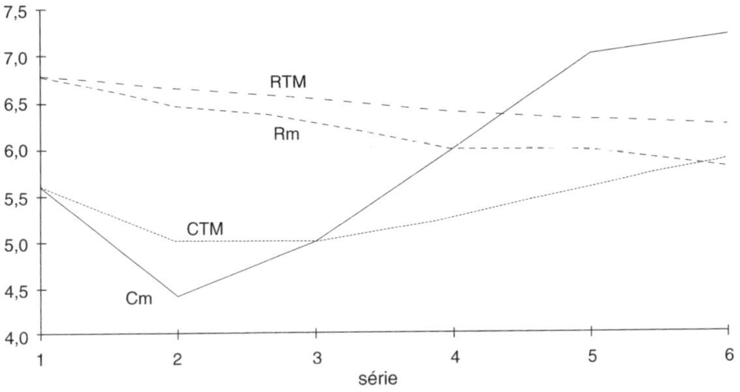

Il apparaît que le profit marginal passe par un point maximum correspondant à 2 séries, s'annule au point correspondant à 4 séries et fait place à une perte marginale.

Pour 3 séries produites, le coût total moyen est minimum et équivalent au coût marginal, c'est donc l'optimum technique. La quantité « 4 séries » génère le profit total maximal (Rm = Cm) et on n'a pas intérêt à accepter une commande supplémentaire. Le point d'intersection supposé entre CTM et RTM (au-delà de 6 séries) est le seuil de rentabilité en quantité puisque RTM = CTM.

3. La théorie des prix

Dans la théorie marginaliste de la firme, les fonctions de coût, demande et production sont supposées connues. L'objectif demeure la maximisation du profit qui peut être envisagée selon deux cas de figure : la situation de monopole et la situation de concurrence.

On parle de « théorie des prix » puisque la détermination du prix de vente unitaire dépend de la structure du marché.

3.1. La situation de monopole

Dans le cas du monopole, une seule entreprise fournit un bien économique à un grand nombre d'acheteurs. Cette entreprise est en mesure d'influencer le prix de vente unitaire : elle possède une politique de prix. Elle produira tant qu'une unité additionnelle lui procurera un profit marginal.

Le profit total maximum correspond à la production pour laquelle le profit marginal est nul, c'est-à-dire :

Coût marginal = Recette marginale

Il est nécessaire de définir la recette totale et le coût total pour aboutir au profit total.

RT (x) = pvu · x (produit du prix de vente unitaire et des quantités x).

CT (x) = CV (x) + CF (somme des charges variables dépendantes des quantités x et des charges fixes généralement indépendantes des quantités x).

Ici pvu est une donnée endogène que peut fixer l'entreprise :

$$PT = RT(x) - CV(x) - CF.$$

Rappelons les conditions d'extrema locaux : quand l'argument x d'une fonction f(x) passe par l'abscisse x_m d'un extremum local, le signe de la dérivée $f'(x)$ change. Pour l'abscisse x_{max} d'un maximum local, $f'(x) > 0$ pour $x < x_{max}$ et $f'(x) < 0$ pour $x_{max} > x$ et par conséquent si la dérivée est continue, $f'(x) = 0$.

Donc une condition nécessaire pour avoir un extremum local est que la dérivée f '(x) s'annule. Le changement de signe de la dérivée première f '(x), exprimée par $f'(x_{max}) < 0$ garantit l'existence d'un maximum local. Déterminons l'extremum de cette fonction, c'est-à-dire le profit total tel que :

$$\frac{dPT}{dx} = RT'(x) - CV'(x) = 0.$$

Le coût marginal est égal à la dérivée du coût total CT(x), c'est-à-dire la dérivée du coût variable puisque les coûts fixes sont généralement indépendants des quantités x, donc :

$$CT'(x) = CV'(x) = Cm.$$

La recette marginale est égale à la dérivée de la recette totale, soit le prix de vente unitaire si l'entreprise ne pratique pas la discrimination par les prix :

$$RT' = Rm = pvu.$$

En conséquence, on a bien la relation ci-après :

Coût marginal = Recette marginale = pvu

Le point d'intersection OE entre les deux courbes Cm et Rm est appelé optimum économique car le profit total y est maximum.

Pour déterminer l'optimum économique, deux voies restent possibles :

– soit on part de la définition (voie la plus rigoureuse) : l'optimum économique correspondant au profit total maximum est donc un optimum, il suffit de dériver le profit total PT par rapport à x et d'annuler pour arriver à la solution OE en quantité et en valeur ;

– soit on part du résultat : l'optimum économique est caractérisé par le résultat ci-après : Cm = Rm permettant d'aboutir à la solution OE en quantité et en valeur.

Remarque

Quand $RT(x) = pvu \cdot x$, alors Rm = pvu.

Mais si l'entreprise pratique la discrimination en termes de prix de vente unitaire, alors la recette marginale Rm peut être différente de pvu.

Supposons pour une série de 100 unités, que le prix de vente unitaire soit de 100 € mais baisse de 5 € dès que la série augmente d'un pas.

Le prix de vente unitaire est de 100 € pour 1 série de 100, de 95 € pour 2 séries de 100 : l'équation du prix de vente unitaire est du type $pvu = a \cdot x + b$ où x est le nombre de séries :

$$100 = a \cdot 1 + b$$
$$95 = a \cdot 2 + b$$

d'où $pvu = -5 \cdot x + 105$.

La relation est en principe : coût marginal = recette marginale.

Sachant que $RT(x) = pvu \cdot x = (-5 \cdot x + 105) \cdot x$ alors la recette marginale est la dérivée de RT(x), soit : $-10 \cdot x + 105$ donc Rm est différent de pvu.

Si l'entreprise pratique la discrimination par les prix, alors $Cm = Rm \neq pvu$.

Que l'on soit en situation de monopole ou de concurrence, l'optimum technique est inchangé.

3.2. La situation de concurrence

Dans le cas de la concurrence parfaite où les acheteurs et vendeurs sont nombreux, où les produits sont homogènes, il existe un prix du marché sur lequel l'entreprise devra s'aligner. L'entreprise n'est pas en mesure d'influencer le prix du marché : elle ne peut avoir de politique de prix. Elle n'a plus intérêt à produire (et à vendre) lorsque le coût marginal devient supérieur au prix du marché. Le profit total maximum correspond à la production pour laquelle le profit marginal est nul, c'est-à-dire :

Coût marginal = Recette marginale

Il est nécessaire de définir la recette totale et le coût total pour aboutir au profit total.

$RT(x) = pma \cdot x$ (produit du prix du marché (unitaire) et des quantités x).

$CT(x) = CV(x) + CF$ (somme des charges variables dépendantes des quantités x et des charges fixes généralement indépendantes des quantités x).

Ici pma est une donnée exogène que l'entreprise ne maîtrise pas :

$$PT = RT(x) - CV(x) - CF$$

Déterminons le maximum de cette fonction, c'est-à-dire le profit total tel que :

$$\frac{dPT}{dx} = RT'(x) - CV'(x) = 0.$$

En général, on a : $CT'(x) = CV'(x) = Cm$.

La recette marginale est égale à la dérivée de la recette totale, soit le prix du marché donc :

$$RT' = Rm = pma.$$

En conséquence, on a bien la relation ci-après :

Coût marginal = Recette marginale = pma

Le point d'intersection OE entre les deux courbes Cm et Rm est appelé optimum économique car le profit total y est maximum.

Pour déterminer l'optimum économique, deux voies restent possibles :

– soit on part de la définition (voie la plus rigoureuse) : l'optimum économique correspondant au profit total maximum est donc un optimum, il suffit de dériver le profit total PT par rapport à x et d'annuler pour arriver à la solution OE en quantité et en valeur ;

– soit on part du résultat : l'optimum économique est caractérisé par le résultat ci-après : Cm = Rm permettant d'aboutir à la solution OE en quantité et en valeur.

*

* *

En situation de concurrence parfaite, l'entreprise ne peut avoir de politique de prix : le prix du marché est déterminé par les courbes d'offre et de demande du produit. Il tend en principe vers une position d'équilibre qui permet l'égalité des quantités que les producteurs veulent vendre et celles que les acheteurs veulent acquérir. Le profit total est maximum quand sa dérivée par rapport à la production s'annule, d'où le coût marginal égal au prix du marché. En situation de monopole, la condition nécessaire d'un profit total maximum correspond à l'égalité entre le coût marginal et la recette marginale. Bien qu'elle ait été largement acceptée par les économistes, la théorie du coût marginal a fait l'objet de nombreuses critiques, en particulier des gestionnaires d'entreprise. Il est généralement supposé que l'entreprise produit et vend un seul produit. En réalité, la plupart des entreprises produisent et commercialisent plusieurs produits. Parfois même, un seul produit a plusieurs prix : l'entreprise opère une discrimination entre les acheteurs par les prix différentiels. D'une manière générale, ces critiques s'appuient sur le fait que les chefs d'entreprise prennent en considération des facteurs bien différents de ceux utilisés par le modèle marginaliste. L'hypothèse centrale de comportement est que les décideurs poursuivent rationnellement l'objectif de maximisation du profit total. Dans la réalité, rien n'indique que le profit recherché soit toujours maximal et s'il en était ainsi, il est probable que dans une économie où l'information est imparfaite et où règne l'incertitude, le profit total maximal ne puisse être obtenu.

Cas n° 7 – **Dogue** questions 6 à 8 : page 217.
Cas n° 11 – **Jais** : page 246.
Cas n° 12 – **Trouille** : page 248.

Chapitre 7

LES COÛTS STANDARDS

Jusqu'à présent, on a déterminé des coûts complets réels *ex post* ou *a posteriori* ; maintenant avec les coûts standards, on va calculer des coûts complets « prévisionnels » *ex ante* ou *a priori*.

1. Définitions

Le Plan Comptable Général donne la définition suivante : « les coûts préétablis sont des coûts calculés à l'avance pour chiffrer des mouvements en quantité et en valeur, à l'intérieur de la Comptabilité Analytique d'Exploitation, en vue de faire apparaître distinctement les écarts entre les charges réelles et les charges prévues ».

Les coûts préétablis sont aussi appelés coûts standards (origine : l'Américain Emerson, un rival de Taylor).

On établit *a priori* des coûts de production prévisionnels en fonction d'une norme servant d'étalon de référence et on confronte *a posteriori* ces coûts de production préétablis avec les coûts de production réels pour dégager des différences appelées écarts dont l'analyse permettra d'orienter et de contrôler efficacement la gestion et de calculer à partir des normes, la consommation théorique qu'une activité doit entraîner et par là-même, elle dissuade la négligence et la fraude. Enfin, un écart n'a d'intérêt que si son constat débouche sur une action correctrice éventuelle adressé à une personne responsable capable de réagir.

Susciter des actions correctives peut également s'entendre de deux manières différentes : réviser le standard ou réviser les objectifs. Les écarts faibles, de nature aléatoire, ne requièrent pas d'étude particulière ;

en revanche, les écarts anormaux ont une importance essentielle et ils doivent faire l'objet d'un examen beaucoup plus attentif.

La norme peut être choisie suivant divers critères :

– en général, elle est calculée en fonction des prévisions concernant les conditions normales de production de l'entreprise. Pratiquement, elle correspond au coût de production de la (ou des) période(s) précédente(s) corrigé des coûts d'inefficience jugés admissibles, et actualisé à la hausse ou bien à la baisse pour tenir compte de l'évolution prévisible de la demande et des prix ;

– éventuellement, la norme peut être calquée sur un coût syndical, concurrentiel ou gouvernemental.

La norme doit contenir tous les éléments du coût de production, car une omission dans le recensement des composantes ne peut que fausser le calcul du coût de production prévisionnel.

Cette norme est généralement élaborée par le bureau des méthodes qui reprendra le dossier établi par le bureau d'études. Le bureau des méthodes détermine les temps, les qualifications, les machines et les équipements utilisables. De concert avec le service des achats, une nomenclature du produit est élaborée, qui reprend l'ensemble des matières, composants, pièces entrant dans la composition du produit final. Un prototype est très fréquemment fabriqué, suivi ensuite d'une petite série ou présérie. À ce niveau, les erreurs ou omissions ont été corrigées. Une nomenclature reprend en détail la composition du produit manufacturé en donnant toutes les coordonnées (fournisseurs, références, spécifications) et les quantités nécessaires à l'élaboration dudit produit.

Le bureau des méthodes sera amené à établir une gamme de fabrication qui reprendra en détail, phase par phase, les temps opératoires, la qualification du personnel et les équipements (matériel, outillage...) à utiliser. Les systèmes de gestion qui intègrent le plan directeur de production, la tenue des nomenclatures, des gammes ainsi que le suivi des stocks et des cycles relèvent de la méthode dite *Material Requirements Planning* (MRP), en français Planification des Besoins en Composants (PBC).

La norme, c'est-à-dire le coût de production prévisionnel, doit pouvoir être ramenée à l'unité produite, c'est-à-dire à la norme unitaire (ou coût de production prévisionnel unitaire).

Enfin, cette dernière doit pouvoir être décomposée en normes élémentaires, c'est-à-dire :

– en quantité de matières entrant dans la composition d'une unité produite (multipliée par le coût unitaire prévisionnel de celle-ci) ;

– en temps de main-d'œuvre directe nécessaire à l'obtention d'une unité produite (multiplié par le taux horaire prévisionnel de celle-ci) ;

– en nombre d'unités d'œuvre du centre de production par unité produite, déterminé souvent à l'aide des heures de MOD si l'atelier de production est peu mécanisé ou bien à l'aide d'heures-machines dans le cas contraire (multiplié par le coût d'unité d'œuvre de celui-ci).

Application

Au cours du mois de mai de l'année N, un atelier a fabriqué 1 100 produits (vendus 350 € l'unité) à partir de :

- 8 910 kilogrammes de matières premières à 9,60 € le kilogramme,
- 4 455 heures de MOD à 37,20 € de l'heure,
- 81 600 € de charges indirectes.

Pour le même mois, le contrôleur de gestion avait prévu, pour une fabrication de 1 000 produits :

- 8 000 kilogrammes de matières premières à 10 € le kilogramme,
- 4 000 heures de MOD à 36 € de l'heure,
- 72 000 € de charges indirectes sachant que l'unité d'œuvre est l'heure de MOD et qu'il y a 32 000 € de frais fixes.

Travail à faire

1) Déterminer les normes élémentaires.
2) Présenter le tableau conduisant à l'écart global.
3) Analyser les écarts sur charges directes.
4) Analyser l'écart sur charges indirectes.

- *Réponse à la première question*

Le Budget Standard de Base (BSB) correspond au coût de production prévisionnel (ou budgété) nécessaire à la fabrication de 1 000 produits ou Production budgétée Pb, Qb étant la quantité budgétée et cub étant le coût unitaire budgété (voir *infra*, 6. Schéma directeur).

BSB (Pb = 1 000)

Éléments	Quantité (Qb)	Coût unitaire budgété (cub)	Montant
Matières premières	8 000 kg	10	80 000
MOD	4 000 heures	36	144 000
Frais de production	4 000 heures	18	72 000
		Norme	296 000

296 000 correspond au coût de production prévisionnel, à BSB (Pb = 1 000 produits), à la norme.

Norme unitaire

Éléments	Normes élémentaires	Coût unitaire	Montant
Matières premières	8 kg	10	80
MOD	4 heures	36	144
Frais de production	4 heures	18	72
		Norme unitaire	296 €

La norme élémentaire est une quantité ramenée à l'unité produite, nécessaire pour la construction du tableau conduisant à l'écart global : la norme élémentaire est donc le rapport entre la quantité issue de BSB divisée par la production budgétée Pb.

296 correspond au coût de production unitaire prévisionnel, à la norme unitaire et on doit vérifier l'égalité suivante :
norme = norme unitaire × Production budgétée (Pb) c'est-à-dire : 296 000 = 296 × 1 000.

2. La détermination de l'écart global

2.1. *Principes*

Les écarts entre réalisations et « prévisions » sont déterminés, en général, mensuellement.

Le PCG a choisi d'appeler écart total la différence :

Écart total = Coût constaté – Coût préétabli de la production réelle

Par analogie terminologique, on peut définir la relation suivante :

Écart Global (EG) = Coût de production réel – Coût de production préétabli

Le coût de production préétabli (ou standard), égal au produit « norme unitaire × Production réelle (Pr) », est un coût complet « prévisionnel ».

Il faut donc distinguer :

- les charges directes d'où des écarts sur charges directes :
  - écart sur matières premières ;
  - écart sur main-d'œuvre directe ;
  - éventuellement, écart sur autres charges directes ;
- les charges indirectes (ou frais) de production d'où un écart sur frais de centre de production.

Remarque (importante)

La base de comparaison entre coût de production réelle et coût de production préétabli doit être identique c'est-à-dire qu'elle doit se fixer sur la production réelle de produits finis ou bien sur celle des équivalents-produits s'il y a existence d'en-cours de production.

Par exemple, si au cours d'une période, une entreprise a fabriqué 295 000 produits finis et 9 000 en-cours ayant subi le tiers des opérations de production aussi bien en ce qui concernent les matières que la main-d'œuvre directe et les charges de centre.

Alors la base de comparaison entre le coût réel de la période et le coût préétabli de la production réelle est la production réelle (Pr) d'équivalents-produits fabriqués, soit 295 000 + 9 000/3 = 298 000 équivalents-produits à indiquer dans la colonne Pr du tableau conduisant à l'écart global (voir ci-après). Dans ce cas où l'en-cours est composé d'un pourcentage identique pour chaque composante du coût de production du produit fini, on a toujours le coût de production préétabli, égal au produit « norme unitaire × Pr en équivalents-produits ». Cependant, des biais peuvent survenir dans la situation où l'en-cours de production n'est pas composé d'un pourcentage identique pour chaque élément du coût de production. Supposons, en effet, que les 9 900 en-cours aient subi la totalité des opérations de production en ce qui concerne les matières, 50 % pour la main-d'œuvre directe et le tiers pour les charges de centre. Il faut encore raisonner en équivalents-produits : 295 000 + 9 000 = 304 000 équivalents-produits au niveau de la production réelle pour l'élément « matières » ; 295 000 + 9 000/2 = 299 500 équivalents-produits au niveau de Pr pour l'élément MOD ; 295 000 + 9 000/3 = 298 000 équivalents-produits au niveau de Pr pour l'élément charges de centre. Enfin, s'il existe en début de période, un en-cours initial, alors il faut le déduire de la production réelle en équivalents-produits (c'est-à-dire produits finis de fin de période et en-cours final).

2.2. Application

- *Réponse à la deuxième question*

Le tableau conduisant à l'écart global se présente sous la forme ci-après, sachant que :
- Pr est la production réelle, soit 1 100 unités,
- Qr est la quantité réelle,
- cur est le coût unitaire réel,
- Qp est la quantité préétablie.

Éléments	Coût de production réel			Coût de production préétabli					Écart	
	Qr	cur	Montant	Norme élément.	Pr	Qp	cub	Montant	Déf. (+)	Fav. (–)
Ch. dir.										
Matières	8 910	9,6	85 536	8 kg	1 100	8 800	10	88 000		– 2 464
MOD	4 455	37,2	165 726	4 h	1 100	4 400	36	158 400	7 326	
Ch. ind.	4 455		81 600	4 h	1 100	4 400	18	79 200	2 400	
			332 862					325 600	7 262	
									Écart global	

L'écart global est positif donc défavorable puisque le coût de production réel est supérieur au coût de production préétabli.

Ce coût préétabli est égal à 325 600 €, soit le produit de la norme unitaire et de la production réelle (296 × 1 100).

3. L'analyse des écarts sur charges directes

3.1. Analyse de l'écart sur matières premières

D'après le tableau précédent, on a la relation suivante : l'écart sur matières E(MAT) est égal à (Qr × cur) – (Qp × cub).

On ne change pas le sens d'une égalité « si on ajoute puis si on soustrait » la même valeur, par exemple : (Qr × cub)

$$E(MAT) = (Qr \times cur) - (Qp \times cub) + (Qr \times cub) - (Qr \times cub)$$

d'où :

$$\boxed{E(MAT) = (Qr - Qp) \times cub + (cur - cub) \times Qr}$$

Par conséquent, l'écart sur matières premières E(MAT) se décompose en deux sous-écarts :

- un écart sur quantité, E(Q) = (Qr – Qp) × cub,
- un écart sur prix, E(P) = (cur – cub) × Qr,
- E(MAT) = E(Q) + E(P).

Notons qu'un signe positif signifie toujours un écart défavorable pour une charge (par exemple, pour E(Q), on a consommé plus de matières premières que prévu) et qu'un signe négatif signifie un écart favorable (par exemple, pour E(P), on a payé les matières premières moins cher que prévu).

Les causes d'écarts sur matières premières peuvent notamment être les suivantes : qualité différente des matières premières, manque de formation du personnel, choix des fournisseurs, changement des conditions de paiement, gaspillage d'où déchets excessifs, rupture de stocks, évolution générale de la demande, hausse ou baisse des prix...

Remarque

Dans l'hypothèse où l'entreprise évaluerait les sorties d'IP matières premières selon la méthode du Premier Entré, Premier Sorti, alors on aurait autant d'écarts sur prix qu'il y a de prix différents. Supposons une entreprise dont le stock initial est vierge ; les achats de matières premières ont porté sur 1 240 000 unités payées 5,80 € l'unité pour 420 000 et 6,10 € l'unité pour le reste ; les sorties d'IP ont été de 1 150 000 unités. Par ailleurs, la production réelle est de 298 000 produits, le coût prévisionnel unitaire pour la matière première se décompose ainsi : 4 unités pour un coût prévisionnel unitaire de 6 €. On en déduit l'extrait de tableau suivant :

Éléments	Coût de production réel			Coût de production préétabli					
	Qr	cur	Montant	Norme élément.	Pr	Qp	cub	Montant	Fav. (–)
Ch. dir.									
Matières	420 000	5,8	2 436 000						
	730 000	6,1	4 453 000	4 u.	298 000	1 192 000	6	7 152 000	- 263 000

$$E(MAT) = (Qr \times cur) - (Qp \times cub) = -263\,000$$

d'où :

$$E(Q) = (Qr - Qp) \times cub = (1\,150\,000 - 1\,192\,000) \times 6$$
$$= -252\,000 \text{ (défavorable)}$$

et deux sous-écarts sur prix :

$$E(P_1) = (cur_1 - cub) \times Qr_1 = (5{,}8 - 6) \times 420\,000$$
$$= -84\,000 \text{ (favorable)}$$

$$E(P_2) = (cur_2 - cub) \times Qr_2 = (6{,}1 - 6) \times 730\,000$$
$$= 73\,000 \text{ (défavorable).}$$

3.2. Analyse de l'écart sur main-d'œuvre directe

D'après le tableau précédent, on a la relation suivante : l'écart sur main-d'œuvre directe E(MOD) est égal à (Tr × tr) – (Tp × tb) avec Tr (Temps réel), Tp (Temps préétabli), tr (taux horaire réel) et tb (taux horaire budgété).

On ne change pas le sens d'une égalité « si on ajoute puis si on soustrait » la même valeur, par exemple : (Tr × tb)

$$E(MOD) = (Tr \times tr) - (Tp \times tb) + (Tr \times tb) - (Tr \times tb)$$

d'où :

$$\boxed{E(MOD) = (Tr - Tp) \times tb + (tr - tb) \times Tr}$$

Par conséquent, l'écart sur main-d'œuvre directe E(MOD) se décompose en deux sous-écarts :
- un écart sur Temps, E(T) = (Tr – Tp) × tb,
- un écart sur taux horaire, E(t) = (tr – tb) × Tr,
- E(MOD) = E(T) + E(t).

Notons qu'un signe positif signifie encore un écart défavorable pour une charge (par exemple, pour E(T), on a passé plus de temps que prévu pour produire) et qu'un signe négatif signifie un écart favorable (par exemple, pour E(t), on a payé le salaire horaire moins cher que prévu).

Les causes d'écarts sur MOD peuvent, notamment, être les suivantes : efficience du personnel différente de la norme, main-d'œuvre ne répondant pas à la qualification requise (OS, niveaux 1.2.3., AT), modification du nombre d'ouvriers par machine, utilisation de machines ou de techniques plus ou moins performantes, problèmes de réglages des machines, pannes, manque d'énergie, grèves, modifications du tarif horaire de la MOD non prévues (augmentation du SMIC et/ou des charges sociales...), utilisation de main-d'œuvre intérimaire...

Les écarts sur main-d'œuvre directe ont donc des origines diverses et variées. Le contrôleur devra procéder à un examen attentif afin de mettre l'accent sur la raison principale de l'écart relevé. Il y a parfois une remise en cause du projet initial qui n'a pas intégré tous les paramètres (modifications des taux de change sur le coût des matières importées, nouvelles normes anti-pollution, nouvelles taxes, modification des droits de douane...).

Les standards de temps sont généralement établis d'une façon assez stricte pour servir de stimulant tout en étant accessibles. Ainsi l'écart sur temps est généralement défavorable et un écart favorable est causé par un rendement exceptionnel ou bien par un standard trop « haut ». On rencontre aussi cette situation lorsqu'on néglige de corriger le standard pour tenir compte du changement dans les méthodes de travail. Enfin, l'analyse de l'écart sur MOD ne prend pas du tout en considération la qualité.

Remarques

- Le cas des heures supplémentaires

$E(T) = (Tr - Tp) \times tb$ ne change pas.

$E(t) = (tr - tb) \times Tr$ se décompose en deux sous-écarts :

– un écart sur taux horaire heures normales E(tn),

– un écart sur taux horaire heures supplémentaires E(ts) :

$E(tn) = (trn - tb) \times Trn$ où Trn est le temps réel heures normales,

$E(ts) = (trs - tb) \times Trs$ où Trs est le temps réel heures supplémentaires.

Sans remettre en cause les 35 heures (quoique cette référence va semble-t-il disparaître du Code du Travail pour ne laisser que celle des 1 600 heures par an), la loi Fillon retouche les heures supplémentaires et le repos compensateur. Le taux de paiement des heures supplémentaires varie selon la taille de l'entreprise. Si cette dernière a vingt salariés et plus, alors les huit premières heures supplémentaires (au-delà de 35 heures et jusqu'à la 43e heure incluse) sont majorées de 25 %. Les heures effectuées au-delà de la 43e heure sont majorées de 50 %. Si l'entreprise a vingt salariés au plus, alors les heures supplémentaires sont majorées de : 10 % entre la 35e et la 39e heure jusqu'au 31 décembre 2005 ; 25 % au-delà de la 39e heure et jusqu'à la 43e heure ; 50 % au-delà de la 43e heure. Le repos compensateur légal accordé aux salariés en cas de dépassement du contingent d'heures supplémentaires s'applique désormais aux entreprises de plus de vingt salariés.

- Le cas des heures chômées

Les heures chômées sont des heures non travaillées mais payées (1er mai, congés payés…).

$E(t) = (tr - tb) \times Tr$ ne change pas.

$E(T) = (Tr - Tp) \times tb$ se décompose en deux sous-écarts :

– un écart sur temps heures normales E(Tn),

– un écart sur temps heures chômées E(Tc) :

$E(Tn) = (Trn - Tp) \times tb$ où Trn est le temps réel heures normales,

$E(Tc) = (Trc - 0) \times tb$ où Trc est le temps réel heures chômées.

Par hypothèse simplificatrice, il n'y a pas d'heures chômées donc l'écart sur temps heures chômées est toujours défavorable et très défavorable par souci de prudence (on ne peut avoir pire situation !). Il existe le cas particulier des heures d'équivalence propres à certaines professions (personnel des hôpitaux, des cafés, hôtels, restaurants, commerce de détail et de denrées alimentaires) qui sont des périodes d'inaction en raison de la nature de l'activité : elles ne sont pas réglées et ne sont donc pas à prendre en compte pour un calcul de coût prévisionnel.

3.3. Application

- *Réponse à la troisième question*

$$E(MAT) = (Qr \times cur) - (Qp \times cub) = -2\,464$$

d'où :

$$E(Q) = (Qr - Qp) \times cub = 1\,100 \text{ (défavorable)}$$
$$E(P) = (cur - cub) \times Qr = -3\,564 \text{ (favorable)}$$
$$E(MOD) = (Tr \times tr) - (Tp \times tb) = 7\,326$$

d'où :

$$E(T) = (Tr - Tp) \times tb = 1\,980 \text{ (défavorable)}$$
$$E(t) = (tr - tb) \times Tr = 5\,346 \text{ (défavorable).}$$

4. L'analyse de l'écart sur charges indirectes

4.1. Principes

D'après le tableau précédent, on a la relation suivante : l'écart sur charges indirectes apparent (⇔ frais) E(CI) est égal à la différence entre Frais réels et « Frais préétablis apparents ».

À la place de « Frais préétablis apparents », on utilise plutôt la terminologie Budget Standard Imputé (BSI) en fonction de la production réelle d'où :

$$BSI = BSB(\text{frais}) \times \frac{\text{Production réelle (Pr)}}{\text{Production budgétée (Pb)}}$$

avec BSB (frais) = frais prévisionnels

On peut s'abstenir de calculer BSI par cette formule puisqu'on lit directement sa valeur dans le tableau conduisant à l'écart global. Par contre, il faut définir deux autres budgets.

Le Budget Standard Équivalent (BSE) est imputé non plus en fonction de la production mais de l'activité réelle caractérisant le centre de production, c'est-à-dire un nombre d'unités d'œuvre réelles (par exemple, un temps réel).

$$\text{BSE} = \text{BSB (frais)} \times \frac{\text{Activité réelle (Ar)}}{\text{Activité budgétée (Ab)}}$$

Si l'activité est un temps alors :

$$\text{BSE} = \text{BSB (frais)} \times \frac{\text{Temps réel (Tr)}}{\text{Temps budgété (Tb)}}.$$

Le Budget Standard Flexible (BSF) tient compte du fait qu'il y a des frais fixes qui, en principe, ne varient pas avec l'activité réelle (phénomène non pris en compte dans BSE) et par conséquent :

$$\text{BSF} = \left[\text{BSB (frais variables)} \times \frac{\text{Activité réelle (Ar)}}{\text{Activité budgétée (Ab)}}\right] + \text{BSB (frais fixes)}$$

Si l'activité est un temps alors :

$$\text{BSF} = \left[\text{BSB (frais variables)} \times \frac{\text{Temps réel (Tr)}}{\text{Temps budgété (Tb)}}\right] + \text{BSB (frais fixes)}.$$

Remarque

À partir de BSB (frais), on en déduit BSI :

$$\text{BSI} = \text{BSB (frais)} \times \frac{\text{Production réelle (Pr)}}{\text{Production budgétée (Pb)}}$$

Mais pour la représentation graphique de l'écart sur charges indirectes (voir *infra*), il est judicieux de définir BSI en fonction de l'activité (même abscisse que BSE et BSF).

On démontre que :

$$\text{BSI} = \text{BSB (frais)} \times \frac{\text{Activité préétablie (Ap)}}{\text{Activité budgétée (Ab)}}$$

Si l'activité est un temps alors :

$$\text{BSI} = \text{BSB (frais)} \times \frac{\text{Temps préétabli (Tp)}}{\text{Temps budgété (Tb)}}.$$

Il faut que :

$$\frac{Pr}{Pb} = \frac{Tp}{Tb}$$

$$\Leftrightarrow \frac{Tb}{Pb} \times Pr = Tp.$$

Or le rapport Tb/Pb est la norme élémentaire (voir *supra* BSB et norme unitaire), donc on aboutit à :

norme élémentaire × Pr = Tp CQFD.

Le tableau conduisant à l'écart global précise notamment que Tp est le produit de la norme élémentaire et de la production réelle.

Parmi ces trois budgets, le moins probant est BSI puisqu'il est déterminé en fonction de la production réelle alors que, pour un centre de production, ce qui compte c'est l'activité réelle (ou le nombre d'unités d'œuvre). En revanche, BSE et BSF sont définis en fonction de l'activité réelle mais BSF est le plus probant puisqu'il fait la distinction entre les frais variables qui varient avec l'activité et les frais fixes qui, en principe, sont indépendants de l'activité. En conséquence, la hiérarchie en terme de pouvoir explicatif est généralement la suivante : d'abord BSF, puis BSE et enfin BSI.

L'écart sur charges indirectes E(CI) se décompose en trois sous-écarts : un écart sur budget E(BUD), un écart sur activité E(ACT) et un écart sur productivité (ou rendement) E(PRO).

E (CI) = Frais réels – BSI

est équivalent à la somme des trois sous-écarts :

- E(BUD) = Frais réels – BSF,
- E(ACT) = BSF – BSE,
- E(PRO) = BSE – BSI.

L'écart sur budget est le plus significatif puisqu'il confronte les frais réels et le budget le plus probant, BSF. Généralement, l'écart sur charges indirectes est expliqué par l'écart sur budget.

Le tableau conduisant à l'écart global présente la différence entre les frais réels et BSI. Pour aboutir à l'écart sur budget, il a fallu insérer un écart complémentaire (et par la même occasion, BSE) afin de retrouver E(CI).

L'écart sur budget E(BUD) représente la variation de frais relative à la différence entre les frais (variables) réels et les frais (variables) correspondant à l'activité réelle (c'est-à-dire le Budget Standard Flexible, BSF). C'est un écart sur frais variables dû en général à des causes extérieures à l'entreprise notamment des changements de prix. Le Budget Standard Flexible est constitué par un ensemble de budgets particuliers correspondant à un niveau d'activité du centre envisagé et, à l'activité considérée comme normale correspond un budget appelé budget normal (ou Budget Standard de Base, BSB).

E(BUD) = Frais réels –
[(BSB (frais variables) × Ar/Ab) + BSB (frais fixes)]

À court terme, la prévision faite en fin de mois « m » en matière de frais fixes (BSB (frais fixes)) ou FF est égale aux frais fixes réels : il n'y a pas de saut de palier ; d'où :

$$E(BUD) = \text{Frais variables réels} - [\text{BSB (frais variables)} \times Ar/Ab].$$

Les frais variables réels sont le « produit » de l'activité réelle (Ar) et du coût d'unité d'œuvre variable réel (cuovr), soit une quantité par un coût unitaire.

Le rapport BSB (frais variables)/Ab est le coût d'unité d'œuvre variable budgété (cuovb), soit un coût unitaire.

En conséquence, E(BUD) = Ar × (cuovr – cuovb), soit un écart sur frais variables (réels moins préétablis) et pour être plus percutant un écart sur prix variable (réel moins budgété).

Si on envisage un saut de palier de frais fixes, alors les frais fixes réels vont être égaux aux frais fixes budgétés augmentés des nouveaux frais fixes (Δ FF) consécutifs à l'acquisition d'une nouvelle immobilisation corporelle (et la dotation aux amortissements qu'elle sécrète).

L'écart sur budget E(BUD) est alors caractérisé par la relation suivante :

$$\begin{aligned} E(BUD) &= \text{Frais réels} - [(\text{BSB (frais variables)} \times Ar/Ab) + \text{BSB (frais fixes)}] \\ &= \text{Frais variables réels} - [\text{BSB (frais variables)} \times Ar/Ab] + \Delta FF. \end{aligned}$$

En définitive, E(BUD) = Ar × (cuovr – cuovb) + ΔFF, soit un écart sur prix variable (réel moins budgété) plus le franchissement du palier de frais fixes.

L'écart sur activité E(ACT) représente la variation de frais relative à la différence entre l'activité prévisionnelle (Ab) et l'activité réelle (Ar). Le PCG parle d'écart sur imputation rationnelle des frais fixes, différence entre les frais fixes réels et les frais fixes imputés. Si on atteint l'activité normale, la totalité des frais de structure est couverte (les frais variables sont toujours absorbés, puisque variables). En revanche, en cas de sous-activité de 10 %, l'entreprise supporterait un coût égal à 10 % de ses frais fixes (non absorbés). De même en cas de suractivité de 15 %, elle aurait un boni égal à 15 % de ses mêmes frais de structure (surabsorbés).

$$\begin{aligned} E(ACT) &= [(\text{BSB (frais variables)} \times Ar/Ab) + \text{BSB (frais fixes)}] \\ &\quad - [\text{BSB (frais)} \times Ar/Ab] \\ \Leftrightarrow E(ACT) &= [(\text{BSB (frais variables)} \times Ar/Ab) + \text{BSB (frais fixes)} \times Ab/Ab] \\ &\quad - [(\text{BSB (frais variables)} \times Ar/Ab) + \text{BSB (frais fixes)} \times Ar/Ab] \\ \Leftrightarrow E(ACT) &= [\text{BSB (frais fixes)} \times Ab/Ab] - [\text{BSB (frais fixes)} \times Ar/Ab] \end{aligned}$$

soit : E(ACT) = BSB (frais fixes) × (1 – CIR), c'est-à-dire un écart d'imputation rationnelle (des frais fixes) car le rapport entre l'activité réelle et l'activité normale est appelé coefficient d'imputation rationnelle.

Si CIR < 1 alors l'activité réelle de la période est inférieure à l'activité normale (ou budgétée), une partie de frais fixes ou coût de chômage n'est pas imputée aux coûts mais doit être considérée comme une perte due à la sous-activité. En effet, lorsque CIR est inférieur à un, alors E(ACT) est un écart positif donc défavorable puisqu'un coût de chômage (ou coût non absorbé) est constaté pour le centre de production.

L'activité permettant d'absorber les frais fixes est égale Ab ; or on constate une sous-activité mesurée par l'expression positive donc défavorable (Ab – Ar) que l'on peut estimer en valeur si un « coût d'unité d'œuvre fixe budgété » cuofb est exceptionnellement déterminé. On obtient alors le coût de chômage ou écart d'activité, soit : E(ACT) = cuofb × (Ab – Ar).

Si CIR ≥ 1 alors l'activité réelle est supérieure à l'activité normale, les frais de structure imputés aux coûts sont supérieurs au montant normal supporté, la partie supplémentaire de frais fixes affectée ou boni de suractivité (ou coût surabsorbé) est considérée comme un profit dû à la suractivité. Dans ce cas, CIR est supérieur à un, donc E(ACT) est un écart négatif donc favorable puisqu'un boni de suractivité est constaté pour ce centre de production. On constate une suractivité mesuré par l'expression négative donc favorable (Ab – Ar) que l'on peut estimer en valeur : on aboutit alors au boni de suractivité ou écart d'activité : soit, E(ACT) = cuofb × (Ab – Ar).

L'écart sur productivité E(PRO) représente la variation de frais relative à la différence entre l'activité réelle (Ar) et l'activité préétablie (Ap). C'est encore un écart technique sur activité du fait que le nombre d'unités d'œuvre consommées a été différent de ce qui était prévisible pour la production réelle. Dans ce calcul d'écart sur productivité, il est fait appel à la notion de temps alloué pour réaliser une pièce ou un produit. À l'issue de la période, le contrôleur constate la production réelle qu'il transforme en nombre d'heures (si l'activité est un temps) et l'écart sur productivité est alors la différence entre le temps réellement passé et le temps alloué pour la production en question.

E(PRO) = [(BSB (frais) × Ar/Ab]– [BSB (frais) × Pr/Pb]

mais on a démontré que BSI peut être exprimé en fonction de l'activité, soit : BSB (frais) × Ap/Ab d'où :
E(PRO) = [(BSB (frais) × Ar/Ab] – [BSB (frais) × Ap/Ab].

Mais comme le rapport BSB (frais)/Ab est le coût d'unité d'œuvre budgété (cuob), alors on a finalement : E(PRO) = cuob × (Ar – Ap), soit un écart sur activité (différence entre l'activité réelle et l'activité préétablie pour réaliser la production réelle). Peut-on aller plus loin ? Affirmatif : l'activité préétabli Ap est égal au produit de la norme élémentaire « NE » et de la production réelle Pr. Par analogie, on peut définir l'activité réelle comme l'activité réelle (unitaire) « aru » pour fabriquer un produit multiplié par la production réelle. En définitive, E(PRO) = cuob × Pr × (aru – NE).

Les écarts sur charges indirectes sont délicats à interpréter dans la mesure où ils sont communs à plusieurs produits et concernent en partie des frais fixes qui, en principe, ne varient pas avec le niveau d'activité. Les causes d'écarts peuvent être classées selon des causes internes ou externes ou bien des causes accidentelles ou répétitives. Les causes des écarts doivent être recherchées mais cette investigation entraînera des charges pour l'entreprise. En conséquence, l'analyse des écarts ne sera déclenchée que si le profit pour l'entreprise qu'elle laisse espérer, excède son coût.

En définitive, l'écart sur charges indirectes E(CI) peut aussi être appréhendé sous la forme suivante :

E(BUD) = Ar × (cuovr – cuovb)

E(ACT) = BSB (frais fixes) × (1 – CIR) ou éventuellement : cuofb × (Ab – Ar)

E(PRO) = cuob × (Ar – Ap) ou : cuob × Pr × (aru – NE).

Sachant que cuob = cuovb + cuofb alors E(PRO) = (cuovb + cuofb) × (Ar – Ap)
d'où : E(BUD) + E(ACT) + E(PRO) = [(cuovr × Ar) – (cuovb × Ar)] + [(cuofb × Ab) – (cuofb × Ar)] + [(cuovb × Ar) – (cuovb × Ap) + (cuofb × Ar) – (cuofb × Ap)].

Les deuxième et cinquième termes s'annulent, ainsi que les quatrième et septième termes d'où :

E(CI) = [(cuovr × Ar) + (cuofb × Ab)] – [(cuovb × Ap) + (cuofb × Ap)], où le premier terme entre [] représente les Frais réels (soit respectivement BSB (frais variables) × Ar/Ab et les frais fixes FF) et le second terme entre [] représente cuob × Ap, soit BSI. En conséquence, on retrouve bien : E(CI) = Frais réels – BSI.

4.2. Application

- *Réponse à la quatrième question*

$$E(CI) = \text{Frais réels} - BSI = 2\,400$$

sachant que BSB (frais) = 72 000.

On peut vérifier par la formule que BSI est égale à :

$$72\,000 \times \frac{1\,100}{1\,000} = 79\,200.$$

On doit calculer :

$$BSE = 72\,000 \times \frac{4\,455}{4\,000} = 80\,190$$

$$BSF = \left(40\,000 \times \frac{4\,455}{4\,000}\right) + 32\,000 = 76\,550$$

On en déduit les trois sous-écarts suivants :
- E(BUD) = Frais Réels – BSF = 5 050 (défavorable),
- E(ACT) = BSF – BSE = – 3 640 (favorable),
- E(PRO) = BSE – BSI = 990 (défavorable).

On peut aussi utiliser l'autre approche, c'est-à-dire :

E(BUD) = Ar × (cuovr – cuovb) = 4 455 × (11,133 – 10) ≈ 5 050 car les frais variables réels valent 49 600 (81 600 – 32 000) pour une activité réelle Ar de 4 455 heures, soit un coût d'unité d'œuvre variable réel cuovr de 11,133 et par ailleurs, BSB (frais variables) est égal à 40 000 pour une activité budgétée Ab de 4 000 heures, soit un coût d'unité d'œuvre variable budgété cuovb de 10 €.

L'écart sur budget est défavorable en raison d'un écart sur prix variable défavorable puisque le coût d'unité d'œuvre variable réel du centre de production est supérieur (+ 11,33 %) au coût d'unité d'œuvre variable budgété.

E(ACT) = BSB (frais fixes) × (1 – CIR) = 32 000 × (1 – 4 455/4 000) = 32 000 × (1 – 1,11375) = – 3 640. L'écart sur activité est négatif donc favorable, ce qui est validé en termes d'imputation rationnelle puisque CIR est supérieur à un, il y a boni de suractivité et donc un écart d'imputation rationnelle favorable. L'activité budgétée Ab permettant d'absorber les frais fixes est de 4 000 heures. La suractivité est de 455 heures (Ar – Ab) que l'on peut éventuellement valoriser à un coût d'unité d'œuvre fixe budgété cuofb de 8 € (32 000/4 000), soit un profit de : 455 × 8 = 3 640.

E(PRO) = cuob × (Ar – Ap) = 18 × (4 455 – 4 400) = 990. Le temps réel est de 4 455 heures alors que le temps préétabli pour réaliser la production réelle est de 4 400 heures : force est de constater un manque de productivité de 55 heures à un coût d'unité d'œuvre budgété de 18, soit : 55 × 18 = 990. On peut aussi écrire que E(PRO) = cuob × Pr × (aru – NE) = 18 × 1 100 × (4,05 – 4) = 990. Finalement, la sous-productivité atteint 0,05 heure par produit fabriqué dans le centre de production, soit 3 minutes de plus que prévu.

5. Schéma directeur

Première étape : le Budget Standard de Base

BSB Prévision, Production budgétée : Pb

Éléments	Quantité	Coût unitaire	Total
Charges directes Matières consommées MOD (...) *Charges indirectes*(1)	 Qb Tb nombre d'unités d'œuvre (Ab)	 cub tb cuob	
			Norme

(1) Dont frais fixes.

Pour les charges indirectes prévisionnelles, la quantité est une activité (nombre d'unités d'œuvre) et le coût unitaire, un coût d'unité d'œuvre budgété (cuob). Cette activité (Ab) peut être notamment des heures de main-d'œuvre directe (Tb) ou des heures-machines (T'b).

Deuxième étape : la norme unitaire et les normes élémentaires

Norme unitaire

Éléments	Norme élémentaire	Coût unitaire	Total
Charges directes Matières consommées MOD (…) *Charges indirectes*	 Qb/Pb Tb/Pb Ab/Pb	 cub tb cuob	
			Norme unitaire

On doit vérifier l'égalité suivante :

Norme = Norme unitaire × Production budgétée (Pb).

Troisième étape : le tableau conduisant à l'écart global

On raisonne en fonction de la production réelle : Pr
Coût de production réel – Coût de production préétabli = ± Écart Global

Éléments	Coût réel			Coût préétabli					Écart	
	Qr	cur	Montant	Norme élément.	Pr	Qp	cub	Montant	Déf. (+)	Fav. (–)
Ch. dir.										
Mat. co.			Qr × cur					Qp × cub		
MOD			Tr × tr					Tp × tb		
(…)										
Ch. ind.			Fr. réels					BSI		
									Écart global	

® Qp = norme élémentaire × Production réelle.

Quatrième étape : l'analyse des écarts sur charges directes

E(MAT) = (Qr × cur) – (Qp × cub)	Écart sur quantité : E(Q) = (Qr – Qp) × cub Écart sur prix : E(P) = (cur – cub) × Qr

E(MOD) = (Tr × tr) – (Tp × tb)	Écart sur temps : E(T) = (Tr – Tp) × tb Écart sur taux horaire : E(t) = (tr – tb) × Tr

Cinquième étape : l'analyse de l'écart sur charges indirectes

E(CI) apparent = Frais réels – BSI	Écart sur BUDget : E(BUD) = Frais Réels – BSF Écart sur ACTivité : E(ACT) = BSF – BSE Écart sur PROductivité : E(PRO) = BSE – BSI

avec :

$$\text{BSI} = \text{BSB (frais)} \times \frac{\text{Production réelle (Pr)}}{\text{Production budgétée (Pb)}}$$

avec BSB (frais) = frais prévisionnels

$$\text{BSE} = \text{BSB (frais)} \times \frac{\text{Activité réelle (Ar)}}{\text{Activitée budgétée (Ab)}}$$

$$\text{BSF} = \left[\text{BSB (frais variables)} \times \frac{\text{Activité réelle (Ar)}}{\text{Activité budgétée (Ab)}}\right] + \text{BSB (frais fixes)}.$$

6. Représentations vectorielles

Le PCG propose un type de graphique très proche de la représentation vectorielle, sans indiquer toutefois par des flèches le sens des vecteurs, ce qui a pour conséquence de rendre la représentation graphique difficile à lire.

6.1. Représentation vectorielle de l'écart sur matières premières

À partir de l'exemple précédent :
E(MAT) = (Qr × cur) – (Qp × cub) = – 2 464
- E(Q) = (Qr – Qp) × cub = 1 100 (défavorable)
- E(P) = (cur – cub) × Qr = – 3 564 (favorable)

Il faut définir deux équations de droite caractérisant le produit « coût unitaire multiplié par quantité » :

– y_1 = cub × Q = 10 × Q où la pente de la droite y_1 est le coût unitaire budgété,

– z_1 = cur × Q = 9,6 × Q où la pente de la droite z_1 est le coût unitaire réel, avec Q = Qp ou Qr.

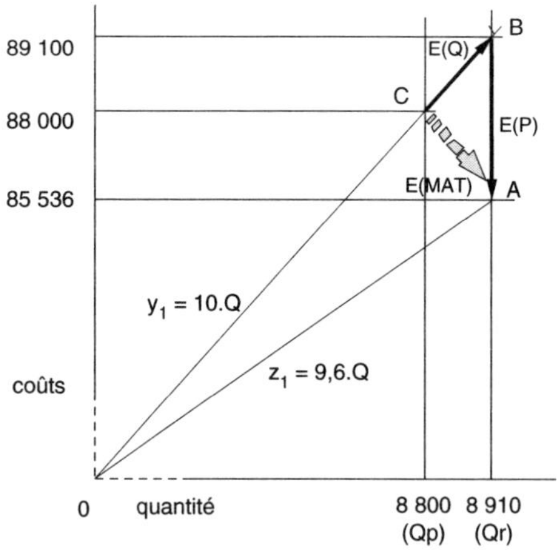

Sur la représentation graphique, on peut lire :

E(P) est représenté par le vecteur $\overrightarrow{BA}$ = A – B = – 3 564,

E(Q) est représenté par le vecteur $\overrightarrow{CB}$ = B – C = 1 100,

$\overrightarrow{CB} + \overrightarrow{BA} = \overrightarrow{CA}$ = – 2 464 soit E(MAT).

Il faut rappeler qu'un vecteur $\overrightarrow{AB}$ est la différence entre B (point d'arrivée) et A (point de départ).

Il faut noter sur la représentation vectorielle qu'un vecteur orienté vers le haut signifie positif donc défavorable et qu'un vecteur orienté vers le bas signifie négatif donc favorable.

Remarque

Pour faire le graphique, on peut procéder selon les cinq étapes suivantes :

Étape n° 1 : indiquer en abscisse la quantité préétablie (Qp = 8 800) et la quantité réelle (Qr = 8 910), d'où :

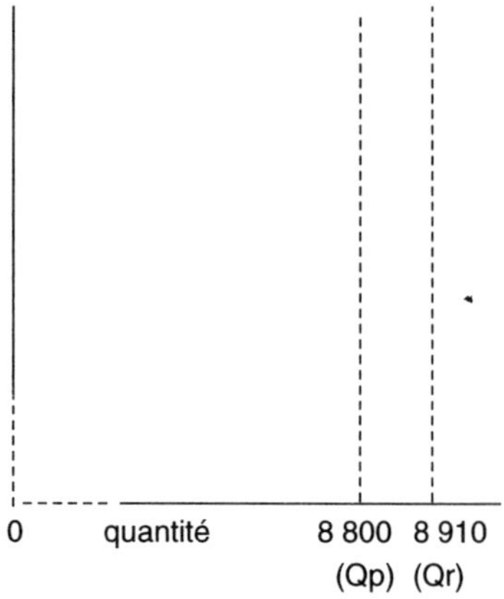

Étape n° 2 : indiquer en ordonnée le coût réel (Qr × cur = 85 536) et le coût préétabli (Qp × cub = 88 000), d'où :

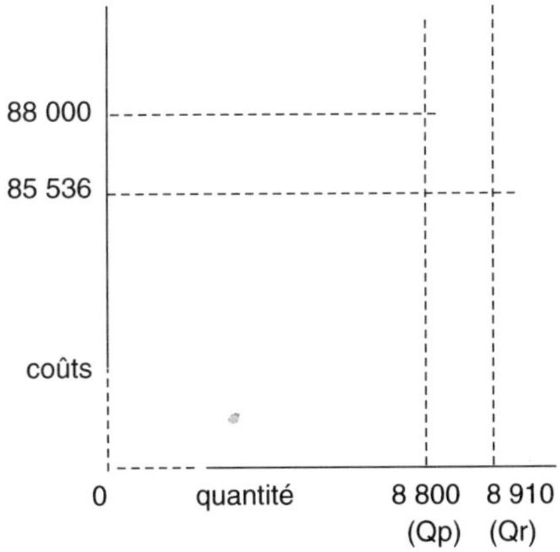

Étape n° 3 : tracer les droites d'équation y_1 = cub × Q (soit 10 × Q) passant par l'origine et par cub × Qp (soit 88 000) et z_1 = cur × Q (soit 9,6 × Q) passant par l'origine et par cur × Qr (soit 85 536), d'où :

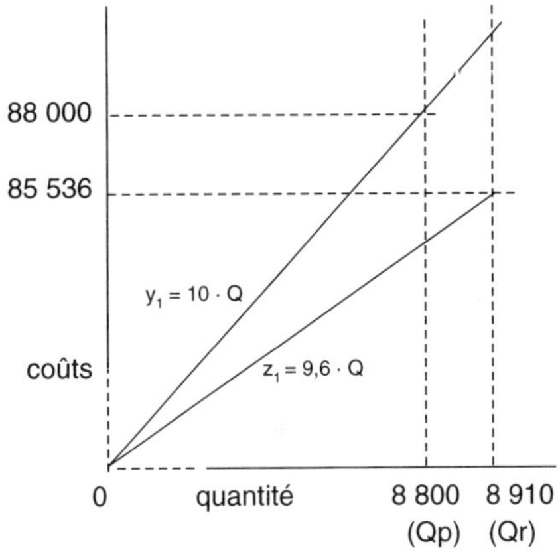

Étape n° 4 : le tableau conduisant à l'écart global donne la différence entre Qr × cur (soit le point A) et Qp × cub (soit le point C), il reste donc un point à déterminer pour faire le lien entre les deux sous-écarts E(P) et E(Q), soit le point B égal à : Qr × cub (soit 89 100, sur y_1), d'où :

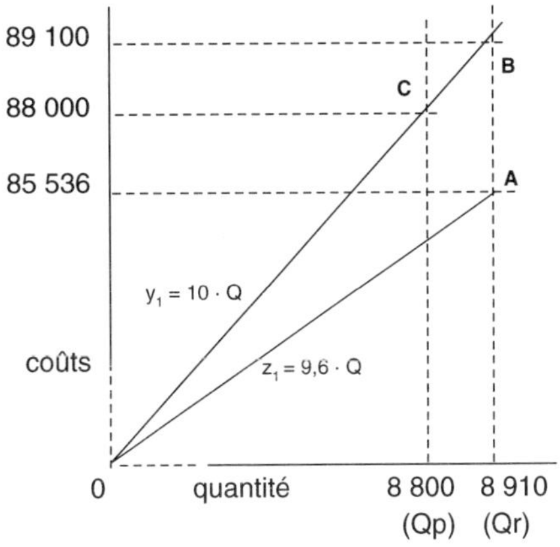

Étape n° 5 : on en déduit les vecteurs.

E(P) représenté par le vecteur :

$\overrightarrow{BA} = A - B = -3\,564$;

E(Q) représenté par le vecteur :

$\overrightarrow{CB} = B - C = 1\,100$;

$\overrightarrow{CB} + \overrightarrow{BA} = \overrightarrow{CA} = -2\,464$ soit E(MAT).

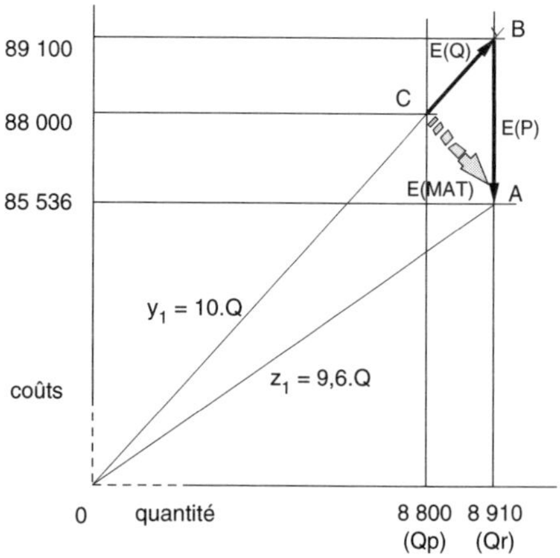

6.2. *Représentation vectorielle de l'écart sur main-d'œuvre directe*

À partir de l'exemple précédent :

E(MOD) = (Tr × tr) – (Tp × tb) = 7 326

– E (T) = (Tr – Tp) × tb = 1 980 (défavorable)

– E (t) = (tr – tb) × Tr = 5 346 (défavorable)

Il faut définir deux équations de droite caractérisant le produit « taux horaire multiplié par Temps » :

– y_2 = tb × T = 36 × T où la pente de la droite y_2 est le taux horaire budgété,

– z_2 = tr × T = 37,2 × T où la pente de la droite z_2 est le taux horaire réel, avec T = Tp ou Tr.

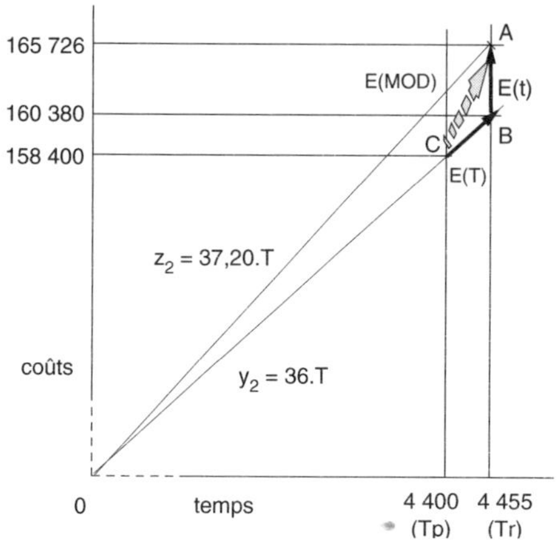

Sur la représentation graphique, on peut lire :

E(t) est représenté par le vecteur $\overrightarrow{BA}$ = A – B = 5 346

E(T) est représenté par le vecteur $\overrightarrow{CB}$ = B – C = 1 980

$\overrightarrow{CB} + \overrightarrow{BA} = \overrightarrow{CA}$ = 7 326 soit E(MOD).

Remarque

Pour faire le graphique, on peut procéder selon les cinq étapes suivantes :

Étape n° 1 : indiquer en abscisse le temps préétabli (Tp = 4 400) et le temps réel (Tr = 4 455), d'où :

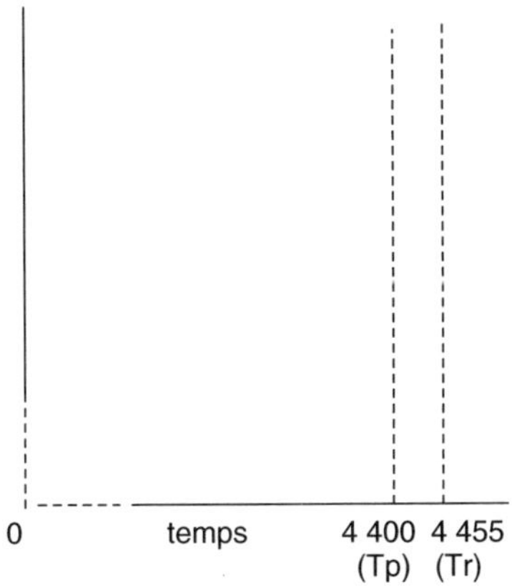

Étape n° 2 : indiquer en ordonnée le coût réel (Tr × tr = 165 726) et le coût préétabli (Tp × tb = 158 400), d'où :

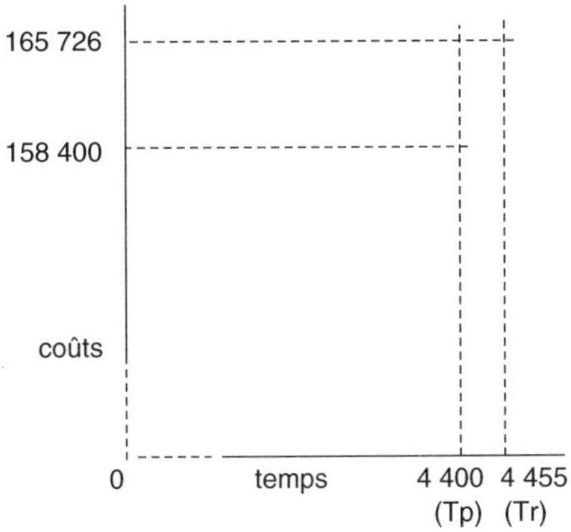

Étape n° 3 : tracer les droites d'équation y_2 = tb × T (soit 36 × T) passant par l'origine et par tb × Tp (soit 158 400) et z_2 = tr × T (soit 37,2 × T) passant par l'origine et par tr × Tr (soit 165 726), d'où :

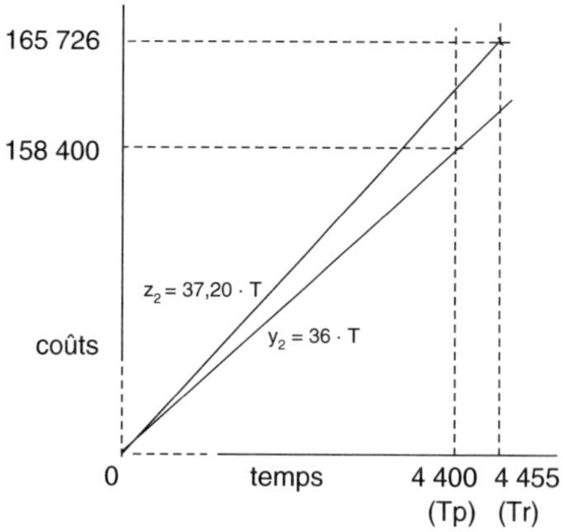

Étape n° 4 : le tableau conduisant à l'écart global donne la différence entre Tr × tr (soit le point A) et Tp × tb (soit le point C), il reste donc un point à déterminer pour faire le lien entre les deux sous-écarts E(T) et E(t), soit le point B égal à : Tr × tb (soit 160 380, sur y_2), d'où :

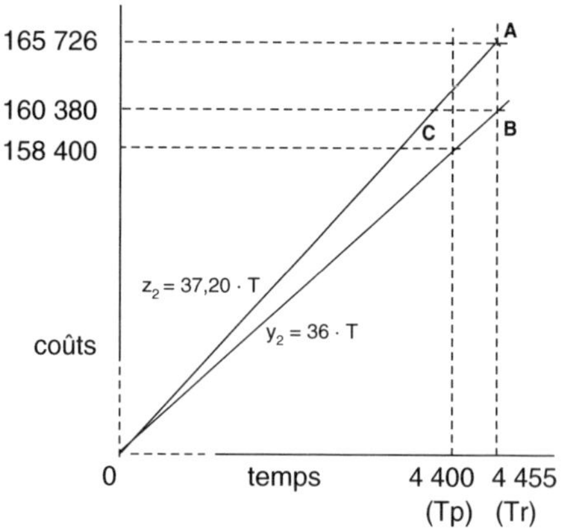

Étape n° 5 : on en déduit les vecteurs

E(t) représenté par le vecteur :

$\overrightarrow{BA}$ = A – B = 5 346 ;

E(T) représenté par le vecteur :

$\overrightarrow{CB}$ = B – C = 1 980 ;

$\overrightarrow{CB} + \overrightarrow{BA} = \overrightarrow{CA}$ = 7 326 soit E (MOD).

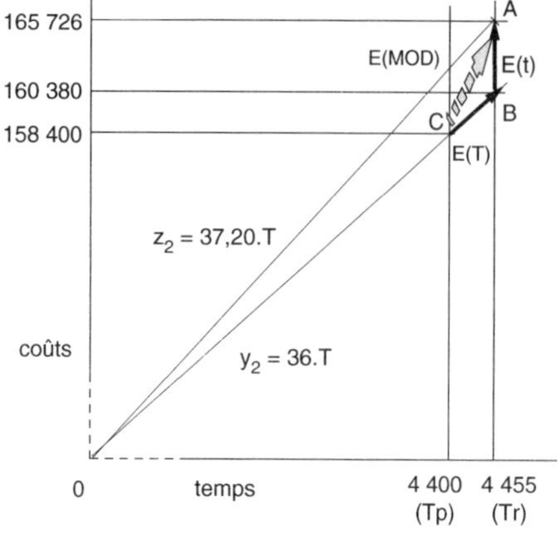

6.3. Représentation vectorielle de l'écart sur charges indirectes

À partir de l'exemple précédent :

$$E(CI) = \text{Frais réels} - BSI = 2\,400$$

sachant que BSB (frais) = 72 000

BSI = 79 200

BSE = 80 190

BSF = 76 550

- E(BUD) = 5 050 (défavorable)
- E(ACT) = – 3 640 (favorable)
- E(PRO) = 990 (défavorable).

Il faut définir deux équations de droite caractérisant le produit « coût unitaire multiplié par Temps » :

- $y_4 = cu \times T = 18 \times T$ où la pente de la droite y_4 est le coût d'unité d'œuvre (ici le taux horaire prévisionnel) avec T = Tp ou Tr,
- $y_3 = cuv \times Tr + \text{frais fixes} = 10 \times Tr + 32\,000$ où la pente de la droite y_3 est le taux horaire variable prévisionnel avec T – Tr.

En effet, l'équation $y_4 = cu \times T$ caractérise à la fois BSI et BSE puisque :

$$BSI = BSB\ (\text{frais}) \times \frac{\text{Production réelle (Pr)}}{\text{Production budgétée (Pb)}}.$$

Mais on a démontré que :

1) $$BSI = BSB\ (\text{frais}) \times \frac{\text{Activité préétablie (Ap)}}{\text{Activité budgétée (Ab)}}$$

mais si l'activité est un temps alors :

$$BSI = BSB\ (\text{frais}) \times \frac{\text{Temps préétabli (Tp)}}{\text{Temps budgété (Tb)}} = cu \times Tp.$$

2) $$BSE = BSB\ (\text{frais}) \times \frac{\text{Activité réelle (Ar)}}{\text{Activité budgétée (Ab)}}$$

mais si l'activité est un temps alors :

$$BSE = BSB\ (\text{frais}) \times \frac{\text{Temps réel (Tr)}}{\text{Temps budgété (Tb)}} = cu \times Tr.$$

En conséquence, BSI et BSE sont sur la même droite de pente cu (18).

Enfin, $y_3 = cuv \times Tr + \text{Frais Fixes}$ caractérise BSF car :

$$BSF = \left[BSB\ (\text{frais variables}) \times \frac{\text{Activité réelle (Ar)}}{\text{Activité budgétée (Ab)}} \right] + BSB\ (\text{frais fixes}).$$

Si l'activité est un temps alors :

$$\text{BSF} = \left[\text{BSB (frais variables)} \times \frac{\text{Temps réel (Tr)}}{\text{Temps budgété (Tb)}}\right]$$

$$+ \text{ BSB (frais fixes)}$$

BSF = cuv × Tr + Frais fixes.

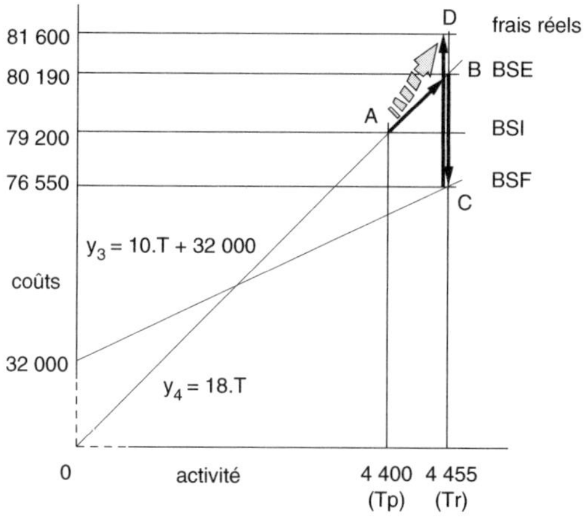

Sur la représentation graphique, on peut lire :

E(PRO) est représenté par le vecteur $\overrightarrow{AB}$ = B – A = 990,

E(ACT) est représenté par le vecteur $\overrightarrow{BC}$ = C – B = – 3 640,

E(BUD) est représenté par le vecteur $\overrightarrow{CD}$ = D – C = 5 050,

$\overrightarrow{AB} + \overrightarrow{BC} + \overrightarrow{CD} = \overrightarrow{AD}$ = 2 400, soit E(CI).

Remarques

On peut (dé)montrer que les deux droites se coupent pour une abscisse nécessairement égale à l'activité budgétée Ab (dans l'exemple traité, Tb) et pour une ordonnée qui est le budget Standard de Base BSB (part indirecte). En effet, si on confronte les deux droites y_4 et z_4 alors : cu (coût d'unité d'œuvre budgété) × T = cuv (coût d'unité d'œuvre variable budgété) × T + FF ⇔ $T = \frac{FF}{cu - cuv} = \frac{FF}{cuf}$. Si cuf est le coût d'unité d'œuvre fixe et si les frais fixes budgétés sont le produit de l'activité (ici un temps) budgété (Tb) et du coût d'unité d'œuvre fixe cuf, alors on trouve une solution : T = Tb (ou plus généralement Ab), soit dans l'exemple 4 000 heures. Par ailleurs, $y_4 = z_4$ = BSB (part indirecte) = 72 000 €.

Pour faire le graphique, on peut procéder selon les cinq étapes suivantes :

Étape n° 1 : indiquer en abscisse l'activité préétablie (Tp = 4 400) et l'activité réelle (Tr = 4 455), d'où :

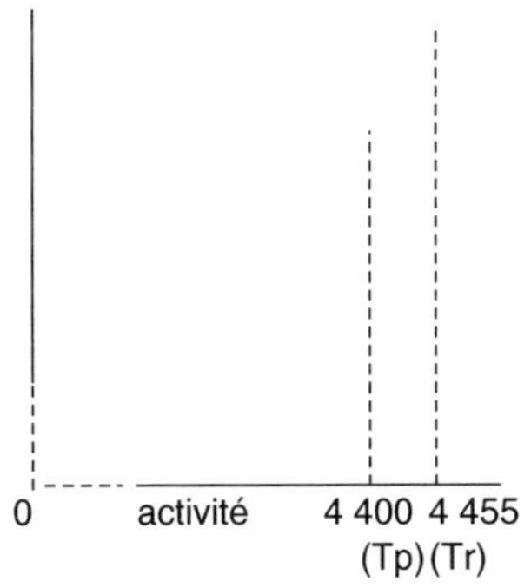

Étape n° 2 : indiquer en ordonnée les frais réels (81 600), BSE (80 190), BSI (79 200), BSF (76 550) et les frais fixes (32 000) d'où :

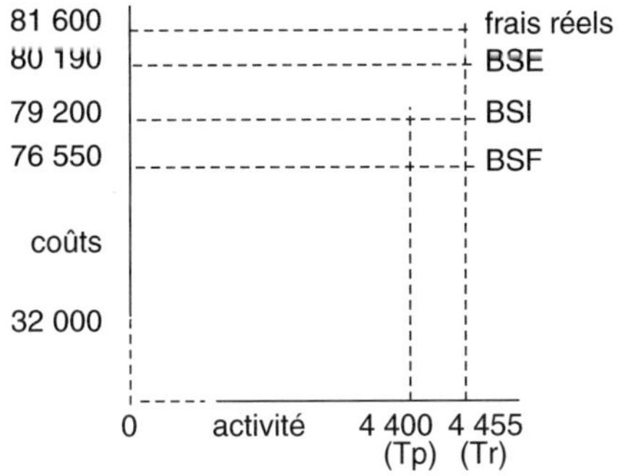

Étape n° 3 : tracer les droites d'équation y_3 = cuo × T (soit 18 × T) passant par l'origine, par BSI (pour T = Tp = 4 400) et par BSE (pour T = Tr = 4 455) ;
et y_4 = cuov × Tr + frais fixes (soit 10 × Tr + 32 000) passant par le point de coordonnées (0 ; 32 000) et par BSF (pour Tr = 4 455) d'où :

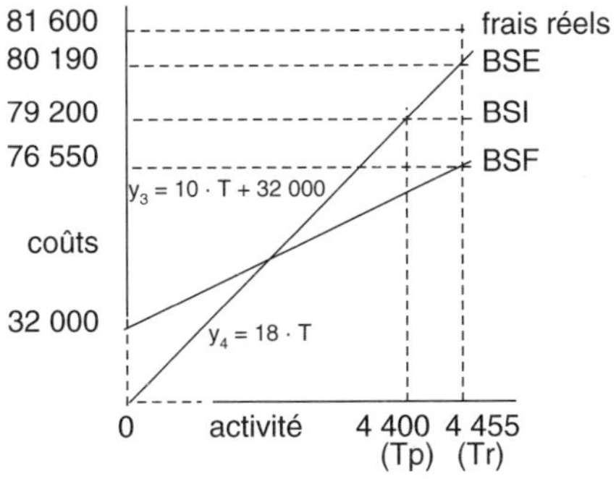

Étape n° 4 : le tableau conduisant à l'écart global donne la différence entre les Frais réels (soit le point D) et le Budget Standard Imputé BSI sur y_4 en temps préétabli (soit le point A) ; le Budget Standard Flexible est sur y_3 en temps réel (soit le point C) et le Budget Standard Équivalent est sur y_4 en temps réel (soit le point B) d'où :

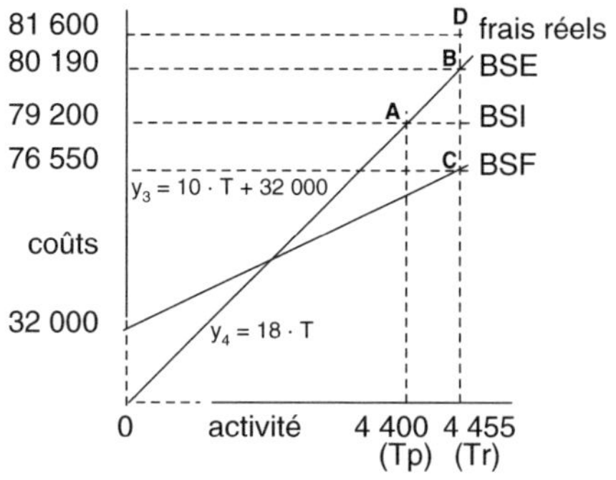

Étape n° 5 : on en déduit les vecteurs

E(PRO) représenté par le vecteur :

$\overrightarrow{AB} = B - A = 900$;

E(ACT) représenté par le vecteur :

$\overrightarrow{BC} = C - B = -3\,640$;

E(BUD) représenté par le vecteur :

$\overrightarrow{CD} = D - C = 5\,050$.

$\overrightarrow{AB} + \overrightarrow{BC} + \overrightarrow{CD} = \overrightarrow{AD} = 2\,400$ soit E(CI).

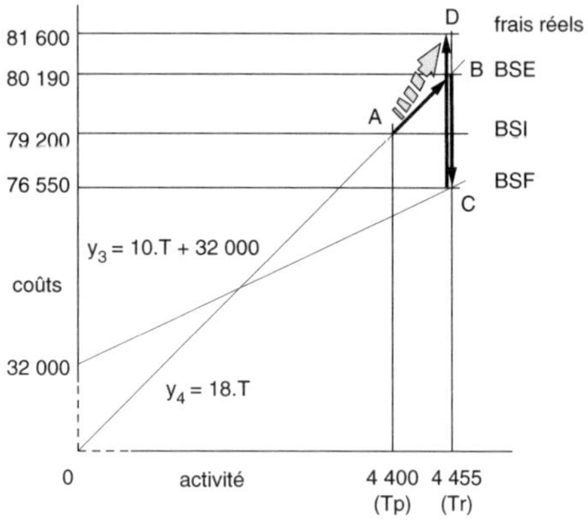

7. La méthode du Surplus de Productivité Globale

7.1. Principes

À partir de 1966, le Centre d'Études des Revenus et des Coûts (CERC) a joué un rôle déterminant dans l'expérimentation, la mise au point et la diffusion de la méthode du Surplus de Productivité Globale (SPG) qui a été appliquée d'abord au secteur public industriel et commercial. Le CERC donne du SPG la définition suivante : « le Surplus de Productivité Globale apparaît comme un gain sur l'inefficacité, résultat d'une combinaison de facteurs et de produits plus avantageuse, à prix constants ». Bien évidemment, la méthode donne toute sa validité dans un contexte de stabilité des prix (situation actuelle).

La comptabilité analytique analyse des écarts de valeur en écart sur quantité et écart sur prix ; la méthode du CERC utilise également cette même approche. Le Surplus de Productivité Globale mesure donc la variation de la productivité globale d'une entreprise entre deux périodes, il ne peut avoir qu'une valeur relative et il y a SPG lorsque le supplément de biens produits au cours d'un exercice est supérieur au supplément de facteurs de production consommés. Il peut être appréhendé sous une optique de production ou bien de répartition, car il permet de répondre à deux questions étroitement imbriquées : comment ont été dégagés les gains (si gains il y a) de productivité ? quels en ont été les bénéficiaires ?

Exemple

Soit l'entreprise 90.60.90 qui vend un produit P unique à partir d'une matière M et qui a pour seul autre facteur de production, la main-d'œuvre ; la dissociation volume/prix pour ces trois éléments au cours des exercices (t–1) et (t) a donné les éléments ci-après :

	Année t–1			**Année t**		
	Volume	**Prix**	**Montant**	**Volume**	**Prix**	**Montant**
Production	1 000	700	700 000	1 100	750	825 000
Matière	3 000	100	300 000	3 200	80	256 000
Travail	2 000	170	340 000	2 100	190	399 000
Résultat			60 000			170 000

Le Surplus de Productivité Globale correspond à des variations de volume valorisées aux prix et coûts de la période de base. C'est un écart sur quantité illustré par le passage du compte de résultat de l'année t–1 au compte de résultat-écran.

	Compte de résultat-écran volume de l'année t et prix de l'année t–1		
	Volume	**Prix**	**Montant**
Production	1 100	700	770 000
Matière	3 200	100	320 000
Travail	2 100	170	357 000
Résultat			93 000

L'amélioration de la productivité globale de l'entreprise mesurée à prix constants (ceux de l'année t–1) peut se calculer par différence entre le supplément de volume de production et le supplément de volume de facteurs de production consommés ; cette différence est appelée Surplus de Productivité Globale (SPG) :

- supplément de volume de production : (1 100 – 1 000) × 700 = 70 000 ;
- supplément de volume des facteurs de production consommés :

Matière : (3 200 – 3 000) × 100 = 20 000 ;

Travail : (2 100 – 2 000) × 170 = 17 000 ;

d'où un SPG = 70 000 – 37 000 = 33 000.

Ce montant peut être retrouvé par différence entre le solde du compte de résultat-écran et le résultat de l'année t–1 : SPG = 93 000 – 60 000 = 33 000.

Généralisation

Soient :

Q_i : quantité ou indice de volume du produit i,

p_i : prix ou indice de prix du produit i,

F_k : quantité ou indice de volume du facteur de production k,

c_k : coût ou indice de coût du facteur de production k,

R_{t-1} ou R_t : le solde du compte de résultat.

Les produits sont les produits d'exploitation, en particulier les biens, travaux et services qui constituent la production de l'entreprise. Les charges ou facteurs sont les moyens de production qu'on appréhende à travers l'expression de leurs coûts. Chaque élément (produits ou facteurs) est décrit par un prix (ou un taux) et un nombre d'unités physiques (ou une assiette).

Le chiffre d'affaires est le résultat du produit des quantités vendues par les prix unitaires ; les quantités de matières consommées peuvent être évaluées en kilogrammes, litres, mètre carré et multipliées par un coût moyen unitaire pondéré ; les charges de personnel sont converties en quantités de travail (heures) ; les dotations aux amortissements sont le résultat du produit de la base amortissable par le taux d'amortissement (coût) ; les charges financières correspondent au produit d'un endettement annuel moyen par un taux d'intérêt annuel moyen (coût).

Si Q_i et F_k sont respectivement les quantités des produits et des facteurs de production (= charges), p_i et c_k les prix ou coûts unitaires alors le (compte de résultat) peut se résumer ainsi : $\sum_{i=1} Q_i.p_i - \sum_{k=1} F_k.c_k = R$.

La comparaison analytique à effectuer porte sur les éléments suivants :

Compte de résultat (année t–1)			Compte de résultat (année t)	
$\sum_k F_{k,t-1} \times c_{k,t-1}$ R_{t-1}	$\sum_i Q_{i,t-1} \times p_{i,t-1}$	Variation →	$\sum_k F_{k,t} \times c_{k,t}$ R_t	$\sum_i Q_{i,t} \times p_{i,t}$
$Total_{t-1}$	$Total_{t-1}$		$Total_t$	$Total_t$

Le solde R peut représenter l'Excédent Brut d'Exploitation (EBE) si on a limité les facteurs de production aux charges d'exploitation décaissables ; sinon R peut être assimilé à un Résultat d'EXploitation (REX), voire même un résultat net. Afin d'isoler l'effet volume (ou écart sur quantité) de l'effet (ou écart sur) prix comme cause explicative des variations entre les deux exercices, il faut introduire un compte de résultat-écran : celui des volumes de l'année t en prix ou coûts de l'année t–1.

Compte de résultat (année t–1)

$\sum_k F_{k,t-1} \times c_{k,t-1}$ R_{t-1}	$\sum_i Q_{i,t-1} \times p_{i,t-1}$
$Total_{t-1}$	$Total_{t-1}$

Variation →

Compte de résultat (année t)

$\sum_k F_{k,t} \times c_{k,t}$ R_t	$\sum_i Q_{i,t} \times p_{i,t}$
$Total_t$	$Total_t$

↘ effet volume

Compte de résultat-écran

$\sum_k F_{k,t} \times c_{k,t-1}$ R_e	$\sum_i Q_{i,t} \times p_{i,t-1}$
Total	Total

↗ effet prix

Le Surplus de Productivité Globale mesure la variation du solde du compte de résultat-écran et du solde du compte de résultat de l'année t – 1 :

$$SPG = R_e - R_{t-1}$$

$$=(\sum_i Q_{i,t} \times p_{i,t-1} - \sum_k F_{k,t} \times c_{k,t-1}) - (\sum_i Q_{i,t-1} \times p_{i,t-1} - \sum_k F_{k,t-1} \times c_{k,t-1})$$

$$SPG = p_{i,t-1} \times \sum_i (Q_{i,t} - Q_{i,t-1}) - c_{k,t-1} \times \sum_k (F_{k,t} - F_{k,t-1})$$

$$SPG = p_{i,t-1} . \sum_i \Delta Q_i - c_{k,t-1} . \sum_k \Delta F_k .$$

Cette différence entre le supplément de volume de production et le supplément de volume des facteurs de production consommés mesure en quelque sorte un « écart sur quantité » de résultat entre l'année t–1 et l'année t.

La variation de la productivité globale peut être mesurée par un indice synthétique égal au rapport entre l'indice Laspeyres-quantité des produits et l'indice Laspeyres-quantité des facteurs de production consommés ; c'est l'Indice de Productivité Globale :

$$\text{IPG} = \frac{\dfrac{\sum_i Q_{i,t} \cdot p_{i,t-1}}{\sum_i Q_{i,t-1} \cdot p_{i,t-1}}}{\dfrac{\sum_k F_{k,t} \cdot c_{k,t-1}}{\sum_k F_{k,t-1} \cdot c_{k,t-1}}}$$

Dans l'exemple précédent, on trouve un Indice de Productivité Globale égal à :

$$\text{IPG} = \frac{770\,000 / 700\,000}{677\,000 / 640\,000} \approx 1,040 \text{ (supérieur à l'unité donc favorable).}$$

Afin de comparer le Surplus sur plusieurs périodes pour la même entreprise ou entre entreprises différentes, il est intéressant de connaître une valeur relative du Surplus par rapport à la production de la période de base ; le Taux de Surplus est alors un bon indicateur :

$$\text{TS} = \frac{\text{SPG}}{\sum_i Q_{i,t-1} \cdot p_{i,t-1}}.$$

Dans l'exemple précédent, on trouve un Taux de Surplus égal à : TS = 33 000/700 000 ≈ 0,047 ou 4,7 %.

Les variations dues aux prix et aux coûts unitaires évaluées au niveau des volumes de la dernière période de production (ou écart sur prix) sont appelées « Avantages » par le Plan Comptable Général. Plus précisément sont appelés Avantages, les suppléments de valeurs obtenus du fait des variations de prix, par les acheteurs des produits de l'entreprise ou par les agents économiques qui lui procurent ses facteurs de production. Une hausse des prix d'un article est un avantage pour le fournisseur et un désavantage pour l'entreprise si cet article est un facteur de production pour cette dernière ; mais c'est un avantage pour l'entreprise et un désavantage pour le client si cet article est un produit fini de l'entreprise. Le Plan Comptable Général distingue alors deux catégories d'Avantages selon qu'ils ont été obtenus au détriment ou au profit des partenaires de l'entreprise :

– Les héritages

Ce sont les avantages reçus par l'entreprise au détriment de ses partenaires ; ils proviennent soit de l'augmentation des prix de vente des produits (avantages cédés par les clients), soit par la baisse des coûts des facteurs de production (avantages cédés par les fournisseurs, salariés et autres tiers). La méthode n'admet pas qu'une variation de prix puisse être liée à une variation de qualité et, dans l'exemple, toute augmentation de prix de vente est considérée comme une perte pour le client alors qu'elle peut correspondre le cas échéant à une hausse de la qualité.

– Les emplois

Ce sont les avantages obtenus par les partenaires de l'entreprise ; ils proviennent soit de la baisse des prix de vente des produits (avantages obtenus par les clients), soit de la hausse des coûts des facteurs de production (avantages obtenus par les fournisseurs, salariés et autres tiers), soit la hausse de la rémunération des capitaux propres de l'entreprise (avantages obtenus par l'entreprise-les actionnaires).

L'avantage relatif à une production i est égal à : $(p_{i,t} - p_{i,t-1}).Q_{i,t} = \Delta p_i.Q_{i,t}$.

Si $p_{i,t} < p_{i,t-1}$: il s'agit d'un emploi ; si $p_{i,t} \geq p_{i,t-1}$: il s'agit d'un héritage.

L'avantage relatif à un facteur de production k peut être calculé ainsi : $(c_{k,t} - c_{k,t-1}).F_{k,t} = \Delta c_k.F_{k,t}$.

Si $c_{k,t} \leq c_{k,t-1}$: il s'agit d'un héritage ; si $c_{k,t} > c_{k,t-1}$: il s'agit d'un emploi.

Les ressources que l'entreprise retire en imposant une hausse de ses prix de vente à ses clients, en obtenant de ses fournisseurs une baisse de leur tarif, voire en négociant avec son personnel une baisse de ses rémunérations ou encore en profitant d'une diminution du taux d'imposition viennent s'ajouter à ses gains de productivité mesurés par le SPG.

La méthode du Surplus de Productivité Globale place alors l'entreprise dans ses relations avec tous ses partenaires économiques extérieurs en amont et en aval ainsi qu'avec les acteurs internes à son organisation. Elle permet d'analyser les rapports de force et de négociation qui s'instaurent et qui évoluent entre l'entreprise et ses clients, ses fournisseurs, ses salariés, ses banquiers, ses actionnaires.

Le résultat d'exploitation (si R = REX) est la différence entre la somme des produits d'exploitation $\sum_i Q_i.p_i$ et la somme des charges d'exploitation $\sum_k F_k.c_k$; soit : $REX = \sum_i Q_i.p_i - \sum_k F_k.c_k$.

La variation du résultat d'exploitation au cours de l'année t par rapport à t–1 est égale à :

$$\begin{aligned}\Delta\, REX &= REX_t - REX_{t-1} \\ &= \left(\sum_i Q_{i,t}.p_{i,t} - \sum_k F_{k,t}.c_{k,t}\right) - \left(\sum_i Q_{i,t-1}.p_{i,t-1} - \sum_k F_{k,t-1}.c_{k,t-1}\right);\end{aligned}$$

cette différence peut être développée comme suit :

$$p_{i,t-1} \cdot \sum_i \left(Q_{i,t} - Q_{i,t-1}\right) - c_{k,t-1} \cdot \sum_k \left(F_{k,t} - F_{k,t-1}\right)$$: soit le Surplus de Productivité Global SPG_t + $Q_{i,t} \cdot \sum_i \left(p_{i,t} - p_{i,t-1}\right) - F_{k,t} \cdot \sum_k \left(c_{k,t} - c_{k,t-1}\right)$: soient les apports des tiers i et k à la variation du REX.

Finalement, on a l'égalité : $\Delta REX = SPG_t + Q_{i,t} \cdot \Delta p_i - F_{k,t} \cdot \Delta c_k$. La variation du REX se décompose donc en un écart sur quantité (formation du SPG) et un écart sur prix (héritages nets des tiers si l'écart $Q_{i,t} \cdot \Delta p_i - F_{k,t} \cdot \Delta c_k$ est positif ou emplois nets obtenus par les tiers si l'écart est négatif). Enfin, la définition du Surplus est parfois étendue aux charges financières : les créanciers participent alors à sa répartition et la part revenant aux actionnaires est représentée par le résultat courant ; voire à l'impôt sur les bénéfices (part revenant à l'État) et le résultat net de l'exercice affecté aux associés.

La transformation de cette égalité donne l'équation de répartition du surplus :

Surplus	+	Héritage des clients	=	Avantage aux actionnaires	+	Emplois aux fournisseurs et salariés
SPG_t	+	$Q_{i,t} \cdot \Delta p_i$	=	Δ REX	+	$F_{k,t} \cdot \Delta c_k$

Dans l'hypothèse d'une hausse de l'ensemble des prix, le Surplus de Productivité Globale auquel s'ajoute la contribution des clients (augmentation des prix de vente) est réparti entre les actionnaires (Δ REX), les fournisseurs et les salariés (augmentations des coûts unitaires).

Compte de surplus

Emplois		SPG	33 000
Salariés ①	42 000		
Δ Résultat ②	110 000	Héritages	
		Clients ③	55 000
		Fournisseurs ④	64 000
Total	152 000	Total	152 000

① : 2 100 × (190 – 170) ③ : 1 100 × (750 – 700)
② : 170 000 – 60 000 ④ : 3 200 × (80 – 100) < 0 donc héritage

On a bien Emplois + Δ Résultat = SPG + Héritages ; le SPG de 33 000 auquel s'ajoute la contribution des clients (hausse du prix de 50) et des fournisseurs (baisse du coût de 20) est réparti entre les salariés (hausse du coût de 20) et des associés (variation du résultat positive).

La méthode du Surplus est l'une des techniques permettant d'évaluer l'efficacité de l'entreprise et donc sa rentabilité à venir ; elle peut être utilisée de façon prévisionnelle pour tester différentes hypothèses d'évolution des prix ou de rémunération des facteurs de production (ceux sur lesquels l'entreprise peut agir) et pour suivre leur incidence sur le niveau de rentabilité globale.

L'idée de calcul d'un Surplus de Productivité Globale résulte de la quête d'un indicateur synthétique rendant compte de cet aspect essentiel de la gestion ; elle aborde aussi le problème essentiel de la répartition des fruits du progrès, c'est-à-dire du partage des gains de productivité entre les différents acteurs sociaux : salariés, clients, fournisseurs, actionnaires, État, banques…

7.2. Application

La méthode repose sur la comparaison de deux comptes de résultat : ceux des années t–1 et t.

	Année t–1			**Année t**		
Éléments	**Quantité**	**Prix unitaire**	**Valeur**	**Quantité**	**Prix unitaire**	**Valeur**
Produits *produits A* *produits B*	 200 100	 300 €/u 500 €/u	 60 000 50 000	 240 90	 350 €/u 550 €/u	 84 000 49 500
Total des produits			110 000			133 500
Charges *matière première* *personnel* *énergie* *frais financiers* *amortissements*	 150 330 250 50 000 25 000	 180 €/t 60 €/h 76 €/u 6 % 20 %	 27 000 19 800 19 000 3 000 5 000	 170 300 260 50 000 26 000	 150 €/t 70 €/h 80 €/u 7 % 20 %	 25 500 21 000 20 800 3 500 5 200
Total des charges			73 800			76 000
Bénéfice d'expl. Impôt (40 %)			36 200 14 480			57 500 23 000
Bénéfice net	271 500 €	8 %	21 720	287 500 €	12 %	34 500

® les capitaux propres soit de : 271 500 en t–1 et de 287 500 en t.

Formation du Surplus de Productivité Globale de t par rapport à t–1 – variation de quantités au prix t–1

Variation du volume de production

Éléments	ΔQ_i	$p_{i,t-1}$	**Total**
produits A produits B	40 – 10	300 €/u 500 €/u	12 000 – 5 000
Total			7 000

Variation du volume des facteurs de production

Éléments	ΔF_k	$c_{k,t-1}$	Total
matière première	20	180 €/t	3 600
personnel	– 30	60 €/h	– 1 800
énergie	10	76 €/u	760
frais financiers	0	6 %	0
amortissements	1 000	20 %	200
Bénéfice net	16 000 €	8 %	1 280
S/Total			4 040
Surplus de Productivité Globale			2 960
Total			7 000

À prix et coût constants, une augmentation du volume de la production d'une valeur de 7 000 (essentiellement la hausse du prix de vente unitaire pour A) n'a entraîné qu'un accroissement de la consommation de facteurs de production de 4 040 (essentiellement la hausse du coût unitaire de la matière première) ; le Surplus de Productivité Globale représente la différence, soit 2 960 € ; l'Indice de Productivité Globale (IPG) est supérieur à l'unité donc favorable (IPG ≈ 1,08).

Répartition du Surplus de Productivité Globale de t par rapport à t–1 – variation de prix

	Variation du volume de la production		
Éléments	Δp_i	$Q_{i,t}$	Total
Produit A	50	240 u	12 000
Produit B	50	90 u	4 500
S/Total			16 500
Surplus de Productivité Globale			2 960
Total			19 460

Éléments	Δc_k	$F_{k,t}$	Total
matière première	– 30	170 u	– 5 100
personnel	10	300 u	3 000
énergie	4	260 u	1 040
frais financiers	1 %	50 000 €	500
amortissements	0 %	26 000 €	0
impôt			8 520
bénéfice net	4 %	287 500 €	11 500
Total			19 460

On retrouve le même Surplus de Productivité Globale que dans le tableau précédent.

Compte de Surplus

Emplois (répartition en faveur de :)		Héritages (apports provenant de :)	
Fournisseurs NRJ	1 040		
Personnel	3 000	Surplus de Prod. Globale	2 960
Banque	500		
État	8 520	Fournisseurs matières	5 100
Actionnaires	11 500	Clients	16 500
Total réparti	24 560	Total disponible	24 560

SPG (effet volume favorable)	+	Héritages nets (effet prix favorable)	=	Variation du résultat favorable
2 960	+	8 540	=	11 500.

Le SPG de 2 960 auquel s'ajoute la contribution des fournisseurs de matières ($\Delta c_k = -30$) et des clients ($\Delta p_i = 50$) est réparti entre les salariés ($\Delta c_k = 10$)), les fournisseurs d'énergie ($\Delta c_k = 4$), les banques ($\Delta c_k = 1$ %), l'État ($\Delta c_k = 8\,520$) et les associés ($\Delta R = +11\,500$).

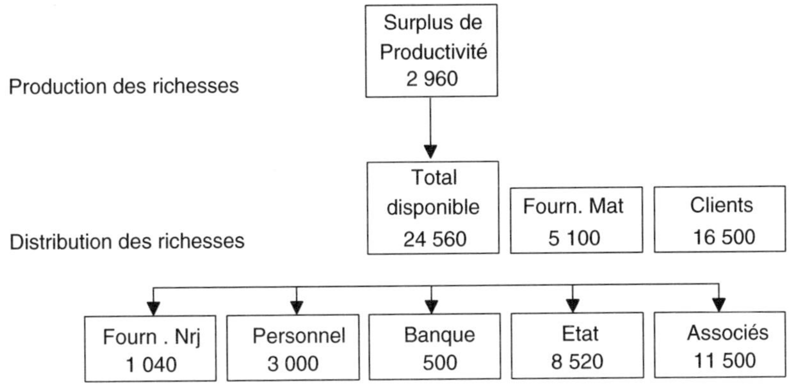

Fournisseurs de matières	5 100	Apporteur de surplus
Clients	16500	Apporteur de surplus
Fournisseurs d'énergie	1 040	Bénéficiaire de surplus
Personnel	3 000	Bénéficiaire de surplus
Banque	500	Bénéficiaire de surplus
État	8 520	Bénéficiaire de surplus
Actionnaires	11500	Bénéficiaire de surplus

8. Le target costing

Venant tout droit du Japon et utilisée au départ dans l'industrie automobile, l'idée centrale du « *target costing* » ou coût-cible est la suivante : le coût (total) ne doit pas être considéré comme un résultat mais comme une contrainte *a priori*, une cible à atteindre absolument si l'on veut que l'entreprise réalise ses objectifs stratégiques ; il faut donc identifier le coût de production (ou de revient si le coût de distribution est important dans le coût total) d'un produit proposé de telle sorte que lorsque le produit sera vendu, il fournira le taux de profit désiré :

CC = PV – PC ou bien, pour une unité : ccu = pma – pcu

où CC = coût-cible désigné souvent par les anglicistes par le terme « *allowable cost* » ou coût-plafond ; PV = prix de vente (prix de vente unitaire multiplié par une quantité) ; PC = profit cible ; ccu = coût-cible unitaire ; pma = prix du marché unitaire plutôt que prix de vente unitaire ; pcu : profit cible unitaire

Le prix de vente unitaire futur du produit sera imposé par le marché : on se retrouve quasiment dans le cas d'une situation de concurrence parfaite où les acheteurs et les vendeurs sont nombreux, où les produits sont homogènes ; il existera un prix du marché sur lequel l'entreprise devra s'aligner, elle ne sera pas en mesure d'influencer le prix du marché. En conséquence, on peut considérer pvu comme une donnée exogène à estimer sur la base d'une étude des prix des produits homogènes vendus par la concurrence sur le marché. C'est donc ce dernier qui dicte le prix de vente et non les coûts de l'entreprise. En conséquence, du prix de vente unitaire ou mieux du prix du marché, il faut retrancher le profit cible unitaire désiré pour aboutir à un coût-cible unitaire.

Cette stratégie du target costing découle quelque peu de l'effet d'expérience puisqu'elle consiste à atteindre dans un secteur donné une domination au niveau des coûts. L'entreprise ayant des coûts peu élevés vend généralement un produit indifférencié et attache le plus grand prix à tirer parti de toutes sources possibles de réduction de coûts. Si elle parvient à conserver son avance par les coûts, elle aura un résultat supérieur à la moyenne du secteur à condition qu'elle puisse imposer un prix de vente unitaire proche du prix du marché. Par ailleurs, l'entreprise qui domine par les coûts ne peut négliger totalement la différenciation par la qualité : elle doit nécessairement atteindre la parité ou au moins la proximité par rapport à ces concurrents en terme de différenciation par la qualité, si elle veut obtenir un résultat supérieur à la moyenne. Si le produit n'est pas perçu par les clients comme un produit acceptable, l'entreprise peut être contrainte à diminuer son prix annulant de ce fait l'avantage par les coûts.

Sur la base de sa technologie de production actuelle, l'entreprise peut calculer à quel coût elle serait capable de produire le nouveau produit : le coût estimé (ou prévisionnel) CE, de l'anglicisme « *drifting cost* » ou coût dérivé. Ce dernier n'est pas autre chose qu'une norme déguisée et généralement CE est supérieur à CC d'un montant Δ ou écart de compétitivité à combler.

Toute la problématique du *target costing* peut être résumée par la formulation suivante :

Résorber Δ = CE (ou norme) – CC = CE – (PV – PC) ou bien, pour une unité : résorber δ = norme unitaire – (pma – pcu) = norme unitaire – ccu

Éventuellement, l'entreprise peut compléter son niveau de profit cible (en valeur monétaire) par un ratio de rentabilité économique $\frac{PC}{PV}$, c'est-à dire la capacité pour l'entreprise à vendre avec profit un produit sur un marché donné. Le profit cible est ici un résultat analytique prévisionnel hors charges non incorporables que sont notamment les charges financières et surtout l'impôt sur les bénéfices ; de plus, pour une grande entreprise la rémunération du travail de l'exploitant n'existe pas. En conséquence, on peut tenter d'approximer ce profit cible par le solde intermédiaire de gestion qu'est l'Excédent Brut d'Exploitation (EBE) dont les éléments constitutifs essentiels sont :

	Ventes de produits
±	Variation de la production stockée
–	Achats d'approvisionnements
–	Frais accessoires d'achats d'approvisionnements
±	Variation des stocks d'approvisionnements
–	Autres charges externes
–	Impôts, taxes et versements assimilés
–	Charges de personnel

Un seuil de survie de 10 % (= PC/PV) est souvent avancé par les financiers et les stratèges (ou un peu moins si les dotations aux amortissements sont importantes) et en conséquence, on peut aussi écrire :

Résorber Δ = CE – CC ≈ CE – (90 % × PV) pour une unité : résorber δ (si positif) ≈ norme unitaire – 90 % × pma le coût-cible unitaire doit être égal à 90 % du prix du marché au maximum pour atteindre un profit-cible unitaire de 10 % du prix du marché au minimum

Dans l'exemple traité, la norme unitaire est de 296 € et le prix du marché est de 350 € : en conséquence, le coût-cible (de production) unitaire est égal à 90 % du prix du marché (= 90 % × 350 = 315 €) au maximum. L'écart unitaire δ est négatif donc favorable puisque : norme unitaire – 90 % du prix du marché = 296 – 315 = – 19 €. Cette marge unitaire de 19 € est peut-être suffisante pour couvrir le coût de distribution unitaire du produit et permettre un profit-cible minimal de survie de 10 % du prix du marché.

Il faut noter que si l'entreprise se situe dans un environnement turbulent où la concurrence est plus qu'exacerbée, elle pourra exiger un seuil de survie plus élevé.

On peut voir la méthode des coûts standards (*via* le coût estimé CE) et le *target costing* CC comme des outils complémentaires, la première à dominante industrielle et comptable, le second à dominante stratégique et financière. La première approche peut être illustrée par la différence entre CE et CC ; la seconde par la différence : CE – (90 % × PV).

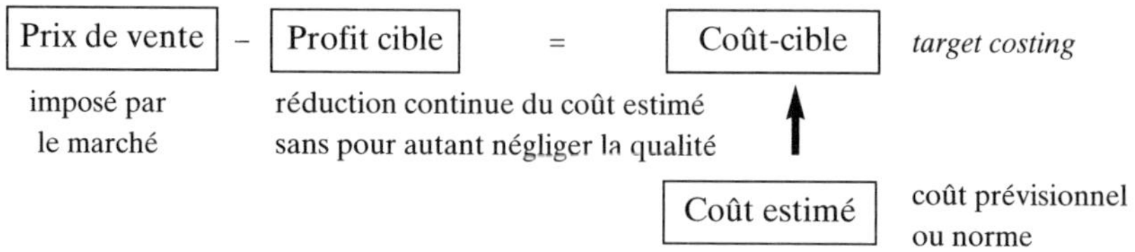

La route est longue pour atteindre le coût-cible : il faut engager un processus continu dans le temps de réduction des coûts. Ces derniers ne sont plus subis passivement mais combattus vigoureusement dès la phase amont : en moyenne, 80 % des coûts d'un produit sont engagés dès la conception du produit. Dès lors, les profits réalisés sur un produit pendant sa durée de vie sont principalement liés à la maîtrise des coûts durant cette phase amont. Il faut noter que les possibilités d'exercer une influence sur les coûts diminuent au fur et à mesure des phases du cycle de vie d'un produit.

Lancement d'un produit et maîtrise des coûts

Études et conception	⟶	Industrialisation	⟶	Production
forte	⇐	influence sur les coûts	⇒	faible
faible	⇐	coût des modifications	⇒	forte

Le coût-cible doit être éclaté en ses composantes, soit les charges directes et indirectes qui composent le produit. À partir de cette décomposition, on peut pondérer le degré d'importance de chaque élément et on obtient une matrice du « *target costing* » qui croise éléments de charges et pondérations. Plusieurs méthodes de management participent au processus de réduction des coûts estimés destiné à combler l'écart entre le coût estimé et le coût-cible. L'ingénierie de la valeur est la méthode de base consistant à agir au cours du développement sur les différentes fonctionnalités et composantes de façon à produire juste le nécessaire pour satisfaire les consommateurs au moindre coût. Le partenariat avec les fournisseurs compte tenu de l'importance des achats est un autre moyen. La réduction ds délais de développement est devenue un facteur clé de succès : chaque journée de retard entraîne un coût d'immobilisation supplémentaire.

En conclusion, le *target costing* a pour objectif stratégique de fournir une méthode rigoureuse de réduction du coût du produit tout en conservant un équilibre avec la différenciation par qualité et pour objectif comptable de faire le chemin entre le coût estimé et le coût-cible car calculer un coût c'est bien mais le réduire c'est mieux.

Cas n° 13 – **CHA** question 9 : page 254.
Cas n° 14 – **Navimar** questions 4 à 5 : page 261.
Cas n° 15 – **Nocturne** questions 6 à 9 : page 266.
Cas n° 16 – **Pharma** questions 9 à 10 : page 282.
Cas n° 17 – **Conap** : page 288.

Chapitre 8

INTRODUCTION À LA TECHNIQUE BUDGÉTAIRE

La comptabilité analytique est une comptabilité de gestion qui lorgne de plus en plus vers le contrôle de gestion et notamment l'établissement des budgets.

1. Principes

Un budget est un programme d'action envisagé pour une période n'excédant pas une année (par exemple, le trimestre, le semestre ou l'année), et exprimé (en quantité et) en valeur. La technique budgétaire comprend trois parties distinctes à exécuter dans un ordre déterminé :

① la prévision qui suppose un choix des objectifs à atteindre ;

② l'établissement des budgets selon une typologie objectifs/moyens.

Les budgets déterminants définissent les objectifs à atteindre et généralement, il est fait état de deux budgets déterminants : le budget des ventes (quantités à vendre) le plus important car il reflète le niveau d'activité attendu de l'entreprise et le budget de production (quantités à produire pour vendre).

Les budgets résultants précisent les moyens à mettre en œuvre pour atteindre les objectifs donc les budgets déterminants. Quatre grands budgets résultants peuvent être définis : le budget des approvisionnements (quantité de matières premières nécessaires à la production), le budget des autres charges (charges autres que les approvisionnements pour produire et vendre, essentiellement les charges de personnel), le budget des investissements (moyens physiques de production et de commercialisation) et le budget de trésorerie (« budget résultant » des budgets déterminants et résultants) qui est une synthèse monétaire des budgets précédents.

Les budgets déterminants et résultants sont suivis d'un budget général comprenant un compte de résultat prévisionnel puis un bilan prévisionnel.

③ le contrôle qui consiste à établir des écarts à chaque fin de période des prévisions et des réalisations.

Si l'entreprise exerce une activité purement commerciale, alors la technique budgétaire comprend un budget déterminant : celui des ventes puis les quatre budgets résultants usuels : approvisionnement des marchandises, autres charges pour vendre et investissements en moyens physiques de commercialisation et budget de trésorerie.

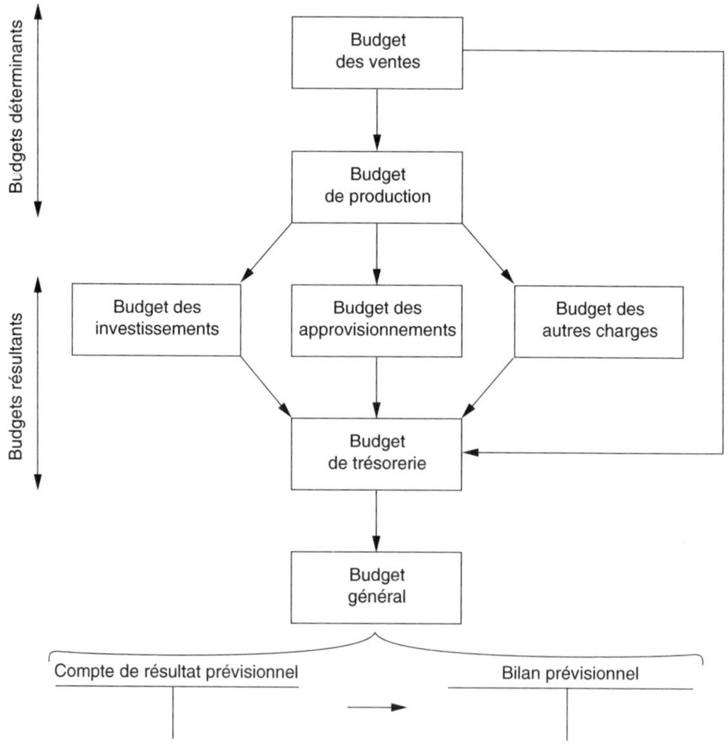

2. Le budget de trésorerie

Le budget de trésorerie est une technique analytique de prévision consistant en un découpage dans le temps (trimestre, semestre ou année) des encaissements et des décaissements, c'est-à-dire des entrées et sorties d'argent. Les différentes recettes et dépenses doivent être enregistrées dans le mois correspondant à leurs encaissements et décaissements. Il faut tenir compte des délais de règlement effectif qui entraînent des décalages entre l'engagement des opérations d'exploitation et les flux monétaires qui en découlent. Le budget de trésorerie est précédé de deux (ou trois) tableaux préparatoires.

① (Le budget de TVA) dans la mesure où la prévision en fait état.

La Taxe sur la Valeur Ajoutée à payer au titre du mois (m) est égale à la TVA collectée sur ventes du mois (m) moins la TVA déductible sur autres biens et services du mois (m) et moins la TVA déductible sur immobilisations du mois (m).

La TVA est donc une différence entre la TVA en aval sur les produits et la TVA en amont sur les achats, autres charges et immobilisations. La TVA à payer au titre du mois (m), créance, est décaissée effectivement en (m + 1).

Si la différence est négative, l'entreprise n'a rien à payer pour le mois considéré (m) mais peut reporter ce crédit de TVA sur la ou les déclarations suivantes. Enfin, la TVA est un « impôt » ou mieux une créance qui n'affecte pas le compte de résultat.

Au 31 mai N, on extrait du Grand-livre de la société FLORENCE les montants suivants :

– État, TVA déductible sur immobilisations : 14 037
– État, TVA déductible sur autres biens et services : 67 930
– État, TVA collectée : 98 915

Si on suppose que la déclaration de TVA est datée du 15 juin N, alors on a les écritures suivantes :

15/06/N

44571	État, TVA collectée	98 915	
44562	État, TVA déductible sur immobilisations		14 037
44566	État, TVA déductible sur autres biens et services		67 930
44551	État, TVA à décaisser		16 948

② Le budget des encaissements (ou recettes) comprend notamment :

– les ventes comptant (TTC) prévues mensuellement,
– les règlements des clients relatifs aux ventes à crédit,
– les acomptes éventuels versés par certains clients,
– les règlements de tiers s'étant portés acquéreurs d'immobilisations cédées par l'entreprise,
– l'augmentation de capital par apport en numéraire,
– les emprunts et subventions,
– les produits financiers,
– et tout ce qui est susceptible d'entraîner une entrée d'argent...

③ Le budget des décaissements (ou dépenses) comprend notamment :

– les achats comptant (TTC) prévus mensuellement,

– les règlements aux fournisseurs relatifs aux achats à crédit,
– les charges décaissables de production, de distribution, d'administration générale,
– les charges financières et les dividendes,
– l'impôt sur les bénéfices,
– les investissements,
– les remboursements d'emprunts,
– (la TVA à payer),
– et tout ce qui est susceptible d'entraîner une sortie d'argent…

Il est important de noter que les dotations aux amortissements et aux provisions sont une charge et non un décaissement ; en conséquence, elles n'apparaissent jamais dans l'établissement d'un budget de trésorerie.

Le budget de trésorerie proprement dit consiste à établir un tableau récapitulatif reprenant le solde initial de trésorerie nette (= valeurs mobilières de placement + disponibilités – concours bancaires courants – soldes créditeurs de banques) et les renseignements des deux budgets précédents. Parfois, on ajoute à la trésorerie passive les effets escomptés non échus. Les charges financières peuvent éventuellement être déterminées *a priori* par souci de simplification. Mais en toute rigueur, seuls les intérêts des dettes à long terme sont connus à l'avance et les agios sur le découvert et éventuellement l'escompte doivent être calculés à partir du budget de trésorerie. Il est souhaitable dans une première phase d'établir un budget de trésorerie sur la base d'agios nuls puis, dans une seconde phase, on ajuste pour prendre en compte ces agios. Si le solde S_1 est négatif, alors les agios A_1 du premier mois seront : $A_1 = S_1 \times i$ si i est le coût du découvert.

Le solde de trésorerie du premier mois est alors cumulé avec le flux mensuel net de trésorerie du mois suivant de manière à déterminer le cumul de trésorerie à la fin du mois suivant et ainsi de suite… Ces soldes cumulés de trésorerie indiquent selon le cas les déficits ou les excédents de fonds à la fin de chacune des périodes. Si le solde est négatif, alors il représente le montant de crédits de trésorerie additionnels qu'il faut demander en plus de ceux qui, le cas échéant, existaient déjà. Un solde positif indique, après avoir remboursé le découvert initial et les éventuels découverts des mois précédents, que l'entreprise dispose de possibilités de placement.

L'élaboration du budget de trésorerie comprend donc quatre étapes :

Prévisions pour le 1er trimestre N

1re étape : le budget de TVA

Éléments	Janvier	Février	Mars	Bilan au 31/03/N
TVA collectée – TVA déductible sur ABS – TVA déductible sur immo-bilisations	janvier janvier janvier		mars mars mars	
= TVA à payer	janvier		mars	
décaissée en…	février	mars	avril	*TVA à payer (Passif)*

2e étape : le budget des encaissements

Éléments	Total	Janvier	Février	Mars	Bilan au 31/03/N
Ventes (TTC) janvier Ventes (TTC) février Ventes (TTC) mars Clients (…)	2 000 2 400 2 200 2 000	1 000	1 000 1 200	 1 200 1 100	 *1 100 (clients à l'actif)*
Total		E_1	E_2	E_3	

3e étape : le budget des décaissements

Éléments	Total	Janvier	Février	Mars	Bilan au 31/03/N
Achats (TTC) janvier (…) Fournisseurs Charges de personnel Remboursement d'emprunt Travaux (TVA à payer) (…)	800 3 000	400 décembre N – 1	200 1 000 janvier	200 février	 *2 000 (emprunt au passif))* *TVA à payer de mars*
Total		D_1	D_2	D_3	

4e étape : le budget de trésorerie

Éléments	Janvier	Février	Mars
Trésorerie nette au 01/01/N + Encaissements – Décaissements	+/– TN + E_1 – D_1	 + E_2 – D_2	 + E_3 – D_3
= Solde prévisionnel de trésorerie de fin de mois	S_1	S_2	S_3
Cumul de trésorerie	C_1	C_2	C_3

Il faut noter que le cumul de trésorerie C_3 est la trésorerie de fin de trimestre N qui peut être retrouvée à partir de l'Excédent Brut d'Exploitation :

Produits d'exploitation hors reprises sur amortissements et provisions
– Charges d'exploitation hors dotations aux amortissements et provisions
= EXCÉDENT BRUT D'EXPLOITATION
– Variation des besoins en fonds de roulement (= BFR de fin de période – BFR de début de période)
= VARIATION DE TRÉSORERIE D'EXPLOITATION (= Excédent de Trésorerie d'Exploitation)
– Charges financières
+ Produits financiers
– Impôts sur les bénéfices
– Distribution mise en paiement au cours de l'exercice
– Investissement productif
– Acquisitions de participations et titres immobilisés
+ Cessions d'immobilisations
+ Augmentation de capital par apport en numéraire
+ Nouveaux emprunts (obligations, emprunts bancaires)
– Remboursements (obligations, emprunts bancaires)
+ Subventions d'investissement reçues
= VARIATIONS DE TRÉSORERIE (= total des encaissements de la période – total des décaissements de la période)
+ Trésorerie de début de période
= TRÉSORERIE DE FIN DE PÉRIODE (= cumul de trésorerie : C_3)

La difficulté dans l'établissement d'un budget de trésorerie est de collecter les informations nécessaires en provenance de l'ensemble des départements de l'entreprise et l'utilité d'un budget de trésorerie est donc directement liée à la qualité des informations qui y sont inscrites. Les conséquences de prévisions de trésorerie inexistantes ou insuffisantes peuvent être la restriction, voire la suppression, des facilités de paiement précédemment accordées par les fournisseurs ou bien le refus ou la limitation par la banque du plafond d'escompte ou du montant de l'autorisation de découvert.

Les origines des difficultés en matière de trésorerie restent des événements non prévus liés aux ventes, aux achats ou aux charges courantes et aussi des situations prévues mais mal contrôlées comme des échéances de règlements imposées par les créanciers mal synchronisées avec les dates de règlement des clients ; des achats de matières premières faites en quantités importantes à certaines périodes de l'année pour bénéficier de conditions avantageuses.

L'objectif du budget de trésorerie est, pour l'entreprise, de faire face à ses engagements car si elle est dans l'impossibilité de faire face au passif exigible, elle est en état de cessation de paiements. Selon l'article 3 de la loi du 25 janvier 1983 relative au redressement et à la liquidation judiciaire des entreprises, elle doit faire l'objet d'une procédure de redressement judiciaire.

3. Application

L'entreprise VAMP est spécialisée dans le commerce de porte-jarretelles. Elle est juridiquement constituée sous la forme d'une société coopérative artisanale au capital de 150 000 € ; cet apport a permis de financer un droit au bail pour 20 000 et un stock de marchandises pour 100 000.

Le 1er juillet N, elle démarrera son exploitation. Elle souhaite connaître au préalable son budget prévisionnel de trésorerie, son compte de résultat prévisionnel et son bilan prévisionnel à la fin du troisième trimestre N qu'on établira sur la base des prévisions suivantes :

– ventes mensuelles : 20 000 en juillet, 40 000 en août et 60 000 en septembre et les clientes paient comptant ;

– achats mensuels : 25 000 en juillet, 30 000 en août et 35 000 en septembre et les fournisseurs sont payés à 60 jours fin de mois ;

– le loyer mensuel de 20 000 est payé d'avance tous les deux mois, au début du mois ;

– les salaires sont payés à la fin de chaque mois et s'élèvent mensuellement à 12 000 ;

– les charges sociales sur salaires (50 % des salaires) sont payées trimestriellement le 15 du mois qui suit la clôture du trimestre ;

– les frais généraux s'élèvent à 2000 par mois et sont réglés le mois suivant ;

– le stock final de marchandises est de 110 000 ;

– l'entreprise VAMP a opté pour le régime fiscal des sociétés de personne.

N.B. Il est fait abstraction de la TVA.

Présentons le bilan d'ouverture de l'entreprise VAMP :

Bilan au 01/07/N

Actif			**Passif**
Droit au bail	20 000	Capital	150 000
Stock	100 000		
Banque	30 000		
	150 000		150 000

Sachant qu'on raisonne en faisant abstraction de la TVA, alors il y a deux budgets préparatoires :

Budget des encaissements	Total	Juillet	Août	Septembre
Ventes de juillet	20 000	20 000		
Ventes d'août	40 000		40 000	
Ventes de septembre	60 000			60 000
Total	120 000	20 000	40 000	60 000

Budget des décaissements	Total	Juillet	Août	Septembre	Bilan au 30/09/N
Achats de juillet	25 000			25 000	
Achats d'août	30 000				30 000 (fournisseurs)
Achats de septembre	35 000				35 000 (fournisseurs)
Salaires	36 000	12 000	12 000	12 000	
Charges sociales	18 000				18 000 (Sécurité sociale)
Loyers	80 000	40 000		40 000	
Frais généraux	6 000		2 000	2 000	2 000 (créditeurs divers)
Total	230 000	52 000	14 000	79 000	85 000

Les achats de juillet (charges) sont décaissés effectivement 60 jours après la fin du mois de juillet, c'est-à-dire fin septembre N ; les achats d'août et de septembre ainsi que les charges sociales et créditeurs divers seront réglés après le troisième trimestre donc hors du champ de la prévision.

On peut construire le budget de trésorerie proprement dit :

Budget de trésorerie	Juillet	Août	Septembre
Solde de trésorerie au 01/07/N	30 000		
+ Encaissements	20 000	40 000	60 000
– Décaissements	– 52 000	– 14 000	– 79 000
Solde prévisionnel de trésorerie S_t de fin de mois	– 2 000	26 000	– 19 000
Cumul $C_t = \sum_t S_t$	– 2 000	24 000	5 000

La trésorerie prévisionnelle au 30/09/N est égale à 5 000 €.

Le budget général comprend un compte de résultat prévisionnel (et le résultat prévisionnel) puis un bilan prévisionnel :

Compte de résultat prévisionnel au 30/09/N

Charges		Produits	
Achats	90 000	Ventes	120 000
Variation de stocks	– 10 000		
Loyers	60 000		
Charges de personnel	36 000		
Charges sociales	18 000		
Frais généraux	6 000		
Perte	– 80 000		
	120 000		120 000

La colonne total des budgets des encaissements et des décaissements donne une mine d'informations permettant de construire le compte de résultat prévisionnel de l'entreprise VAMP : les ventes (= encaissements), les achats, les salaires (= décaissements), les charges sociales et les frais généraux. La variation de stocks de marchandises est la différence entre le stock initial (= 100 000) et le stock final (= 110 000).

Il convient de prendre en tant que charge du troisième trimestre N le loyer du seul mois de septembre et il est donc nécessaire de passer une écriture de régularisation :

486	Charges constatées d'avance	20 000	
613	Locations		20 000

La différence entre les produits du troisième trimestre N (= 120 000) et les charges (= 200 000) donne une perte de – 80 000 en raison notamment d'achats importants.

Bilan prévisionnel au 30/09/N

Actif		Passif	
Droit au bail	20 000	Capital	150 000
Stocks de marchandises	110 000	Résultat	– 80 000
Banque	5 000	Fournisseurs	65 000
Charges constatées d'avance	20 000	Sécurité sociale	18 000
		Créditeurs divers	2 000
	155 000		155 000

On peut vérifier que la trésorerie initiale (TI = 30 000) plus le solde des encaissements et des décaissements du trimestre (ΔT = – 25 000) est égale à la trésorerie finale au 30 septembre N (TF = 5 000). Mais ce solde ΔT peut être retrouvé à partir du résultat net du trimestre : – 80 000 qui est égal à l'autofinancement puisqu'il n'y a ni charge calculée, ni produit calculé. Si, à cet autofinancement qui est de la trésorerie disponible et potentielle, on déduit la variation du besoin en fonds de roulement, alors on obtient la trésorerie disponible. La variation du BFR entre le 1er juillet et le 30 septembre N est la somme de la variation de stocks (= 110 000 – 100 000 = 10 000) plus la variation des créances d'exploitation (= 20 000 – 0 = 20 000) et moins la variation des dettes d'exploitation (= 85 000 – 0) ; soit une variation globale du BFR de : 10 000 + 20 000 – 85 000 = – 55 000. En conséquence, la trésorerie disponible générée au cours du trimestre est la différence entre l'autofinancement et la variation du besoin en fonds de roulement : - 80 000 – (– 55 000) = – 25 000.

Cas n° 18 – **Bud** : page 296.

Conclusion : une approche systémique des coûts standards

Selon la typologie de Koontz et O'Donnel, six grandes théories organisationnelles sont apparues par ordre chronologique :
- une école classique (1900),
- un mouvement des relations humaines (1920),
- un courant mathématique (1940),
- une école des systèmes sociaux (1950),
- une école néoclassique (1960),
- un mouvement dérivé de la cybernétique et connu sous le nom de théorie générale des systèmes (1970), toujours d'actualité ®.

Par définition, un système est un ensemble de parties coordonnées en vue d'atteindre un ensemble d'objectifs. À l'origine, Von Bertalanffy présenta sa *general systems theory* pour la première fois en 1937 au séminaire de philosophie de l'université de Chicago, mais c'est seulement à partir des années soixante que ce courant de pensée fut sérieusement étudié par les sciences des organisations.

L'entreprise est un système ouvert, c'est-à-dire en relation permanente avec son environnement. Elle échange énergie, matières premières, information utilisés dans le maintien de sa structure contre la dégradation qu'exerce le temps. Elle dépend doublement de son environnement : elle doit trouver des ressources (stade intermédiaire de l'approvisionnement) de toutes sortes ; elle doit placer des produits et services de toutes natures (stade final de la vente).

Un système est aussi un ensemble d'éléments rassemblés dans des réservoirs, c'est-à-dire essentiellement des Inventaires Permanents (énergie, matières, information).

L'entreprise est constituée d'éléments qui sont en transit et ce phénomène est caractérisé par la Comptabilité Analytique d'Exploitation en tant que processus ; elle est traversée par des flux.

Un système opère donc des transformations et produit « quelque chose » :

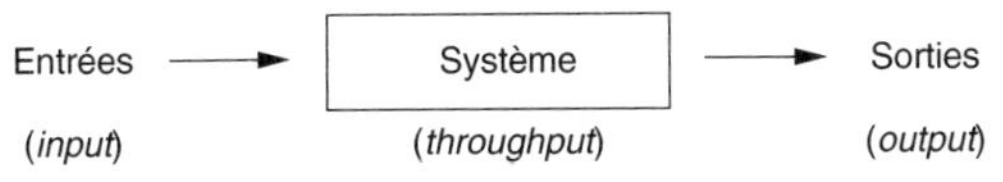

Ces transformations peuvent être appréhendées comme des séquences de production.

® Voir notamment les ouvrages de De Rosnay, *Le macroscope,* Le Seuil, 1977 ; Koontz & O'Donnel, *Management,* McGraw-Hill, 1984 ; Lussato, *Introduction critique aux théories d'organisation,* Dunod, 1977 ; Mélèse, *L'analyse modulaire des systèmes,* Éd. d'Organisation, 1991 ; Morin, *Introduction à la pensée complexe,* ESF, 1990 ; Le Moigne, *La théorie du système général,* PUF, 1977 ; Von Bertalanffy, *Théorie générale des systèmes,* Dunod, 1973.

Par analogie :

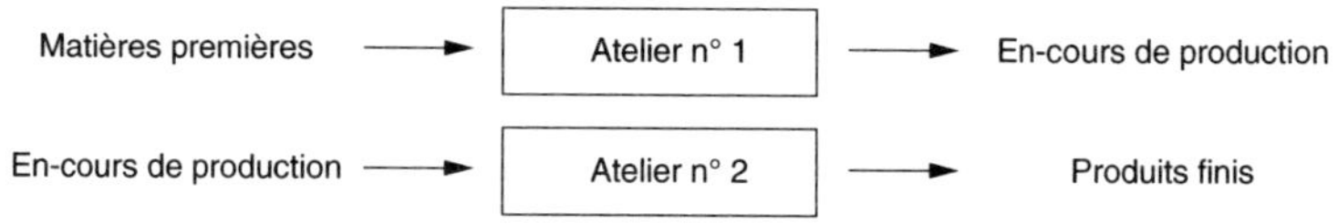

L'expérience montre que tout système comprend trois sous-systèmes :
① le système technologique,
② le système de pilotage,
③ le système d'information.

Ces trois sous-systèmes sont guidés par un système d'objectifs ou téléonomique qui finalise l'entreprise et chacune de ses parties.

Le système technologique est un ensemble de réservoirs (ou parties d'entreprise) et de flux (réseaux de communication) qui assurent les transformations de matières en produits ou services : c'est ce système qui doit être piloté.

Le système de pilotage est un ensemble de réservoirs et de flux qui guident, contrôlent et régulent les transformations qui se produisent dans le système technologique : selon le PCG, la CAE doit fournir tous les éléments de nature à éclairer la prise de décision.

Le système d'information est un ensemble de réservoirs et de flux qui assurent la saisie, le contrôle, le stockage et le traitement de l'information. Le système d'information a une vocation double qui est de fournir des données sur l'environnement et sur l'entreprise elle-même.

On peut représenter graphiquement les liens entre les trois sous-systèmes :

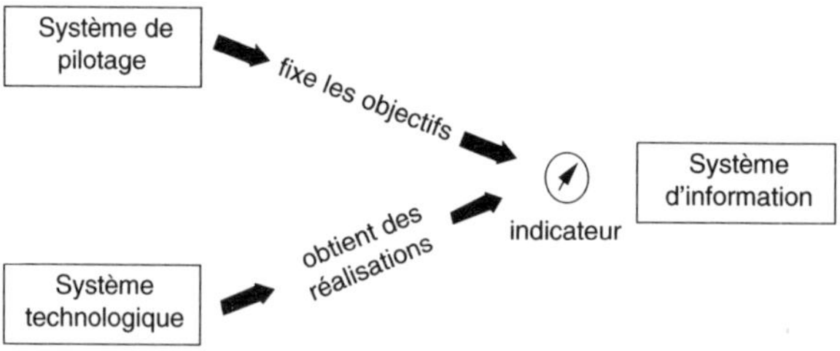

L'analogie avec la méthode des coûts standards est évidente :

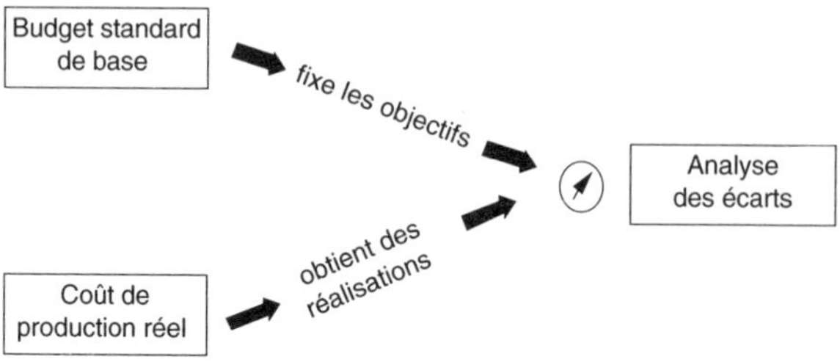

Le fonctionnement d'un système ouvert repose sur le jeu combiné des réservoirs, des flux et des feedbacks. Pour ces derniers, des informations sur le résultat d'une transformation sont renvoyées à l'entrée du système de pilotage sous forme de données. Si ces données nouvelles contribuent à faciliter la transformation dans le même sens que les résultats précédents, alors on est en présence d'un feedback positif. Sinon c'est un feedback négatif.

Avec un feedback positif, il y a croissance ou décroissance potentielle, car le « plus » entraîne le « plus », le « moins » entraîne le « moins » : il y a effet de « boule de neige ». Avec un feedback négatif, il y a maintien de l'équilibre ou d'un cap, comportement adaptatif ou finalisé. Toute variation vers le « plus » entraîne généralement une correction vers le « moins » et inversement : il y a régulation.

Un système évolue grâce à un processus complémentaire de déséquilibres et de désorganisations successives (totales ou partielles), suivis de rééquilibrages et de réorganisations.

Encore une fois, l'analogie est flagrante : en comptabilité analytique, un écart positif ou négatif « proche de zéro » caractérise un feedback négatif : il y a régulation ; un écart positif ou négatif « important » caractérise un feedback positif : il n'y a pas de régulation !

Le comportement de tout système organisationnel dépend également de deux types de variables : les variables d'action et les variables essentielles.

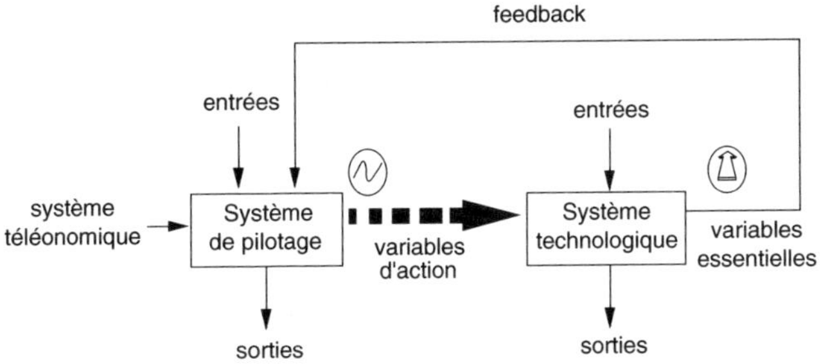

Les variables d'action sont des entrées particulières qui peuvent être manipulées par le système de pilotage ; elles permettent de régler la transformation entrées/sorties. Ce sont des vannes contrôlant les débits des différents flux, chaque vanne pouvant être visualisée comme un centre de décision.

Les variables essentielles, quant à elles, renseignent sur la réalisation de la transformation donc sur le fonctionnement bon ou mauvais du système. Ce sont des indicateurs ou traductions opérationnelles des objectifs. On distingue les variables essentielles d'activité mesurant la production de biens ou services, donc « le quelque chose » sortant du système technologique ; de coûts ; d'efficacité qui indiquent la réussite de la mission sur des points non repérables par l'activité ou les coûts (rapport, ratio). Il faut constater à nouveau cette analogie entre l'approche systémique et la comptabilité analytique d'exploitation.

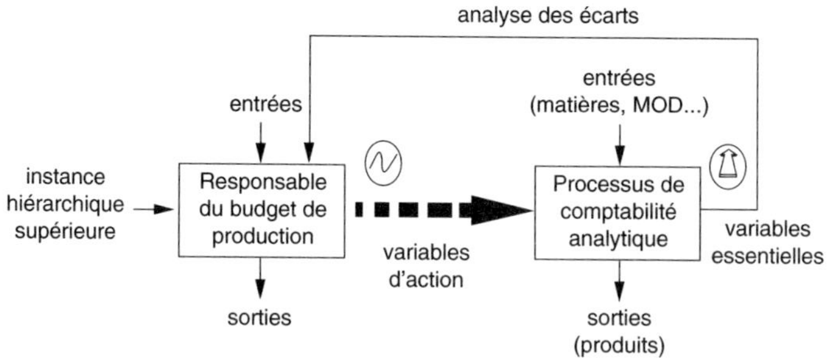

Les variables d'action résident dans le choix de la norme, l'établissement du budget standard de base… Les variables essentielles sont les écarts sur charges directes et indirectes qui renseignent sur la validité du budget standard de base donc des prévisions.

On distingue les variables essentielles :

– d'activité mesurant la production de biens ou services : chiffre d'affaires, quantité…,

– de coûts engendrés par le système sur lesquels le responsable de la production peut avoir une influence en jouant sur les variables d'action.

En définitive, certains détracteurs reprochaient à la comptabilité analytique un manque d'évolution, voire un certain immobilisme. Ils avaient raison. La comptabilité analytique n'a guère évolué parce qu'elle était systémique avant l'heure, donc en avance sur son temps…

Tempus edax rerum

Chapitre 9

ÉTUDES DE CAS

N°	Titre du cas	Thèmes
1	Mice	Inventaires permanents, CMUP, PEPS, DEPS
2	Amstram Jam	Coûts complets, écritures comptables
3	Bonchoco	Coûts complets, en-cours de production
4	Arghh	Coûts complets, comptabilité à base d'activités
5	Julien	Coûts complets, comptabilité à base d'activités
6	Electronix	Imputation rationnelle
7	Dogue	Imputation rationnelle, coût marginal
8	No Fun	Coûts complets, imputation rationnelle, *direct costing*
9	G 314	*Direct costing*, seuil de rentabilité
10	CEE	*Direct costing*, seuil de rentabilité
11	Jais	Coût marginal
12	Trouille	Coût marginal
13	CHA	Coûts complets, coûts standards
14	Navimar	Coûts complets, coûts standards
15	Nocturne	Coûts complets, coûts standards
16	Pharma	Coûts complets, *direct costing*, seuil de rentabilité, coûts standards
17	Conap	Surplus de Productivité Globale
18	Bud	Budget de trésorerie

Cas n° 1 – Mice

Au cours du mois de juillet N, les mouvements suivants ont été enregistrés sur la fiche de stocks de la matière première référence M.Ice :

1er juillet	Stock initial	4 000 unités à 1 € l'unité
7 juillet	Entrée	2 000 unités à 2 € l'unité
18 juillet	Sortie	2 500 unités
21 juillet	Entrée	3 000 unités à 3 € l'unité
27 juillet	Sortie	4 000 unités

Travail à faire

1) Valoriser les sorties et déterminer le stock final selon que l'on utilise :
- les méthodes du CMUP,
- la méthode PEPS,
- la méthode DEPS.

2) Préciser l'incidence des méthodes sur le résultat.

Corrigé

1) Quelle que soit la méthode utilisée, la partie gauche de l'Inventaire Permanent (IP) reste identique.

– *Méthode CMUP de fin de mois*

$IP_{M.Ice}$

Débit **Crédit**

Date	Libellé	Quantité	Coût unitaire	Montant	Date	Libellé	Quantité	Coût unitaire	Montant
1/7	SI	4 000	1	4 000	18/7	Sortie	2 500	1,88	4 700
7/7	Entrée	2 000	2	4 000	27/7	Sortie	4 000	1,88	7 520
21/7	Entrée	3 000	3	9 000	31/7	SF	2 500	1,88	4 700
					31/7	Diff d'inv.			80
Total		9 000		17 000	Total		9 000		17 000

$$\text{CMUP} = \frac{17\,000}{9\,000} \approx 1,88889 \text{ €.}$$

Deux possibilités : 1,88 ou 1,89 selon que l'on arrondit au centime par défaut ou par excès.

Dans la partie droite de l'IP, colonne « coût unitaire », on indique le CMUP.

En vertu d'un principe immuable de la comptabilité générale, le débit doit être égal au crédit, par conséquent on rajoute une ligne « différence de traitement », différence entre 17 000 et 16 920.

Le CMUP étant arrondi par défaut, cette différence de traitement, plus précisément différence d'inventaire, est une charge appelée : mali d'inventaire.

Si on prend le CMUP par excès, soit 1,89, alors cette différence d'inventaire est un produit appelé : boni d'inventaire.

$IP_{M.Ice}$

Débit **Crédit**

Date	Libellé	Quantité	Coût unitaire	Montant	Date	Libellé	Quantité	Coût unitaire	Montant
1/7	SI	4 000	1	4 000	18/7	Sortie	2 500	1,89	4 725
7/7	Entrée	2 000	2	4 000	27/7	Sortie	4 000	1,89	7 560
21/7	Entrée	3 000	3	9 000	31/7	SF	2 500	1,89	4 725
					31/7	Diff. d'inv.			– 10
Total		9 000		17 000	Total		9 000		17 000

– *Méthode CMUP après chaque entrée*

$IP_{M.Ice}$

Débit **Crédit**

Date	Libellé	Quantité	Coût unitaire	Montant	Date	Libellé	Quantité	Coût unitaire	Montant
1/7	SI	4 000	1	4 000	18/7	Sortie	2 500	1,33	3 325
7/7	Entrée	2 000	2	4 000	27/7	Sortie	4 000	2,10	8 400
21/7	Entrée	3 000	3	9 000	31/7	SF	2 500	2,10	5 250
					31/7	Diff. d'inv.			25
Total		9 000		17 000	Total		9 000		17 000

Les sorties du 18 juillet sont valorisées au dernier CMUP :

$$\frac{\text{Valeur du stock précédent à l'ancien CMUP} + \text{coût d'achat}}{\text{Quantités totales}} = \frac{4\,000 + 4\,000}{6\,000}$$

$$\approx 1,33.$$

Il reste 3 500 unités à 1,33 €.

Les sorties du 27 juillet sont valorisées ainsi :

$$\frac{(3\,500 \times 1,33) + 9\,000}{6\,500} \approx 2,10.$$

Il reste alors 2 500 unités à 2,10 € et il ne faut pas oublier une différence d'inventaire de 25 euros.

– *Méthode PEPS*

$IP_{M.Ice}$

Débit					**Crédit**				
Date	**Libellé**	**Quantité**	**Coût unitaire**	**Montant**	**Date**	**Libellé**	**Quantité**	**Coût unitaire**	**Montant**
1/7	SI	4 000	1	4 000	18/7	Sortie	2 500	1	2 500
7/7	Entrée	2 000	2	4 000	27/7	Sortie	1 500	1	1 500
21/7	Entrée	3 000	3	9 000	dito	Sortie	2 000	2	4 000
					dito	Sortie	500	3	1 500
					31/7	SF	2 500	3	7 500
Total		9 000		17 000	Total		9 000		17 000

® dito : même date.

– *Méthode DEPS*

$IP_{M.Ice}$

Débit					**Crédit**				
Date	**Libellé**	**Quantité**	**Coût unitaire**	**Montant**	**Date**	**Libellé**	**Quantité**	**Coût unitaire**	**Montant**
1/7	SI	4 000	1	4 000	18/7	Sortie	2 000	2	4 000
7/7	Entrée	2 000	2	4 000	dito	Sortie	500	1	500
21/7	Entrée	3 000	3	9 000	27/7	Sortie	3 000	3	9 000
					dito	Sortie	1 000	1	1 000
					31/7	SF	2 500	1	2 500
Total		9 000		17 000	Total		9 000		17 000

2) Incidence de la méthode sur le résultat

Il faut déterminer la variation de stocks de matières premières qui s'inscrit en charge dans le compte de résultat.

Méthode	**Variation de stocks**
CMUP 1	– 700
CMUP 2	– 1 250
PEPS	– 3 500
DEPS	+ 1 500

Le résultat sera donc plus élevé avec la méthode PEPS, plus faible avec la méthode DEPS, en faisant l'hypothèse réaliste que les coûts unitaires augmentent progressivement.

Cas n° 2 – Amstram Jam

L'entreprise Amstram Jam fabrique notamment de la confiture de fraises biologique qu'elle commercialise sous deux conditionnements : bocaux de 500 g et bocaux de 1 kg.

Les fraises sont préparées et cuites dans l'atelier de cuisson avant de passer dans l'atelier de conditionnement.

Trois matières premières (MP) sont utilisées : fraises, sucre et pectine.

Le tableau de répartition des charges indirectes du mois de mai (fais ce qu'il te plaît !) se présente ainsi :

	Administration	Entretien	Énergie	Approvisionnement	Cuisson	Conditionnement	Distribution
Total après rép. primaire	73 200	36 180	85 627	24 468	192 599	36 495	23 802
Unité d'œuvre				1 tonne MP achetée	1 kg confiture obtenue	1 kg confiture obtenue	1 tonne confiture vendue

Les clés de répartition des centres auxiliaires sont les suivantes :

	Entretien	Énergie	Approvisionnement	Cuisson	Conditionnement	Distribution
C/ administration	10 %	10 %	20 %	15 %	15 %	30 %
C/ entretien		5 %	20 %	35 %	25 %	15 %
C/ énergie	10 %		10 %	60 %	20 %	

Travail à faire

À l'aide des renseignements fournis en annexe pour le mois de mai :

1) Présenter le tableau de répartition des charges indirectes en faisant ressortir les coûts d'unités d'œuvre. Donner les calculs justificatifs des prestations réciproques.

2) Présenter sous forme de tableaux :

– le coût d'achat des matières premières,

– le coût de production des bocaux de 500 g et des bocaux de 1 kg remplis,

– le coût de revient et le résultat analytique pour chaque type de bocal.

3) Présenter les écritures relatives aux opérations du mois de mai.

Annexe

Le coût de production est composé du coût de cuisson et du coût de conditionnement. Il n'y a aucun stockage de confiture en vrac. Toute la confiture provenant de la cuisson est aussitôt conditionnée.

Pour les fraises, sucre, bocaux de 500 g et de 1 kg remplis, la méthode requise est celle du coût moyen unitaire pondéré.

- Stocks au 1er mai

– fraises	5,86 tonnes à 4 000 €/t
– sucre	124 522 kg pour une valeur de 454 510,52 €
– pectine	8,125 tonnes à 1 600 €/t
– bocaux vides de 500 g	248 512 unités à 0,46 €/u
– bocaux vides de 1 kg	112 204 unités à 0,52 €/u
– bocaux pleins de 500 g	60 300 unités pour une valeur de 278 522 €
– bocaux pleins de 1 kg	24 280 unités pour une valeur de 203 992 €
– emballages perdus	32 077 € (cartons d'expédition)

- Achats du mois de mai

– fraises	le 3 mai : 60 tonnes, soit 230 026 € le 27 mai : 50 tonnes, soit 181 420 €
– sucre	80 tonnes : soit 269 080 €

- Consommations de matières premières en mai

– fraises	le 4 mai : 49,32 tonnes le 28 mai : 30,54 tonnes
– sucre	620 grammes de sucre par kilogramme de confiture obtenue
– pectine	25 grammes par bocal de 500 g obtenu 50 grammes par bocal de 1 kg obtenu

- Fabrication du mois de mai (bocaux conditionnés)
  - 169 480 bocaux de 500 g
  - 48 360 bocaux de 1 kg

- Ventes du mois de mai
  - 102 470 bocaux de 500 g à 7,60 €
  - 38 300 bocaux de 1 kg à 11,20 €

- Autres renseignements
  - charges directes fraises : 3 503 € (approvisionnement)
  - main-d'œuvre directe de production : 181 654,68 €
    dont bocaux de 500 g : 134 126,47 €
    dont bocaux de 1 kg : 47 528,21 €

– emballages consommés : 14 077 €
dont bocaux de 500 g : 10 247 €
dont bocaux de 1 kg : 3 830 €

Corrigé

1) Soit x le montant des charges du centre Entretien et y celui du centre Energie ; on obtient les deux équations suivantes :

$$x = 43\,500 + 0{,}1 \cdot y$$
$$y = 92\,947 + 0{,}05 \cdot x$$

En résolvant, on obtient :

$$x = 53\,060$$
$$y = 95\,600$$

Le tableau de répartition des charges indirectes se présente ainsi :

	Total	**Adminis-tration**	**Entretien**	**Énergie**	**Approvi-sionnement**	**Cuisson**	**Condition-nement**	**Distri-bution**
Total après rép. primaire	472 371	73 200	36 180	85 627	24 468	192 599	36 495	23802
C/ adminis-tration		(73 200)	7 320	7 320	14 640	10 980	10 980	21 960
C/ entretien			(53 060)	2 653	10 612	18 571	13 265	7 959
C/ énergie			9 560	(95 600)	9 560	57 360	19 120	
Total après rép. secondaire	472 371	0	0	0	59 280	279 510	79 860	53 721
Unité d'œuvre					1 tonne MP achetée	1 kg confiture obtenue	1 kg confiture obtenue	1 tonne confiture vendue
Nombre d'UO					190	133 100	133 100	89,535
Coût d'unité d'œuvre					312	2,1	0,6	600

2) Coûts d'achat

	Fraises	**Sucre**
Matières achetées	411 446	269 080
Charges directes	3 503	
Charges indirectes		
110 × 312	34 320	
80 × 312		24 960
Total	449 269	294 040

Inventaires permanents

IP Fraises

Libellé	Quantité	Montant	Libellé	Quantité	Montant
Stock initial	5,86	23 440	Sortie	79,86	325 828,8
Entrée	110	449 269	Stock final	36	146 880
			diff. d'inv.		0,2
Total	115,86	472 709	Total	115,86	472 709

CMUP = 472 709/115,86 ≈ 4 080.

IP Sucre

Libellé	Quantité	Montant	Libellé	Quantité	Montant
Stock initial	124 522	454 510,52	Sortie	82 522	302 030,52
Entrée	80 000	294 040	Stock final	122 000	446 520
Total	204 522	748 550,52	Total	204 522	748 550,52

CMUP = 748 550,52/204 522 = 3,66.

IP Pectine

Libellé	Quantité	Montant	Libellé	Quantité	Montant
Stock initial	8 125	13 000	Sortie	6 655	10 648
Entrée	0	0	Stock final	1 470	2 352
Total	8 125	13 000	Total	8 125	13 000

CMUP = 13 000/8 125 = 1,6.

Il n'y a pas eu d'achats de bocaux durant le mois de mai, le dernier coût unitaire connu devient donc le coût recherché.

IP Bocaux de 500 g

Libellé	Quantité	Montant	Libellé	Quantité	Montant
Stock initial	248 512	114 315,52	Sortie	169 480	77 960,8
Entrée	0	0	Stock final	79 032	36 354,72
Total	248 512	114 315,52	Total	248 512	114 315,52

CMUP = 0,46.

IP Bocaux de 1 kg

Libellé	Quantité	Montant	Libellé	Quantité	Montant
Stock initial	112 204	58 346,08	Sortie	48 360	25 147,2
Entrée	0	0	Stock final	63 844	33 198,88
Total	112 204	58 346,08	Total	112 204	58 346,08

CMUP = 0,52.

Coûts de production

	Bocaux de 500 g	Bocaux de 1 kg
Fraises consommées		
169 480 × 0,5 × 0,6 × 4,08	207 443,52	
48 360 × 0,6 × 4,08		118 385,28
Sucre consommé		
169 480 × 0,5 × 0,62 × 3,66	192 292,01	
48 360 × 0,62 × 3,66		109 738,51
Pectine consommée		
169 480 × 0,5 × 0,05 × 1,6	6 779,2	
48 360 × 0,05 × 1,6		3 868,8
Bocaux		
169 480 × 0,46	77 960,8	
48 360 × 0,52		25 147,2
Charges directes	134 126,47	47 528,21
Charges indirectes		
169 480 × 0,5 × (2,1 + 0,6)	228 798	
48 360 × (2,1 + 0,6)		130 572
Total	847 400	435 240
À l'unité	5 €	9 €

Il faut 79,86 tonnes de fraises pour réaliser 133,1 tonnes de confiture, soit un rapport de 0,6 ; 82 522 kg de sucre pour 133 100 kg de confiture (0,62) et 6 655 kg de pectine pour 133 100 kg de confiture (0,05).

Inventaires permanents

IP Bocaux pleins de 500 g

Libellé	Quantité	Montant	Libellé	Quantité	Montant
Stock initial Entrée	60 300 169 480	278 522 847 400	Sortie Stock final	102 470 127 310	502 103 623 819
Total	229 780	1 125 922	Total	229 780	1 125 922

CMUP = 1 125 922/229 780 = 4,9.

IP Bocaux pleins de 1 kg

Libellé	Quantité	Montant	Libellé	Quantité	Montant
Stock initial Entrée	24 280 48 360	203 992 435 240	Sortie Stock final	38 300 34 340	337 040 302 192
Total	72 640	639 232	Total	72 640	639 232

CMUP = 639 232/72 640 = 8,8.

Coûts de revient et résultats analytiques

	Bocaus pleins de 500 g	**Bocaux pleins de 1 kg**
Coût de production des produits vendus	502 103	337 040
Coût de distribution		
102,47 × 0,5 × 600	30 741	
38,3 × 600		22 980
Coût des emballages (expédition)	10 247	3 830
Total	543 091	363 850
À l'unité	5,3 €	9,5 €

	Bocaus pleins de 500 g	**Bocaux pleins de 1 kg**
Prix de vente	778 772	428 960
Coût de revient	543 091	363 850
Différence	235 681	65 110
À l'unité	2,3 €	1,7 €

3) Écritures comptables

Création du plan comptable analytique autonome d'Amstram Jam :

903 000 Stocks réfléchis
904 000 Achats réfléchis
905 000 Charges réfléchies
906 000 Dotations réfléchies
907 000 Ventes réfléchies

Un compte 906 000 a été ouvert mais il ne sera pas mouvementé car le texte ne précise pas la nature des charges indirectes. L'ouverture d'un nombre important de comptes réfléchis permet un meilleur contrôle avec la comptabilité générale.

Le plan comptable a été respecté, avec 6 chiffres : cela peut sembler démesuré par rapport à la taille de l'entreprise mais les données communiquées sont très partielles.

Centres d'analyse

920 000 Administration
923 000 Entretien
924 000 Énergie
925 000 Approvisionnement
927 001 Cuisson
927 002 Conditionnement
928 000 Distribution
931 001 Coût d'achat fraises
931 002 Coût d'achat sucre
932 000 Coût de production confiture
932 001 Coût de production bocaux 500 g
932 002 Coût de production bocaux 1 kg

Comptes d'inventaires permanents

941 001 Fraises
941 002 Sucre
941 003 Pectine
942 001 Bocaux 500 g
942 002 Bocaux 1 kg
942 005 Cartons d'expédition
945 001 Bocaux 500 g fraises
945 002 Bocaux 1 kg fraises

Coûts de revient

951 001 Coût de revient bocaux 500 g fraises
951 002 Coût de revient bocaux 1 kg fraises

Résultats analytiques

980 000 Résultat analytique de la CAE
981 001 Résultat analytique bocaux 500 g fraises
981 002 Résultat analytique bocaux 1 kg fraises

Comptabilisation

Reprise des comptes de la comptabilité générale

941 001	IP fraises	23 440,00	
941 002	IP sucre	454 510,52	
941 003	IP pectine	13 000,00	
942 001	IP bocaux vides 500 g	114 315,52	
942 002	IP bocaux vides 1 kg	58 346,08	
942 005	IP emballages carton	32 077,00	
945 001	IP bocaux 500 g fraises	278 522,00	
945 002	IP bocaux 1 kg fraises	203 992,00	
903 000	Stocks réfléchis		1 178 203,12
931 001	Coût d'achat fraises	411 446,00	
931 002	Coût d'achat sucre	269 080,00	
904 000	Achats réfléchis		680 526,00
910 100	Charges directes	185 157,68	
910 200	Charges indirectes	472 371,00	
905 000	Charges réfléchies		657 528,68
907 000	Ventes réfléchies	1 207 732,00	
981 001	Résultat analytique bocaux 500 g fraises		778 772,00
981 002	Résultat analytique bocaux 1 kg fraises		428 960,00

Répartition primaire des charges indirectes

920 000	Centre administration	73 200,00	
923 000	Centre entretien	36 180,00	
924 000	Centre énergie	85 627,00	
925 000	Centre approvisionnement	24 468,00	
927 001	Centre cuisson	192 599,00	
927 002	Centre conditionnement	36 495,00	
928 000	Centre distribution	23 802,00	
910 200	Charges indirectes		472 371,00

931 001	Coût d'achat fraises	3 503,00	
932 001	Coût de production bocaux 500 g	134 126,47	
932 002	Coût de production bocaux 1 kg	47 528,21	
910 100	Charges directes		185 157,68

Répartition secondaire des charges indirectes

925 000	Centre approvisionnement	34 812,00	
927 001	Centre cuisson	86 911,00	
927 002	Centre conditionnement	43 365,00	
928 000	Centre distribution	29 919,00	
920 000	Centre administration		73 200,00
923 000	Centre entretien		36 180,00
924 000	Centre énergie		85 627,00

Détermination des coûts d'achat (voir également *supra*)

931 001	Coût d'achat fraises	34 320,00	
931 002	Coût d'achat sucre	24 960,00	
925 000	Centre approvisionnement		59 280,00

941 001	IP fraises	449 269,00	
941 002	IP sucre	294 040,00	
931 001	Coût d'achat fraises		449 269,00
931 002	Coût d'achat sucre		294 040,00

Coûts de production

932 001	Coût de production bocaux 500 g fraises	207 443,52	
932 002	Coût de production bocaux 1 kg fraises	118 385,28	
941 001	IP fraises		325 828,80
932 001	Coût de production bocaux 500 g fraises	192 292,01	
932 002	Coût de production bocaux 1 kg fraises	109 738,51	
941 002	IP sucre		302 030,52
932 001	Coût de production bocaux 500 g fraises	6 779,20	
932 002	Coût de production bocaux 1 kg fraises	3 868,80	
941 003	IP pectine		10 648,00
932 001	Coût de production bocaux 500 g fraises	77 960,80	
932 002	Coût de production bocaux 1 kg fraises	25 147,20	
942 001	IP bocaux vides 500 g		77 960,80
942 002	IP bocaux vides 1 kg		25 147,20
932 001	Coût de production bocaux 500 g fraises	228 798,00	
932 002	Coût de production bocaux 1 kg fraises	130 572,00	
927 001	Centre cuisson		279 510,00
927 002	Centre conditionnement		79 860,00

Stockage des produits finis

945 001	IP bocaux 500 g fraises	847 400,00	
945 002	IP bocaux 1 kg fraises	435 240,00	
932 001	Coût de production bocaux 500 g fraises		847 400,00
932 002	Coût de production bocaux 1 kg fraises		435 240,00

Détermination des coûts de revient et des résultats

951 001	Coût de revient bocaux 500 g fraises	10 247,00	
951 002	Coût de revient bocaux 1 kg fraises	3 830,00	
942 005	IP emballages carton		14 077,00

951 001	Coût de revient bocaux 500 g fraises	30 741,00	
951 002	Coût de revient bocaux 1 kg fraises	22 980,00	
928 000	Centre distribution		53 721,00

951 001	Coût de revient bocaux 500 g fraises	502 103,00	
951 002	Coût de revient bocaux 1 kg fraises	337 040,00	
945 001	IP bocaux 500 g fraises		502 103,00
945 002	IP bocaux 1 kg fraises		337 040,00

981 001	Résultat analytique bocaux 500 g fraises	543 091,00	
981 002	Résultat analytique bocaux 1 kg fraises	363 850,00	
951 001	Coût de revient bocaux 500 g fraises		543 091,00
952 002	Coût de revient bocaux 1 kg fraises		363 850,00

981 001	Résultat analytique bocaux 500 g fraises	235 681,00	
981 002	Résultat analytique bocaux 1 kg fraises	65 110,00	
980 000	Résultat analytique de la CAE		300 791,00

Dans la reprise des comptes, les ventes réfléchies ont été débitées et les résultats analytiques ont été crédités, d'où le résultat de la CAE de 300 791.

Si on devait rapprocher le résultat analytique d'exploitation de celui tiré de la comptabilité générale, il y aurait lieu de solder le compte n° 97 « différences de traitement comptable » par le compte n° 980 « résultat de la CAE » (débit ou crédit selon la position du compte n° 97).

Cas n° 3 – Bonchoco

La SA Bonchoco assure notamment la fabrication complète de biscuits fourrés et de chocolats.

Au mois de novembre N, le comptable s'intéresse au résultat analytique d'un des produits haut de gamme : le paquet de galettes fourrées au chocolat (GFC).

Le produit fini est constitué d'un paquet contenant 16 grosses galettes. Il est distribué aux grossistes et détaillants en cartons de 20 paquets ; il n'y a généralement en stock aucun carton prêt pour l'expédition.

Données relatives au mois de novembre N

1) Stocks

	31/10/N		30/11/N
Emballages	12 100	3 307,50 €	10 500 emballages
Paquets de galettes	10 500	48 000,00 €	9 900 paquets
Débris de galettes	2 080	7 693,00 €	1 135 kg
Encours de production		32 400,00 €	20 400,00 €

2) Achats

10 400 emballages valant 2 700 €.

3) Charges directes de production et de distribution

– ingrédients consommés (farine de froment, sucre, graisse végétale, sirop de glucose, poudre à lever, sel…) : 22 342 € ;

– main-d'œuvre directe de l'atelier de préparation : 110 heures à 80 €/h ;

– commissions sur ventes GFC (charges incluses) : 3 364,20 €.

4) Charges indirectes de production

400 unités d'œuvre du centre de préparation

60 unités d'œuvre du centre de cuisson

200 unités d'œuvre du centre d'empaquetage

5) Production et vente de la période

Production	192 000 GFC	
Ventes	12 600 paquets	85 050 €
Production débris galettes	1 055 kg	4 220 €
Ventes de débris	2 000 kg	15 200 €

– Les débris de galettes sont évalués, et leur valeur est déduite du coût de production.

Ces débris constituent un sous-produit conditionné par sac de 5 kg vendu aux collectivités.

Tableau de répartition des charges indirectes de Bonchoco

		Centres auxiliaires			Centres principaux					
Éléments	**Total**	**Gestion personnel**	**Gestion moyens**	**Autres prestations**	**Approvision-nement**	**Préparation**	**Cuisson**	**Empaquetage**	**Distribution**	**Administration générale**
Répartition 1re	540 000	27 000	55 500	38 000	17 740	159 720	170 100	14 500	49 036	8 404
Répart. centres auxiliaires										
– gest. personnel			15 %		10 %	45 %	5 %	5 %	10 %	10 %
– gest. moyens				10 %	10 %	30 %	10 %	15 %	10 %	15 %
– autres prest.					5 %	30 %	30 %	10 %	5 %	20 %
Totaux ®										
Nature de l'UO					100 € d'achats d'emballage	Heures MOD	Heures four	Heures machine	100 € ventes	100 € de coût de production
Nombre d'UO					11 440	9 995	2 000	1 460	29 950	28 800

® Ces totaux seront arrondis à la centaine d'euros la plus proche

Les coûts d'ensachage et de distribution sont quasi nuls (les clients viennent prendre livraison de ces débris selon les stocks disponibles).

– Les charges indirectes du centre d'administration générale s'imputent au niveau du coût de distribution.

Travail à faire

1) Terminer le tableau de répartition des charges indirectes, les unités d'œuvre de l'ensemble de l'usine sont portées sur le tableau, les unités d'œuvre concernant les galettes fourrées au chocolat figurent dans le paragraphe 4.

2) Etablir le coût d'acquisition des emballages et déterminer leur coût moyen unitaire pondéré.

3) Etablir le coût de production des GFC et le CMUP.

4) Déterminer le coût de revient des GFC vendues.

5) Déterminer les résultats analytiques des GFC et des débris de galettes.

Corrigé

1) Tableau de répartition des charges indirectes (page suivante)

2) Coût d'acquisition des emballages

Prix d'achat (10 400 unités) Charges indirectes 27 × 2,5	2 700 67,5
Total	2 767,5

Seules 27 unités d'œuvre sont imputées, le reste concerne les autres achats de Bonchoco relatifs à d'autres produits (chocolats...) ; la remarque vaut également pour les autres centres d'analyse.

Inventaire permanent

IP emballages

Libellé	Quantité	Montant	Libellé	Quantité	Montant
Stock initial Entrée	12 100 10 400	3 307,5 2 767,5	Sortie Stock final	12 000 10 500	3 240 2 835
Total	22 500	6 075,0	Total	22 500	6 075

CMUP = 6 075/22 500 = 0,27.

Tableau de répartition des charges indirectes

		Centres auxiliaires			Centres principaux					
Éléments	**Total**	**Gestion personnel**	**Gestion moyens**	**Autres prestations**	**Approvisionnement**	**Préparation**	**Cuisson**	**Empaquetage**	**Distribution**	**Administration générale**
Répartition 1re	540 000	27 000	55 500	38 000	17 740	159 720	170 100	14 500	49 036	8 404
Répart. centres auxiliaires										
– gest. personnel		– 27 000	4 050		2 700	12 150	1 350	1 350	2 700	2 700
– gest. moyens			– 59 550	5 955	5 955	17 865	5 955	8 932,5	5 955	8 932,5
– autres prest.				– 43 955	2 197,75	13 186,5	13 186,5	4 395,5	2 197,75	8 791
Répartition 2e		0	0	0	28 592,75	202 921,5	190 591,5	29 178	59 888,75	28 827,5
Arrondie					28 600	202 900	190 600	29 200	59 900	28 800
Nature de l'UO					100 € d'achats d'emballage	Heures MOD	Heures four	Heures machine	100 € ventes	100 € de coût de production
Nombre d'UO					11 440	9 995	2 000	1 460	29 950	28 800
Coût d'unité d'œuvre					2,5	20,3	95,3	20	2	1

3) Coût de production des galettes

Ingrédients consommés	22 342
Charges directes	
MOD	
110 × 80	8 800
Emballages	
12 000 × 0,27	3 240
Charges indirectes	
Préparation	
400 × 20,3	8 120
Cuisson	
60 × 95,3	5 718
Empaquetage	
200 × 20	4 000
+ En-cours de production initial	32 400
– En-cours de production final	– 20 400
Sous-total	64 220
A déduire déchets (1 055 kg)	– 4 220
Total	60 000

Bonchoco a produit 192 000 GFC pour un coût de 60 000 €.

Inventaire permanent

IP paquets de GFC

Libellé	Quantité	Montant	Libellé	Quantité	Montant
Stock initial	10 500	48 000	Sortie	12 600	60 480
Entrée	12 000	60 000	Stock final	9 900	47 520
Total	22 500	108 000	Total	22 500	108 000

CMUP = 108 000/22 500 = 4,8 €.

Il y a 16 gros gâteaux dans un paquet, il y a donc 12 000 paquets pour 192 000 GFC.

IP débris

Libellé	Quantité	Montant	Libellé	Quantité	Montant
Stock initial	2 080	7 693	Sortie	2 000	7 600
Entrée	1 055	4 220	Stock final	1 135	4 313
Total	3 135	11 913	Total	3 135	11 913

CMUP = 11 913/3 135 = 3,8

4) Coût de revient des GFC

Coût de production des GFC vendus 12600 × 4,8 (sortie d'IP) *Coût hors production* Commission VRP Charges indirectes de distribution 850,5 × 2 Charges indirectes d'administration 604,8 × 1	 60 480 3 364,2 1 701 604,8
Total	66 150
A l'unité	5,25 €

® Les charges indirectes du centre d'administration générale s'imputant au niveau du coût de distribution, il est logique de raisonner sur le coût de production des GFC vendus.

5) Résultats analytiques

	GFC haut de gamme	**Débris**
Prix de vente	85 050	15 200
Coût de revient	66 150	7 600
Résultat analytique	18 900	7 600
A l'unité	1,5 €	3,8 €

Cas n° 4 – Arghh

L'entreprise Arghh est en plein *brainstorming* : elle hésite à franchir le pas, en l'occurrence basculer de la méthode des coûts complets à la comptabilité à base d'activités. Par ailleurs, elle se demande si son produit standard (S_t) est aussi rentable et si la différenciation par la qualité avec son produit de luxe (L_u) coûte autant que semble le laisser apparaître la méthode des coûts complets.

Elle vous communique les informations comptables du mois de septembre N.

Les centres d'analyse principaux sont au nombre de trois : approvisionnement, fabrication et distribution.

Centres d'analyse principaux	**Approvisionnement**	**Fabrication**	**Distribution**
Total Répartition IIè	24 000	55 000	33 000
Unité d'œuvre	kg MP achetée	HMOD	1 € CA

Mademoiselle Pinup, directrice comptable fraîchement nommée, a construit la matrice activités/centres, à partir de cinq activités fondamentales : expédition/réception (1) ; maintenance (2) ; fabrication (3) ; contrôle (4) et relations avec l'environnement (5).

Coûts en euros des centres principaux	**Approvisionnement**	**Fabrication**	**Distribution ®**
Activité 1	14 000	5 000	10 000
Activité 2	1 000	2 000	0
Activité 3	0	40 000	0
Activité 4	3 000	8 000	12 000
Activité 5	6 000	0	11 000

® Le centre principal de distribution reçoit les produits finis du centre de fabrication et les expédie aux clients (activité 1) ; un contrôle de qualité avant emballage est effectué (activité 4) et bien évidemment le centre de distribution est en relation permanente avec les clients (activité 5).

Chaque activité peut être expliquée par les inducteurs suivants :

Matrice de liaisons activités/inducteurs	**HMOD**	**Nombre de fournisseurs**	**Nombre de produits**	**Nombre de clients**
Activité 1 : expédition/réception	10 %	20 %	30 %	40 %
Activité 2 : maintenance	30 %		70 %	
Activité 3 : fabrication	70 %		30 %	
Activité 4 : contrôle	30 %		60 %	10 %
Activité 5 : relations avec l'environnement		40 %	10 %	50 %

Madame Pinup a dénombré 9 fournisseurs (dont un considéré comme un partenaire à part entière pour le produit L_u), 800 produits S_t et 400 produits L_u fabriqués et vendus durant la période pour 16 clients (dont deux plus sensibles à la qualité du produit L_u).

L'entreprise Arghh a acheté durant la période, 10 000 kg de matières premières pour un prix d'achat de 145 €/kg : tout a été consommé (notamment 2 500 kg pour le produit S_t).

Les heures de main-d'œuvre directe (HMOD) se montent à 250 heures à un taux horaire de 76 €/h. dont 100 heures pour le produit L_u.

Le prix de vente unitaire de S_t est de 562,5 ; celui de L_u est de 3 000.

Travail à faire

1) Présenter, selon la méthode des coûts complets, les coûts de revient et les résultats des produits S_t et L_u (globalement et unitairement).

2) Présenter, selon une comptabilité à base d'activités, les coûts de revient et les résultats des produits S_t et L_u (globalement et unitairement).

3) Commenter les résultats obtenus.

Corrigé

1) Coûts de revient et résultats (globaux et unitaires) selon la méthode des coûts complets

Le tableau de répartition des charges indirectes du mois de septembre N est le suivant :

Centres d'analyse principaux	**Approv.**	**Fabrication**	**Distribution**	**Total**
Total Répartition IIè	24 000	55 000	33 000	112 000
Unité d'œuvre	kg MP achetée	HMOD	1 € de CA	
Nombre d'unités d'œuvre	10 000	250	1 650 000	
Coût d'unité d'œuvre	2,4	220	0,02	

® (800 × 562,5) + (400 × 3 000) = 1 650 000

Mademoiselle Pinup a dénombré 9 fournisseurs, 1 200 produits fabriqués (dont pour le produit S_t : 800 et pour le produit L_u : 400) et vendus durant la période pour 16 clients.

On en déduit le coût de revient du produit S_t et L_u ainsi que le résultat attendu :

	Produit S_t			**à l'unité**
Prix de vente	800 u.	562,50 €/u.	450 000	562,5
Prix d'achat matières premières	2 500 kg	145 €/kg	362 500	
Frais sur achat matières premières	2 500 U.O.	2,4	6 000	
Main-d'œuvre directe	150 heures	76 €/h.	11 400	
Frais sur fabrication	150 U.O.	220	33 000	
Frais de distribution	0,02 U.O.	450 000	9 000	
Coût de revient complet			421 900	527,375
Résultat analytique			28 100	35,125

	Produit L_u			à l'unité
Prix de vente	400 u.	3 000 €/u.	1 200 000	3 000
Prix d'achat matières premières	7 500 kg	145 €/kg	1 087 500	
Frais sur achat matières premières	7 500 U.O.	2,4	18 000	
Main-d'œuvre directe	100 h.	76 €/h	7 600	
Frais sur fabrication	100 U.O.	220	22 000	
Frais de distribution	0,02 U.O.	1 200 000	24 000	
Coût de revient complet			1 159 100	2 897,75
Résultat analytique			40900	102,25

Le résultat analytique global est de 69 000.

2) Coûts de revient et résultats (globaux et unitaires) selon la comptabilité à base d'activités

À partir de la matrice activités/centres élaborée par mademoiselle Pinup et celle relative à la part de chaque inducteur selon l'activité…

Ressources engagées (en euros)	**Approv.**	**Fabrication**	**Distribution**	**Total**
Activité 1	14 000	5 000	10 000	29 000
Activité 2	1 000	2 000	0	3 000
Activité 3	0	40 000	0	40 000
Activité 4	3 000	8 000	12 000	23 000
Activité 5	6 000	0	11 000	17 000
	24 000	55 000	33 000	112 000

… le coût de chacun des quatre inducteurs se détermine alors de la manière suivante :

Matrice de liaisons activités/inducteurs		**HMOD**	**Nombre de fournisseurs**	**Nombre de produits fabriqués**	**Nombre de clients**
Activité 1 :	29 000	2 900	5 800	8 700	11 600
Activité 2 :	3 000	900	0	2 100	0
Activité 3 :	40 000	28 000	0	12 000	0
Activité 4 :	23 000	6 900	0	13 800	2 300
Activité 5 :	17 000	0	6 800	1 700	8 500
Total :	112 000	38 700	12 600	38 300	22 400

Mademoiselle Pinup ayant dénombré 9 fournisseurs, 1 200 produits vendus à 16 clients, on peut alors aboutir au coût unitaire de chaque inducteur.

Inducteurs d'activité	**HMOD**	**Nombre de fournisseurs**	**Nombre de produits fabriqués**	**Nombre de clients**
Coût de l'inducteur	38 700	12 600	38 300	22 400
Volume de l'inducteur	250	9	1 200	16
Coût unitaire de l'inducteur	154,80	1 400	≈ 31,917	1 400

On en déduit le coût de revient du produit S_t et L_u ainsi que le résultat attendu :

	Produit S_t			**à l'unité**
Prix de vente	800 u.	562,5	450 000	562,5
Coût direct				
Prix d'achat MP	2 500 kg	145	362 500	
MOD	150 h.	76	11400	
Coût indirect ABC				
HMOD	150 u.	154,80	23 220	
Nombre de fournisseurs	8 u.	1 400	11 200	
Nombre de produits	800 u.	31,917	≈ 25 533,33	
Nombre de clients	14 u.	1 400	19 600	
Coût de revient			453 453,33	566,82
Résultat analytique			– 3 453,33	≈ – 4,32

	Produit L_u			à l'unité
Prix de vente	400 u.	3 000	1 200 000	3 000
Coût direct				
Prix d'achat MP	7 500 kg	145	1 087 500	
MOD	100 h.	76	7 600	
Coût indirect ABC				
HMOD	100 u.	154,80	15 480	
Nombre de fournisseurs	1 u.	1 400	1 400	
Nombre de produits	400 u.	31,917	≈ 12 766,67	
Nombre de clients	2 u.	1 400	2 800	
Coût de revient			1 127 546,67	≈ 2 818,87
Résultat analytique			72 453,33	181,13

® Pour le produit L_u, compte tenu du nombre plus faible de fournisseurs et clients, le coût relatif à l'activité « relation avec l'environnement » est moindre.

Le résultat analytique global est toujours de 69 000 € (= – 3 453,33 + 72 453,33).

3) Commentaires

L'entreprise Arghh « se demande si son produit standard (S_t) est aussi rentable et si la différenciation par la qualité avec son produit de luxe (L_u) coûte autant que semble le laisser apparaître la méthode des coûts complets ».

Comparatif N° 1	Coûts complets		Comptabilité ABC	
	Produits S_t	Produits L_u	Produits S_t	Produits L_u
Prix de vente	450 000	1 200 000	450 000	1 200 000
Coût de revient	421 900	1 159 100	453 453,33	1 127 546,67
dont coût indirect	*48 000*	*64 000*	*79 553,33*	*32 446,67*
Résultat analytique	28 100	40 900 *Σ : 69 000*	– 3 453,33	72 453,33 *Σ : 69 000*
Part du coût indirect	11,4 %	5,5 %	17,5 %	2,9 %
Variation du résultat			*– 112 %*	*+ 77 %*

Comparatif N° 2	Coûts complets		Comptabilité ABC	
	1 S_t	**1 L_u**	**1 S_t**	**1 L_u**
Prix de vente unitaire	562,50	3 000	562,50	3 000
Coût de revient unitaire *dont coût indirect unitaire*	527,375 *60*	2 897,75 *160*	566,82 *99,44*	2 818,87 *81,12*
Résultat analytique unitaire	35,125	102,25	– 4,32	181,13
Taux de marge	6,2 %	3,4 %	négatif	6,0 %

Avec la comptabilité à base d'activités, on se rend compte que le produit S_t n'est pas rentable étant donné que la part du coût indirect est de 17,5 % (au lieu de 11,4 %), d'où une chute abyssale du résultat de 112 %. En revanche, le produit L_u de par ses liens intimes avec le fournisseur et les clients voit sa part du coût indirect dans le coût total baisser à 2,9 % (au lieu de 5,5 %) entraînant un bond de 77 % du résultat analytique.

Cas n° 5 – Julien

La société Julien est une entreprise spécialisée dans la fabrication de flacons de parfum. Ce « flaconnier » français de grand renom travaille pour toute la parfumerie. Ainsi, parmi ses clients, figurent les noms des grands couturiers, des groupes de cosmétiques, des groupes pharmaceutiques… intervenant dans le domaine de la parfumerie de luxe. Mais, cette société propose également ses flacons à des parfumeurs peu connus.

Le marché du flacon comporte de plus en plus d'intervenants. Pour bien se positionner sur un marché concurrentiel, les parfumeurs hésitent entre une différenciation des produits et une domination par les coûts. Le coût d'un parfum se compose des éléments suivants : le « jus », le flacon, l'emballage et le nom. Mais le flacon semble être la principale cause d'augmentation des coûts. A ce titre, notre flaconnier est de plus en plus sollicité pour proposer simultanément des « flacons industriels », c'est-à-dire fabriqués en série, et des « flacons de luxe » satisfaisant des impératifs techniques drastiques.

Quelle activité doit-il privilégier ? la plus rentable ? la moins risquée ?

Aussi le responsable M. Smell fait-il appel à vous, en tant que spécialiste de la comptabilité analytique pour le conseiller.

Première partie : diagnostic de la comptabilité analytique (annexes 1, 2 et 3)

La société Julien doute de plus en plus de la pertinence de ses coûts de revient : actuellement, elle calcule un coût complet par modèle de flacon. Le montant des charges indirectes fixes de toute la société est réparti en fonction du temps de moulage d'un flacon.

Travail à faire

1) Calculer le coût complet unitaire et le résultat unitaire de chacun des quatre modèles proposés.

2) Commenter brièvement. La société doit-elle abandonner un modèle ?

Seconde partie : mise en place d'une comptabilité à base d'activités (annexes 1, 2, 3, 4 et 5)

En tant que comptable, vous considérez que la comptabilité analytique de cette société est beaucoup trop sommaire. Vous tentez de répartir les charges fixes indirectes différemment. Ce faisant, vous vous inspirez des réflexions de Porter relatives à la notion de « chaîne de valeur » : selon ce raisonnement, l'entreprise apparaît comme un « enchaînement d'activités

® d'après DECF.

aboutissant à un produit valorisable sur le marché ». C'est pourquoi, vous proposez une application de la comptabilité à base d'activités à M. Smell.

3) Calculer le coût des inducteurs sélectionnés.

4) Calculer le coût unitaire des 4 modèles de flacon selon cette comptabilité à base d'activités. Commentez brièvement.

5) Après avoir présenté, dans un premier temps, les principes de la comptabilité à base d'activités à M. Smell et corrigé, dans un second temps, la première méthode utilisée, vous comparerez les deux approches.

Annexe 1 : analyse du processus de fabrication des flacons

Les flacons industriels

De manière générale, le verre est obtenu à partir des substances de base suivantes : silice, chaux, potasse, soude. Il est possible d'ajouter, à ces substances de base, différents composants spéciaux, selon un dosage savamment calculé, pour personnaliser le verre (coloration, luminosité, indice de réfraction…). Cette composition (substances de base et composants spéciaux) appelée « pâte de verre » est déposée dans un immense four où la température est portée à plus de 1000 °C. La pâte en fusion est ensuite déversée vers les lignes de moulage des flacons. A l'issue du moulage, les flacons sont alignés automatiquement sur un tapis roulant, progressivement refroidis, et polis avant d'être expédiés.

Les flacons de luxe

Les flacons de luxe, quant à eux, sont fabriqués de manière plus artisanale. La composition de la « pâte de verre » nécessite les mêmes composants. Néanmoins, ce mélange est préparé, de manière plus rigoureuse, en très petit volume et il fait l'objet de nombreux tests. Cette composition est alors déposée dans des petits fours en terre. Un artisan verrier prélève une partie de ce mélange en fusion pour le déposer dans un moule. Le moule est nettoyé après chaque flacon. Les flacons sont refroidis pendant trois heures. Un contrôle manuel, visant à repérer la moindre aspérité et la résistance du verre, est effectué sur chaque flacon. Puis intervient un polissage. La dernière étape, spécifique à certains flacons de luxe, est l'impression d'un « chromo » (gravure) sur le verre.

Annexe 2 : analyse de la production de la période

Volume de production

La société Julien propose, pour la période étudiée, quatre modèles de flacon : Lavande, Myosotis, Jasmin et Œillet.

Les modèles Lavande et Myosotis sont totalement conçus, fabriqués et distribués par la société Julien. Ils sont proposés à tous les parfumeurs. Compte tenu du nombre de concurrents, la société aligne ses prix sur ceux du marché.

Les modèles Jasmin et Œillet, quant à eux, appartiennent à la catégorie « flacons de luxe ». A ce titre, ils sont conçus en étroite collaboration avec les « designers » des parfumeurs. Ils sont fabriqués sur commande. La société fixe son prix de vente de manière unilatérale en fonction du coût de revient.

Modèle Lavande :	4 lots de 25 000 flacons 3 lots de 100 000 flacons 4 lots de 50 000 flacons
Modèle Myosotis :	10 lots de 5 000 flacons 15 lots de 8 000 flacons 10 lots de 13 000 flacons
Modèle Jasmin :	10 lots de 500 flacons 10 lots de 1 000 flacons 50 lots de 1 500 flacons 5 lots de 2 000 flacons
Modèle Œillet :	100 lots de 100 flacons 50 lots de 200 flacons 25 lots de 400 flacons 2 lots de 500 flacons 180 lots de 50 flacons

Pour simplifier, nous considérerons que tous les flacons produits présentent les mêmes dimensions.

Analyse d'un flacon

	Lavande	**Myosotis**	**Jasmin**	**Œillet**
Composants de base :				
Silice	1 unité	1 unité	1 unité	1 unité
Chaux	1 unité	1 unité	1 unité	1 unité
Soude	1 unité	1 unité	1 unité	1 unité
Composants spéciaux :				
Sélénium	0 unité	0 unité	0 unité	1 unité
Silicate de plomb	0 unité	0 unité	0 unité	1 unité
Oxyde de fer	0 unité	0 unité	1 unité	0 unité
Oxyde de cuivre	0 unité	1 unité	0 unité	0 unité
Oxyde de cobalt	0 unité	0 unité	1 unité	0 unité
Potasse	0 unité	0 unité	1 unité	1 unité
Produits sous-traités :				
Bouchon Lavande	1	0	0	0
Bouchon Myosotis	0	1	0	0
Chromo	0	0	0	1
Temps de moulage en minutes	4 minutes	5 minutes	8 minutes	18 minutes

Coût d'un flacon

	Lavande	**Myosotis**	**Jasmin**	**Œillet**
Composants de base :				
Silice, soude, chaux	3 €	3 €	3 €	3 €
Composants spéciaux :				
Sélénium	0	0	0	1 €
Silicate de plomb	0	0	0	5 €
Oxyde de fer	0	0	0,50 €	0
Oxyde de cuivre	0	1 €	0	0
Oxyde de cobalt	0	0	1 €	0
Potasse	0	0	1 €	1 €
Produits sous-traités :				
Bouchon	0,50 €	0,60 €	0	0
Chromo	0	0	0	5 €

Prix de vente du flacon observé sur la période

	Lavande	**Myosotis**	**Jasmin**	**Œillet**
Prix de vente	8 €	13 €	55 €	150 €

Annexe 3 : Analyse des charges indirectes fixes de la société

Approvisionnement	1 872 000 €
Études	4 212 000 €
Fusion, moulage	3 276 000 €
Polissage, finition	1 872 000 €
Expédition, administration	1 248 000 €

Annexe 4 : Analyse des activités

	Activités	Coût en euros
Approvisionnement	Études des marchés ®	748 800
	Gestion des sous-traitants	561 600
	Réception	561 600
Études	Conception, étude	2 320 000
	Ordonnancement	1 892 000
Fusion, moulage	Fusion industrielle	442 000
	Moulage industriel	500 000
	Maintenance industrielle	150 000
	Fusion artisanale	600 000
	Moulage artisanal	900 000
	Maintenance artisanale	684 000
Polissage, finition	Polissage industriel	600 000
	Polissage manuel	424 000
	Contrôle manuel	424 000
	Impression du chromo	424 000
Expédition, administration	Expédition	624 000
	Administration	624 000

® : fournisseurs de composants et sous-traitants

Annexe 5 : Inducteurs de coûts sélectionnés

Activités	Facteurs explicatifs retenus
Études des marchés	Nombre de références
Gestion des sous-traitants	Nombre de références
Réception	Nombre de références
Conception, étude	Nombre de modèles
Ordonnancement	Nombre de lots
Fusion industrielle	Nombre de lots industriels
Moulage industriel	Nombre de lots industriels
Maintenance industrielle	Nombre de lots industriels
Fusion artisanale	Nombre de flacons de luxe
Moulage artisanal	Nombre de flacons de luxe
Maintenance artisanale	Nombre de flacons de luxe
Polissage industriel	Nombre de flacons industriels
Polissage manuel	Nombre de flacons de luxe
Contrôle manuel	Nombre de flacons de luxe
Impression du chromo	Nombre de flacons de luxe
Expédition ®	« Coût ajouté » aux flacons
Administration ®	« Coût ajouté » aux flacons

® : les charges d'expédition et d'administration seront réparties de manière plus conventionnelle, en fonction des coûts ajoutés aux flacons par la société Julien (hors coûts directs et hors frais d'expédition-administration).

Corrigé

1) Coût complet unitaire et résultat unitaire des quatre modèles de flacons

À partir de l'annexe 3, on peut écrire que le montant total des charges indirectes fixes s'élève à : 12 480 000 €.

Par ailleurs, l'annexe 1 nous donne le nombre de flacons ainsi que le temps de moulage en minutes par flacons d'où :

		Temps de moulage
Modèle Lavande :	4 lots de 25 000 flacons 3 lots de 100 000 flacons 4 lots de 50 000 flacons Total : 600 000	4 minutes 600 000 u. × 4 = 2 400 000 minutes
Modèle Myosotis :	10 lots de 5 000 flacons 15 lots de 8 000 flacons 10 lots de 13 000 flacons Total : 300 000	5 minutes 300 000 u. × 5 = 1 500 000 minutes
Modèle Jasmin :	10 lots de 500 flacons 10 lots de 1000 flacons 50 lots de 1500 flacons 5 lots de 2000 flacons Total : 100 000	8 minutes 100 000 u. × 8 = 800 000 minutes
Modèle Œillet :	100 lots de 100 flacons 50 lots de 200 flacons 25 lots de 400 flacons 2 lots de 500 flacons 180 lots de 50 flacons Total : 40 000	18 minutes 40000 u. × 18 = 720 000 minutes
		Total = 5 420 000 minutes

Sachant que « le montant des charges indirectes fixes de toute la société est réparti en fonction du temps de moulage d'un flacon », on en déduit un coût d'unité d'œuvre qui s'élève à : 12 480 000/5 420 000 ≈ 2,30258 €.

On peut alors présenter le coût complet unitaire et le résultat unitaire des quatre modèles de flacons :

	Lavande	Myosotis	Jasmin	Œillet
Prix de vente unitaire	8	13	55	150
Coût direct unitaire ①	*3,5*	*4,6*	*5,5*	*15*
Coût indirect unitaire ②	*9,21*	*11,51*	*18,42*	*41,45*
Coût de revient unitaire	12,71	16,11	23,92	56,45
Résultat unitaire	– 4,71	– 3,11	31,08	93,55

① : le coût direct unitaire d'un flacon est donné par l'annexe 2 - le coût d'un flacon (par exemple, pour le modèle Lavande, on trouve un coût direct unitaire de : 3 + 0,5 = 3,5).
② : le coût indirect unitaire est le produit du nombre d'unités d'œuvre (nombre de minutes de moulage par modèle) multiplié par le coût d'unité d'œuvre, soit pour le modèle Lavande : 4 minutes × 2,30258 ≈ 9,21).

2) Commentaires. La société doit-elle abandonner un modèle ?

Lavande	Myosotis	Jasmin	Œillet
– 4,71 × 600 000 = – 2 826 000	– 3,11 × 300 000 = – 933 000	31,08 × 100 000 = 3 108 000	93,55 × 40 000 = 3 742 000

La société Julien dégage un résultat global bénéficiaire de 3 091 000, soit environ 15 % du prix de vente. Le résultat des flacons industriels Lavande et Myosotis est négatif notamment en raison du fait que la société Julien aligne ses prix de vente unitaire sur ceux du marché, compte tenu du nombre de concurrents. Comparativement, les coûts de revient unitaire paraissent élevés mais sont-ils réellement pertinents ?

Les flacons de luxe enregistrent un résultat unitaire très élevé (respectivement : 56,5 % par rapport au prix de vente unitaire et 62,4 %) car la « société fixe son prix de vente de manière unilatérale en fonction du coût de revient ».

En définitive, au regard de cette analyse, il conviendrait de privilégier l'activité des flacons de luxe mais faut-il pour autant abandonner les flacons industriels ?

La technique du *direct costing* permet de répondre à cette question puisque les coûts directs unitaires sont variables et la totalité des charges indirectes est fixe.

	Lavande	Myosotis	Jasmin	Œillet
Prix de vente	8	13	55	150
Coût variable unitaire	3,5	4,6	5,5	15
Marge sur coût variable unitaire	4,5	8,4	49,5	135

Chaque modèle de flacon présente une marge sur coût variable unitaire positive, donc chaque modèle contribue à la couverture des charges fixes. La production et la vente de chacun des modèles peuvent être maintenues. La répartition des charges indirectes basée uniquement sur le temps de moulage est-elle pertinente ? (voir *infra* 5).

3) Calcul du coût des inducteurs

On peut construire le tableau du coût des inducteurs (voir page 202).
On remarque que l'inducteur « gestion des références » se rapporte en totalité au centre principal « approvisionnement » ; celui intitulé « coût ajouté » au centre principal « expédition, administration ».
① : le nombre de composants de base est de 3 ; celui des composants spéciaux est de 6 ; celui des produits sous-traités est de 3 (voir annexe 2, analyse d'un flacon) ; soit un total de 12 ;

② : le nombre de modèles de flacons est de 4 (Lavande, Myosotis, Jasmin, Œillet) ;

③ : le nombre de lots est donné par l'annexe 2 (volume de production) : 4 + 3 + 4 + 10 + 15 + 10 + 10 + 10 + 50 + 5 + 100 + 50 + 25 + 2 + 180 = 478;

④ : le nombre de lots industriels est de : 11 + 35 = 46 ;

⑤ : le nombre de flacons industriels fabriqués est de : ((4 × 25 000) + (3 × 100 000) + (4 × 50 000)) + (10 × 5 000) + (15 × 8 000) + (10 × 13 000)) = 900 000 ;

⑥ : le nombre de flacons de luxe est de : 5 000 + 10 000 + 75 000 + 10 000 + 10 000 + 10 000 + 10 000 + 1 000 + 9 000 = 140 000 ;

⑦ : les coûts hors directs et hors expédition, administration sont les coûts constitués des charges indirectes des centres approvisionnement, études, fusion et moulage, polissage et finition : 1 872 000 + 4 212 000 + 3 276 000 + 1 872 000 = 11 232 000.

L'annexe 4 indique les activités des cinq centres d'analyse principaux que sont : approvisionnement, études, fusion et moulage, polissage et finition, expédition et administration. L'annexe 5 précise les facteurs explicatifs (ou inducteurs) retenus pour chacune des huit activités.

Inducteurs	Activités	Coût total	Volume de l'inducteur	Coût unitaire de l'inducteur
Gestion des références	Étude des marchés Gestion des sous-traitants Réception	748 800 561 600 561 600 1 872 000	12 ①	1 872 000/12 = 156 000
Gestion des modèles	Conception, étude	2 320 000	4 ②	2 320 000/4 = 580 000
Gestion des lots	Ordonnancement	1 892 000	478 ③	1 892 000/4 ≈ 3 958,16
Gestion des lots industriels	Fusion industrielle Moulage industriel Maintenance industrielle	442 000 500 000 150 000 1 092 000	46 ④	1 092 000/46 ≈ 23 739,13
Gestion des flacons industriels	Polissage industriel	600 000	900 000 ⑤	600 000/900 000 ≈ 0,67
Gestion des flacons de luxe	Fusion artisanale Moulage artisanal Maintenance artisanale Polissage manuel Contrôle manuel Impression du chromo	600 000 900 000 684 000 424 000 424 000 424 000 3 456 000	140 000 ⑥	3 456 000/140 000 ≈ 24,69
Coût ajouté	Expédition Administration	624 000 624 000 1 248 000	11 232 000 ⑦	1 248 000/11 232 000 ≈ 0,11
	Coût total des inducteurs = Coût total des charges indirectes	12 480 000		

4) Calculs des coûts de revient unitaires des 4 modèles de flacon selon la comptabilité à base d'activités (ABC). Commentaires.

À partir du coût direct unitaire par modèle de flacon (annexe 2, coût d'un flacon) ainsi que du coût unitaire par inducteur, on peut en déduire le coût de revient unitaire élaboré à partir de la comptabilité à base d'activités.

	Lavande	**Myosotis**	**Jasmin**	**Œillet**
Coût direct unitaire	3,5	4,6	5,5	15
Coût indirect ABC unitaire				
– gestion des références ①	3 × 0,15	3 × 0,15	3 × 0,15	3 × 0,15
	0,26	0,52 + 0,52	1,56 + 1,56	3,9 + 3,9
			+ 1,11	+ 1,11 + 3,9
– gestion des modèles ②	0,967	1,933	5,800	14,500
– gestion des lots ③	0,073	0,462	2,969	35,327
– gestion des lots industriels ④	0,435	2,770		
– gestion des flacons industriels ⑤	0,667	0,667		
– gestion des flacons de luxe ⑥			24,686	24,686
– gestion du coût ajouté ⑦	0,317	0,813	4,233	9,743
	3,169	8,135	42,368	97,516
Coût total unitaire	6,669	12,735	47,868	112,516

① : le coût de chaque référence (soit 156 000) est réparti en fonction des quantités de composants de base, de composants spéciaux et de produits sous-traités consommés.

	Quantités consommées	**Coût par référence**
Silice	1 040 000	0,15
Chaux	1 040 000	0,15
Soude	1 040 000	0,15
Sélénium	40 000	3,9
Silicate de plomb	40 000	3,9
Oxyde de fer	100 000	1,56
Oxyde de cuivre	300 000	0,52
Oxyde de cobalt	100 000	1,56
Potasse	140 000	≈ 1,11
Bouchon Lavande	600 000	0,26
Bouchon Myosotis	300 000	0,52
Chromo	40 000	3,9

La quantité est le nombre de flacons nécessitant la référence concernée ; ainsi le nombre total de flacons fabriqués : 600 000 + 300 000 + 100 000 + 40 000 = 1 040 000 ; on en déduit le coût par référence, 156 000/1 040 000 = 0,15 ; et respectivement : 156 000/40 000 = 3,9 ; 156 000/100 000 = 1,56 ; 156 000/300 000 = 0,52 ; 156 000/600 000 = 0,26.

② : le coût unitaire de l'inducteur de 580 000 est à diviser par le nombre de modèles de flacons concernés ; par exemple pour le modèle Lavande, on obtient : 580 000/600 000 ≈ 0,967 et respectivement : 580 000/300 000 ≈ 1,933 ; 580 000/100 000 = 5,8 et 580 000/40 000 = 14,5.

③ : le coût unitaire de l'inducteur de 3 958,16 est à diviser par le nombre de modèles de flacons tout en tenant compte du nombre de lots par modèle de flacon ; par exemple pour le modèle Lavande, on obtient :

$\frac{3\,958,16 \times 11 \text{ lots}}{600\,000} \approx 0,073$; et respectivement :

$$\frac{3\,958,16 \times 35 \text{ lots}}{300\,000} \approx 0,462 \;;\; 2,969 \text{ et } 35,327.$$

④ : le coût unitaire de l'inducteur de 23 739,13 est à diviser par le nombre de modèles de flacons tout en tenant compte du nombre de lots industriels par modèle de flacon ; par exemple pour le modèle Lavande, on obtient : $\frac{23\,739,13 \times 11 \text{ lots}}{600\,000} \approx 0,435$ et pour le modèle Myosostis :

$\frac{23\,739,13 \times 35 \text{ lots}}{300\,000} \approx 2,770.$

⑤ : le coût unitaire de l'inducteur est de : 600 000/900 000 ≈ 0,667.

⑥ : le coût unitaire de l'inducteur est de : 3 456 000/140 000 ≈ 24,686.

⑦ : le coût unitaire de l'inducteur pour un flacon de Lavande se détermine ainsi : on repart des coûts indirects ABC unitaires précédents, c'est-à-dire : (3 × 0,15) + 0,26 + 0,967 + 0,073 + 0,435 + 0,667 = 2,852 puis on impute par flacon le nombre d'unités (2,852) multiplié par le coût unitaire de l'inducteur (0,111) ≈ 0,317 ; et respectivement : 0,813 ; 4,233 et 9,743.

On peut alors présenter le résultat ABC unitaire des quatre modèles de flacons :

	Lavande	**Myosotis**	**Jasmin**	**Œillet**
Prix de vente unitaire	8	13	55	150
Coût de revient ABC unitaire	6,669	12,735	47,868	112,516
Résultat ABC unitaire	1,331	0,265	7,132	37,484
Taux de marge	16,6 %	2,0 %	13,0 %	25,0 %

Lavande	**Myosotis**	**Jasmin**	**Œillet**
1,331 × 600 000 = 798 600	0,265 × 300 000 = 79 500	7,132 × 100 000 = 713 200	37,484 × 40 000 = 1 499 360

La société Julien dégage à nouveau un résultat global bénéficiaire de 3 090 660 (≈ 3 091 000), soit environ 15 % du prix de chiffre d'affaires. Toutefois, la répartition est complètement différente : les flacons industriels voient leur coût diminuer de 48 % et de 21 % ; les flacons de luxe voient leur coût augmenter de 100 % et de 99 %.

5) Principes de la comptabilité ABC et comparaisons coûts complets/comptabilité ABC

« La comptabilité à base d'activités approfondit essentiellement l'analyse des frais généraux (ou charges indirectes) de plus en plus élevés pour les entreprises (...). L'analyse de ces frais généraux montre que ce sont les activités qui consomment des ressources et qu'à la limite ces coûts sont variables : en effet, tous ces coûts sont fixes jusqu'à ce que le « patron » se fâche ; dès lors ils deviennent tous variables. Les frais généraux ne sont plus imputés d'après le volume des produits finis mais répartis en fonction de leur véritable cause ou activité.

L'activité est considérée comme un « faire réel », c'est-à-dire qu'on se focalise sur l'*output* principal et le client de l'activité et sur l'unité d'œuvre mesurant le volume l'activité (...). Cette dernière constitue une pièce du puzzle, mais bien évidemment, aucune pièce n'est isolée au sein de l'entreprise : les activités se combinent en séquences ou en réseaux d'activités dotées d'une finalité commune : la survie de l'entreprise.

Les produits causent les activités, les activités causent les coûts : il y a inversion de la logique comptable traditionnelle puisqu'on part des produits pour arriver aux coûts *via* les activités.

Mettre en place une comptabilité à base d'activités signifie que les charges de l'entreprise sont saisies sur la base des activités et lorsqu'une activité est commune à plusieurs départements fonctionnels ou à plusieurs divisions produits, la charge sera saisie pour l'activité au sein de chaque département ou division (...). Pour calculer le coût unitaire d'une activité, il suffit de diviser son coût global sur une période donnée par le nombre d'unités d'œuvre ; soit presque toujours un « volume », comme le nombre d'heures d'utilisation de l'outil informatique.

En définitive, la comptabilité à base d'activités vise à répondre à la question : « pourquoi les coûts ont-ils été engagés ? », alors que la méthode comptable traditionnelle consiste plutôt à répondre à la question : « où les coûts sont-ils engagés ? » L'approche ABC est analogue à celle du lieutenant Colombo qui chercherait à déterminer les raisons d'un crime alors que l'approche traditionnelle de la police locale consisterait plutôt à déterminer l'endroit où il a été commis (...). ®

Dans le cas présent, une répartition des charges indirectes en fonction des consommation des différentes ressources est plus pertinente ; ainsi les frais d'études et de conception résultent du nombre de modèles. La comptabilité ABC permet de distinguer deux types de production : celle des flacons industriels et celle des flacons de luxe ; tout en prenant en considération la complexité des produits.

Dans l'ancien système, la répartition des charges indirectes se fait sur la base d'une seule unité d'œuvre : le temps de moulage ; aussi les flacons

® *Source :* Patrick Piget, « Comptabilité analytique » in *Encyclopédie de gestion* sous la dir. de Y. Simon et P. Joffre, 2 éd., Economica, 1997.

industriels (2 400 000 et 1 500 000 minutes ; poids de 72 %) subventionnent-ils les flacons de luxe (800 000 et 720 000 minutes ; poids de 28 %).

Notons que le coût calculé initialement est une catégorie de coûts complets se rapprochant plus de la méthode du coefficient global d'imputation (ou du taux unique d'absorption) que des coûts complets au sens strict.

En effet, la société Julien a totalisé en bloc les charges indirectes de la période et a calculé un coefficient global d'imputation indifférencié qui sert d'instrument de répartition des charges indirectes entre les différents flacons, avec pratiquement,

$$k = \frac{\text{total des charges indirectes}}{\text{temps de moulage}} \approx 2,30258$$

k conduit à répartir la masse des charges indirectes proportionnellement aux temps de moulage.

Si on avait utilisé une unité d'œuvre différente pour chacun des centres principaux, le résultat aurait été différent au niveau du coût unitaire.

		Lavande	Myosotis	Jasmin	Œillet
Coût direct		2 100 000	1 380 000	550 000	1 500 000
Coût indirect					
Total centre	1 872 000	qu. conso.			
Nbre d'UO	4 780 000	2 400 000	1 500 000	600 000	280 000
c/appro	0,391631799	939 916,32	587 447,70	234 979,08	109 656,90
Total centre	4 212 000	nbre lots			
Nbre d'UO	478	11	35	75	357
c/études	8 811,715481	96 928,87	308 410,04	660 878,66	3 145 782,43
Total centre	3 276 000	nbre lots			
Nbre d'UO	478	11	35	75	357
c/finition	6 853,556485	75 389,12	239 874,48	514 016,74	2 446 719,66
Total centre	1 872 000	nbre flacons			
Nbre d'UO	1 040 000	600 000	300 000	100 000	40000
c/polissage	1,8	1 080 000	540 000	180 000	72000
Total centre	1 248 000	CA			
Nbre d'UO	20 200 000	4 800 000	3 900 000	5 500 000	6 000 000
c/exp	0,061782178	296 554,45	240 950,50	339 801,98	370 693,07
Total CI	12 480 000	2 488 788,76	1 916 682,72	1 929 676,46	6 144 852,06
Coût total		4 588 788,76	3 296 682,72	2 479 676,46	7 644 852,06
Coût unitaire coûts complets		7,65	10,99	24,80	191,12
Coût unitaire « k »		12,72	16,11	23,92	93,55
Coût unitaire ABC		6,669	12,735	47,868	112,516

Selon l'approche analytique utilisée, le coût unitaire d'un flacon est différent car l'architecture de coûts est différente. Toutefois, la complexité d'élaboration d'un flacon et la non-homogénéité de l'activité de chaque centre principal donnent en termes de pouvoir explicatif un avantage à la comptabilité à base d'activités.

Cas n° 6 – Electronix

La société Electronix est une entreprise industrielle, de taille moyenne, qui fabrique et vend des tubes électroniques, que l'on peut classer en deux catégories distinctes :

- des tubes X, de forte puissance à usage industriel ;
- des tubes Y, d'usage courant.

Chaque catégorie de tubes comporte des modèles d'intensités et de dimensions diverses, mais on ne prendra en considération dans cette étude qu'un seul tube par type, représentatif de la moyenne des tubes de sa catégorie.

Le processus de fabrication comporte quatre stades :

• Le stade « Coupe »,

stade essentiellement manuel, comportant un certain nombre de postes identiques, avec un ouvrier qualifié par poste et un outillage à main très simple, d'une valeur d'origine de 1 000 € par poste et amortissable selon le système linéaire sur cinq ans.

• Le stade « Montage »,

stade également manuel, comportant un plus grand nombre de postes identiques, avec un ouvrier qualifié par poste utilisant un outillage très simple, d'une valeur d'origine de 500 € (amortissement linéaire sur cinq ans).

• Le stade « Vide-fermeture »,

stade fortement mécanisé, comportant deux machines automatiques, chacune d'elles servie par deux ouvriers qualifiés ; la valeur d'origine d'une machine est de 25 000 € (amortissement linéaire sur cinq ans).

• Le stade « Conditionnement »,

stade purement manuel relatif à l'emballage des tubes (conditionnement en carton).

Les gammes d'opérations sont les suivantes (il s'agit des temps d'emploi ou de marche exprimés en minutes et centièmes de minutes) :

	1 tube X	1 tube Y
1. Coupe	0,50	0,40
2. Montage	9,50	3,50
3. Vide-fermeture	0,09	0,06
4. Conditionnement	0,10	0,10

® d'après DECF.

Le taux d'emploi des postes manuels (coupe, montage et conditionnement) est de 90 % du temps de présence.

Le taux d'emploi du poste « Vide-Fermeture » est de 80 % du temps de présence ; compte tenu des congés payés, des jours fériés et chômés, on estime le temps de présence à 45 semaines de 39 heures.

Les coûts de sortie des magasins des matières premières et fournitures consommées sont estimés à : 3 € pour un tube X ; 1 € pour un tube Y.

Les coûts de sortie des emballages utilisés sont estimés à : 0,45 € pour un tube X ; 0,25 € pour un tube Y.

Le coût de l'énergie utilisée par les machines à l'atelier « Vide-Fermeture » est évalué à 20 € par heure d'emploi.

Les coûts de la main-d'œuvre se présentent ainsi :

– taux horaire des ouvriers qualifiés : 50 € par heure de présence ;

– taux horaire des manutentionnaires du stade « Conditionnement » : 37,50 € par heure de présence.

On peut estimer que l'ensemble des charges sociales et fiscales proportionnelles s'élève à 50 % du montant des salaires bruts.

Travail à faire

1) Si l'entreprise fabrique et vend, durant l'année N, 200 000 tubes X, déterminer le nombre de tubes Y susceptibles d'être fabriqués et vendus pendant cette même année, en supposant que les capacités de production des postes manuels ne sont pas limitées.

2) Déterminer le nombre de postes manuels nécessaires aux stades de la Coupe, du Montage et du Conditionnement.

3) Évaluer le volume de la sous-activité structurelle par rapport au temps d'emploi à chacun des stades où elle existe.

4) Déterminer le coût de l'heure d'emploi toutes charges comprises, aux différents stades de la fabrication.

5) Calculer le coût de la sous-activité, définie en 2) des stades « Coupe », « Montage » et « Conditionnement ».

6) Déterminer les coûts de production, total et unitaire, par catégorie de tubes conditionnés.

Corrigé

Il est indiqué que les capacités de production des postes manuels ne sont pas limitées, ce qui implique que le poste fortement mécanisé, à savoir « Vide-Fermeture », est limité. Nous allons donc déterminer le potentiel d'activité de ce département qui est le goulot d'étranglement de la production.

1) Potentiel d'activité du département « Vide-fermeture »

Nombre d'heures de marche : 2 ouvriers × 39 heures × 45 semaines × 80 % de temps de présence ® = 2 808 heures
Temps nécessaire à la fabrication de 200 000 tubes : 200 000 tubes × 0,09/60 (temps d'emploi en minutes) = 300 heures
Temps restant pour les autres fabrications (tubes Y) 2 808 – 300 = 2 508 heures
Quantité possible : 2 508 heures × 60/0,06 ® = 2 508 000 tubes Y
Temps d'emploi d'un poste manuel : = 39 heures × 45 semaines × 90 % du temps de présence = 1 579,50 heures soit : 94 770 minutes.

® On peut noter que : 39 heures/semaine × 45 semaines/an donne : 1 755 heures de présence et que : 155 heures × 80 % donne : 1 404 heures de marche.

Par ailleurs, il faut 0,06/60 minutes pour faire un tube et en conséquence avec 2 508 heures, on peut fabriquer x tubes d'où 0,06/60 × x = 2 508 et donc x = 2 508 × 60/0,06 = 2 508 000 tubes Y.

2) Détermination des nombres de postes manuels nécessaires.

Les contraintes de fabrication sont de 200 000 tubes X et 2 508 000 tubes Y.

Sachant que le temps d'emploi d'un poste manuel est de 94 770 minutes, on peut dire que :

– pour la Coupe : (200 000 × 0,50) + (2 508 000 × 0,40) = 1 103 200 minutes soit 1 103 200/94 770 = 11,6 c'est-à-dire *12 postes.*

– pour le Montage : (200 000 × 9,50) + (2 508 000 × 3,50) = 10 678 000 minutes soit 10 678 000/94 770 = 112,7 soit *113 postes.*

– pour le Conditionnement : (200 000 × 0,10) + (2 508 000 × 0,10) = 270 800 minutes soit 270 800/94 770 = 2,9 soit *3 postes.*

3) Sachant qu'un ouvrier ne peut se compter qu'en unité entière, et sachant qu'il a été pris le nombre de postes immédiatement supérieur à celui déterminé par le calcul, on peut alors générer une sous-activité structurelle.

Départements	Capacité d'activité	Temps nécessaire pour la production prévue	Sous-activité structurelle
Coupe	94770 × 12 = 1 137 240 min. soit : 18 954 heures	1 103 200 min soit : 18 386,67 heures	34040 min soit : 567,33 heures
Montage	94770 × 113 = 1 070 900 min soit : 178 483,50 heures	10 678 000 min soit : 177 966,67 heures	31010 min soit : 516,83 heures
Conditionnement	94770 × 3 = 284 310 min soit : 4 738,50 heures	270 800 min soit : 4 513,33 heures	13510 min soit : 225,17 heures
	Volume total de la sous-activité : 1 309,33 heures de marche		

4) Coût de l'heure d'emploi, toutes charges comprises aux différents stades

Le coût de l'heure d'emploi correspond au coût de production de l'atelier ou du département ; il s'agit ici de faire intervenir les diverses charges communiquées dans le texte.

Il y a lieu de noter que l'activité réelle est inférieure à l'activité (normale) que l'on pourrait théoriquement atteindre, et que le coût du chômage ou de la sous-activité est constitué par cet écart. Il s'agit effectivement d'une sous-activité structurelle et non conjoncturelle ; la structure n'est pas pleinement utilisée. Il faut également noter que toutes les charges énoncées sont fixes.

Éléments	Coupe	Montage	Vide-fermeture	Conditionnement
Charges de personnel	1 825 200	17 187 300	608 400	342 225
Amortissements	2 400	11300	10000	
Énergie			56160	
Total	1 827 600	17 198 600	674 560	342 225
Activité normale	18954 h.	178 483,50 h.	2 808 h.	4 738,50 h.
Coût de l'heure d'emploi	96,42	96,36	240,23	72,22
Activité réelle	18387 h.	177 967 h.	2 808 h.	4 513 h.
Heures de sous-activité	567 h.	517 h.	0	225 h.

Les congés payés sont « payés » et en conséquence, les charges de personnel sont calculées sur 52 semaines. Par exemple, pour la Coupe, il faut raisonner comme suit :

– charges de personnel = 12 postes × 39 heures × 52 semaines × 50 €/h × 1,5 (charges sociales) = 1 825 200 ;

– amortissements = 12 (postes) × 1 000 (valeur brute)/5 (années) = 2 400 ;

– coût de l'heure d'emploi = 1 827 600 (total des charges fixes)/ 18 954 (activité normale) ≈ 96,42 €/h ;

– coût horaire avec imputation rationnelle = 1 827 600/18 387 (activité réelle) ≈ 99,40 €/h.

5) Coût de la sous-activité structurelle

Coupe	567 heures × 96,42 €/h	= 54 670
Montage	517 heures × 96,36 €/h	= 49 818
Conditionnement	225 heures × 72,22 €/h	= 16 250
Total		= 120 738

6) Coûts de production des tubes conditionnés

Éléments	**Tubes X**		**Tubes Y**	
Charges directes				
• Matières fournitures		3,000		1,000
• Emballages		0,450		0,250
Charges indirectes				
• Coupe	0,50/60 × 96,42	0,804	0,40/60 × 96,42	0,643
• Montage	9,50/60 × 96,36	15,257	3,50/60 × 96,36	5,621
• Vide-fermature	0,09/60 × 240,23	0,360	0,06/60 × 240,23	0,240
• Conditionnement	0,10/60 × 72,22	0,120	0,10/60 × 72,22	0,120
Coût de production unitaire	19,991		7,874	
Nombre de tubes		200 000 u.		2 508 000 u.
Coût de production total	3 998 200		19 747 992	

Cas n° 7 – Dogue

L'entreprise Dogue fabrique deux produits A et B à partir d'une matière première M ; ils transitent successivement par deux ateliers 1 et 2 sans stockage intermédiaire.

Le chef comptable utilise la méthode de l'imputation rationnelle des frais fixes au niveau des centres : prestations connexes, atelier 1, atelier 2 et distribution ; et il valorise les sorties d'Inventaires Permanents au Coût Moyen Unitaire Pondéré.

Annexe

- Stocks

stocks initiaux
matières premières M : 100 kg pour un total de 16 400,
produits finis A : 400 unités pour un total de 78 244,
produits finis B : 600 unités pour un total de 110 770.
sorties d'IP matières premières M
produits finis A : 500 kg,
produits finis B : 300 kg.

- Activité normale des centres

atelier 1 : 1 000 unités d'œuvre,
atelier 2 : 5 000 unités d'œuvre,
distribution : 3 200 unités d'œuvre.

- Achats et charges directes

matières premières M : 1 100 kg à 110 €/kg,
charges directes d'approvisionnement : 9 000 €,
main-d'œuvre directe pour A : 3 500 heures à 42 €/h,
main-d'œuvre directe pour B : 2 500 heures à 42 €/h,
autres charges directes de production pour A : 20 000 €,
autres charges directes de production pour B : 21 600 €,
charges directes de distribution pour A : 5 440 €,
charges directes de distribution pour B : 3 040 €,
charges directes de distribution pour Z : 1 630 €.

- Production

produits finis A fabriqués : 1 900 unités,
produits finis B fabriqués : 1 000 unités,
à la fin de l'atelier 2, la production de B a donné lieu à un rebut récupérable Z représentant 10 % du coût de production.

- Ventes

produits finis A vendus : 2 000 unités à 250 €/u,
produits finis B vendus : 1 520 unités à 212 €/u,
rebut Z « produit » et vendu : 350 unités à 70 €/u.

• Tableau de répartition des charges indirectes

	C/ auxiliaire		C/ principaux					
	Prestations connexes		Atelier 1		Atelier 2		Distribution	
Charges	Fixe	Variable	Fixe	Variable	Fixe	Variable	Fixe	Variable
Total après rép. primaire	10 000	9 000	25 000	40 000	15 000	36 000	10 000	90 600
C/ prestations connexes			20 %		60 %		20 %	
Nature de l'unité d'œuvre			kg mat. prem. M. cons.		heures main-d'œu. directe		quant. prod. finis vendus	

Travail à faire

1) Calculer les coefficients d'activité des centres auxiliaire et principaux. Utiliser la méthode la plus satisfaisante pour le centre « prestations connexes » et présenter la répartition secondaire ainsi que le calcul des coûts d'unité d'œuvre.

2) Calculer le coût d'achat de la matière première M.

3) Calculer le coût de production des produits finis A et B.

4) Calculer le coût de revient unitaire des produits finis A et B, et du rebut Z.

5) Calculer le résultat analytique unitaire des produits finis A et B, et du rebut Z.

Étant donné que le produit fini B est déficitaire, l'entreprise Dogue souhaite lancer un produit nouveau C au prix de vente unitaire de 468,75 €.

Pour une production de 2 000 unités, le coût variable unitaire du produit C est estimé à la moitié du coût de revient unitaire du produit A.

Ce coût variable unitaire peut alors être exprimé suivant la formule : aq^2 où q représente la quantité de produits. Le coût fixe total est évalué à 66 550 €.

6) Exprimer les équations du coût total (CT), du coût total moyen (CTM) et du coût marginal (Cm).

7) Quel est, pour l'entreprise Dogue, l'optimum technique ?

8) Quel est l'optimum économique ?

Corrigé

1) Calculs des coefficients d'imputation rationnelle

	Atelier 1	Atelier 2	Atelier 3
Coefficients d'activité	800/1 000 = 0,8	6 000/5 000 = 1,2	3 520/3 200 = 1,1

	Atelier 1	Atelier 2	Atelier 3
C/ prestations connexes Coefficients d'activité	20 % 0,8	60 % 1,2	20 % 1,1

d'où le coefficient d'activité du centre prestations connexes = (0,2 × 0,8) + (0,6 × 1,2) + (0,2 × 1,1) = 1,1

2) Coût d'achat

Coût d'achat M = (1 100 × 110) + 9 000 = 130 000.

IP M

Libellé	Quantité	Montant	Libellé	Quantité	Montant
Stock initial Entrée	100 1 100	16 400 130 000	Sortie Stock final	800 400	97 600 48 800
Total	1 200	146 400	Total	1 200	146 400

CMUP = 146 400/1 200 = 122.

3) Coûts de production

	A		B (et Z)	
Matières consommées	500 × 122	61 000	300 × 122	36 600
MOD	3 500 × 42	147 000	2 500 × 42	105 000
Autres ch. dir. de prod.		20 000		21 600
Ch. ind. atelier 1	500 × 80	40 000	300 × 80	24 000
Ch. ind. atelier 2	3 500 × 11	38 500	2 500 × 11	27 500
Total		306 500		214 700

Tableau de répartition des charges indirectes

Charges	Centre auxiliaire		Centres principaux						Coût de chômage	Boni sur activité
	Prestations connexes		Atelier 1		Atelier 1		Distribution			
	Fixe	Variable	Fixe	Variable	Fixe	Variable	Fixe	Variable		
Total après rép. primaire	10 000	9 000	25 000	40 000	15 000	36 000	10 000	90 600		
Coefficient d'activité	1,1		0,8		1,2		1,1			
Imputation rationnelle	– 11 000	11 000	– 20 000	20 000	– 18 000	18 000	– 11 000	11 000		
Différence d'imputation	1 000		– 5 000		3 000		1 000		5 000	– 5 000
Total après imputation rationnelle	0	20 000	0	60 000	0	54 000	0	101 600	5 000	– 5 000
C/ prestations connexes		– 20 000		4 000		12 000		4 000		
Total après rép. secondaire		0		64 000		66 000		105 600	5 000	– 5 000
Nature de l'unité d'œuvre			kg matières premières M consommées		heures main-d'œuvre directe		quantités produits finis vendus			
Nombre d'UO				800		6 000		3 520		
Coût d'unité d'œuvre				80		11		30		

Inventaires permanents

IP A

Libellé	Quantité	Montant	Libellé	Quantité	Montant
Stock initial Entrée	400 1 900	78 244 306 500	Sortie Stock final	2 000 300	334 560 50 184
Total	2 300	384 744	Total	2 300	384 744

CMUP = 384 744/2 300 = 167,28.

IP B

Libellé	Quantité	Montant	Libellé	Quantité	Montant
Stock initial Entrée	600 1 000	110 770 193 230	Sortie Stock final	1 520 80	288 800 15 200
Total	1 600	304 000	Total	1 600	304 000

CMUP = 304 000/1 600 = 190.

IP Z

Libellé	Quantité	Montant	Libellé	Quantité	Montant
Entrée	350	21 470	Sortie	350	21 470
Total	350	21 470	Total	350	21 470

Remarque : le rebut Z représente 10 % de la production de B (et de Z), soit 21 470.

4) Coûts de revient

	A	B	Z
Coût de production du « produit » vendu Charges directes de distribution Charges indirectes de distribution 2 000 × 30 1 520 × 30	334 560 5 440 60 000 	288 800 3 040 45 600	21 470 1 630
Total	400 000	337 440	23 100
Unité	200 €	222 €	66 €

5) Résultats analytiques

	A	B	Z
Prix de vente unitaire – Coût de revient unitaire (cru)	250 – 200	212 – 222	70 – 66
Résultat analytique unitaire	50 €	– 10 €	4 €

6) Équations

pour 2 000 unités $\quad$ cvu de C = 1/2 · cru de A = 100
$\text{cvu} = a \cdot q^2 \Leftrightarrow 100 = a \cdot 2\,000^2$
d'où $a = 25 \cdot 10^{-6}$

$CT = (\text{cvu} \cdot q) + CF = 25 \cdot 10^{-6} \cdot q^3 + 66\,550$

$$CTM = 25 \cdot 10^{-6} \cdot q^2 + \frac{66\,550}{q}$$

$Cm = 75 \cdot 10^{-6} \cdot q^2$

7) L'optimum technique est caractérisé par le résultat suivant :
Cm = CTM

$$\Leftrightarrow 75 \cdot 10^{-6} \cdot q^2 = 25 \cdot 10^{-6} \cdot q^2 + \frac{66\,550}{q}$$

$$\Leftrightarrow q^3 = 1\,331 \cdot 10^6$$

q = 1 100 unités et donc le coût total moyen minimum CTM est égal à 90,75 € :

$$CTM = 25 \cdot 10^{-6} \cdot 1\,100^2 + \frac{66\,550}{1\,100}.$$

8) Pour une entreprise ne pratiquant pas la discrimination par les prix, l'optimum économique est caractérisé par le résultat suivant :
Cm = Rm = pvu
$\Leftrightarrow 75 \cdot 10^{-6} \cdot q^2 = 468{,}75$
$\Leftrightarrow q^2 = 6\,250\,000$

q = 2 500 unités et donc le profit total maximum PT est égal à 714 700 € :

$$PT = (468{,}75 \times 2\,500) - (25 \cdot 10^{-6} \cdot 2\,500^3 + 66\,550).$$

Cas n° 8 – No Fun

L'entreprise No Fun travaille à la commande.

Les charges incorporables indirectes du mois de janvier N ont été réparties dans le tableau des centres d'analyse ci-après :

Centres auxiliaires			**Centres principaux**			
Administration	**Entretien**	**Magasin**	**Atelier 1**	**Atelier 2**	**Atelier 3**	**Distribution**
25 600	10 720	22 160	22 140	27 350	27 620	20 900
		unité d'œuvre	heures MOD	heures machine	heures MOD	chiffre d'affaires

La répartition des centres auxiliaires dans les centres principaux s'effectue sur les bases chiffrées suivantes :

	C/ entretien	**C/ magasin**	**C/ atelier 1**	**C/ atelier 2**	**C/ atelier 3**	**C/ distribution**
C/administration	10	10	20	20	20	20
C/entretien		10	30	30	20	10
C/magasin			40	40	20	

On sait que la commande n° 123 en cours dans l'atelier 3, le 1er janvier, était estimée à 17 880.

Les commandes terminées sont aussitôt livrées et facturées.

Enfin, on dispose d'un extrait de la feuille d'imputation relative à janvier :

Commande	**Matières premières**	**Nombre d'UO**			**MOD**	**Prix facturé**
		Atelier 1	**Atelier 2**	**Atelier 3**		
123				480	1 560	40 000
010	6 200	1 500	1 000	700	4 600	80 000
011	4 200	1 400	1 000	800	4 322	60 000
012	5 500	600	700	200	3 200	50 000
013	7 600	500	300	220	2 248	21 000
	23 500	4 000	3 000	2 400	15 930	251 000

Travail à faire

Coûts complets

1) Terminer le tableau de répartition des centres d'analyse sachant que la rémunération du propriétaire est de 13 200 se répartissant ainsi :
- c/entretien : 10 %,
- c/magasin : 10 %,
- c/atelier 1 : 20 %,
- c/atelier 2 : 20 %,
- c/atelier 3 : 20 %,
- c/distribution : 20 %.

2) Établir le coût de revient et le résultat analytique de l'ensemble des commandes.

3) Établir le coût de revient et le résultat analytique pour les commandes 123 et 011.

Imputation rationnelle

4) Établir le coût de revient et le résultat pour la commande 011 sachant que :
- les coefficients d'activité sont les suivants :

les unités d'œuvre correspondant au budget et conséquemment à l'activité normale sont :
- atelier 1 : 5 000 heures MOD,
- atelier 2 : 3 000 heures machines,
- pour l'atelier 3, le coefficient d'activité est de 1,3 ;

- les charges fixes imputées définitivement aux centres principaux après virement des centres auxiliaires s'élèvent à :
- atelier 1 : 25 000,
- atelier 2 : 25 000,
- atelier 3 : 25 000.

5) Retrouver le résultat « coûts complets » de la commande 011.

Direct costing

6) Établir le coût de revient variable, la marge sur coût variable et le résultat analytique pour l'ensemble des commandes sachant que la MOD et l'en-cours (commande 123) sont des charges variables.

7) Établir le coût de revient variable et la marge sur coût variable de la commande 011.

Corrigé

1) Tableau de répartition des centres d'analyse

	Centres auxiliaires			Centres principaux			
	Administration	**Entretien**	**Magasin**	**Atelier 1**	**Atelier 2**	**Atelier 3**	**Distribution**
Sous-total Élém. suppl.	25 600	10 720 1 320	22 160 1 320	22 140 2 640	27 350 2 640	27 620 2 640	20 900 2 640
Total rép. 1re	25 600	12 040	23 480	24 780	29 990	30 260	23 540
C/ adm. C/ entretien C/ magasin	– 25 600	2 560 – 14 600	2 560 1 460 – 27 500	5 120 4 380 11 000	5 120 4 380 11 000	5 120 2 920 5 500	5 120 1 460
Total rép. 2e	0	0	0	45 280	50 490	43 800	30 120
Nature de l'unité d'œuvre Nombre d'UO				Heures MOD 4 000	Heures machine 3 000	Heures MOD 2 400	Chiffre d'affaires 251 000
Coût d'unité d'œuvre				11,32	16,83	18,25	0,12

2) Coût de revient et résultat analytique des commandes

Matières premières	23 500
MOD	15 930
Charges indirectes 45 280 + 50 490 + 43 800 + 30 120	169 690
En-cours	17 880
Coût de revient	227 000

d'où un résultat analytique pour l'ensemble des commandes :

prix de vente – coût de revient = 251 000 – 227 000 = 24 000.

3) Coût de revient et résultat analytique des commandes 123 et 011

Commande 123

MOD	1 560
Charges indirectes (480 × 18,25) + (40 000 × 0,12)	13 560
En-cours	17 880
Coût de revient	33 000

d'où un résultat analytique pour la commande 123 :

prix de vente – coût de revient = 7 000.

Commande 011

Matières premières	4 200
MOD	4 322
Charges indirectes (1 400 × 11,32) + (1 000 × 16,83) + (800 × 18,25) + (60 000 × 0,12)	54 478
Coût de revient	63 000

d'où un résultat analytique pour la commande 011 :

prix de vente – coût de revient = – 3 000.

4) Coût de revient et résultat analytique pour la commande 011 selon la méthode de l'imputation rationnelle

Tableau de répartition des charges indirectes (fixes et variables)

	Atelier 1		**Atelier 2**	**Atelier 3**		**Distrib.** ®	**Coût de chômage**	**Boni de suractivité**
	Fixe	**Variable**		**Fixe**	**Variable**			
Total après rép. 2e	25 000	20 280	50 490	25 000	18 800	30 120		
Coefficient d'IR Imp. rationnelle Diff. d'imputation	0,8 – 20 000 – 5 000	 20 000	1,0	1,3 – 32 500 + 7 500	 32 500	1,0	 5 000	 – 7 500
Total après imp. rationnelle	0	40 280	50 490	0	51 300	30 120	5 000	– 7 500
Nature de l'unité d'œuvre Nombre d'UO		Heures MOD 4 000	Heures machine 3 000		Heures MOD 2 400	Chiffre d'affaires 251 000		
Coût d'unité d'œuvre		10,07	16,83		21,375	0,12		

® le centre de distribution est constitué exclusivement de charges variables puisque l'unité d'œuvre est le chiffre d'affaires.

Matières premières	4 200
MOD	4 322
Charges indirectes (1 400 × 10,07) + (1 000 × 16,83) + (800 × 21,375) + (60 000 × 0,12)	55 228
Coût de revient	63 750

d'où un résultat analytique pour la commande 011 :

prix de vente – coût de revient = – 3 750.

5) Rapprochement résultat coût complet/résultat imputation rationnelle pour la commande 011.

Le coût de chômage imputable à la commande 011, en fonction du nombre d'unités d'œuvre, est donné par la formule suivante :

$$5\,000 \times \frac{1\,400}{4\,000} = 1\,750.$$

Le boni de suractivité imputable à la commande 011, en fonction du nombre d'unités d'œuvre, est donné par la formule suivante :

$$7\,500 \times \frac{800}{2\,400} = 2\,500.$$

Pour retrouver le résultat selon les coûts complets, on part du résultat selon l'imputation rationnelle en tenant compte des différences de traitement que sont coût de chômage et boni de sur-activité, soit :

Résultat (imp. rat.) + boni de suractivité – coût de chômage =
– 3 750 + 2 500 – 1 750 = – 3 000 soit le résultat (coûts comp.)

6) Coût variable, marge sur coût variable et résultat analytique pour l'ensemble des commandes

Tableau de répartition des charges variables indirectes

	Atelier 1	**Atelier 2**	**Atelier 3**	**Distribution**
Total après rép. 2e	20 280	25 490	18 800	30 120
Nature de l'UO Nombre de l'UO	Heures MOD 4 000	Heures machine 3 000	Heures MOD 2 400	Chiffre d'affaires 251 000
Coût d'unité d'œuvre	5,07	8,496	7,833	0,12
Frais résiduels de centre		2	0,8	

Matières premières	23 500
MOD	15 930
Charges indirectes 20 280 + 25 488 + 18 799,2 + 30 120	94 687,2
En-cours	17 880
Coût variable	151 997,2

La marge sur coût variable est la différence entre le chiffre d'affaires et le coût variable, soit :

251 000 – 151 997,2 = 99 002,8 ;

d'où un résultat analytique pour l'ensemble des commandes, donné par la relation suivante :

résultat analytique = marge sur coût variable
– coûts fixes
– frais résiduels de centre
= 99 002,8 – 75 000 – 2,8 = 24 000
soit le résultat (coûts comp.)

7) Coût variable et marge sur coût variable pour la commande 011

Matières premières	4 200
MOD	4 322
Charges indirectes (1 400 × 5,07) + (1 000 × 8,496) + (800 × 7,833) + (60 000 × 0,12)	29 060,4
Coût variable	37 582,4

d'où une marge sur coût variable pour la commande 011 :

chiffre d'affaires – coût variable = 60 000 – 37 582,4 = 22 417,6.

Cas n° 9 – G 314

La société G 314 fabrique et vend deux articles désignés par les appellations « P1 » et « P2 ».

La société utilise la méthode du *direct costing* évolué.

Pour l'exercice 1988, les données suivantes vous sont communiquées :

– stocks de produits finis au 1er janvier 1988 :

« P1 » : 2 000 unités pour 4 000 F,

« P2 » : 3 000 unités pour 4 000 F,

– consommations de matières pour 1988 :

« P1 » : 16 000 F,

« P2 » : 7 500 F,

– autres charges :

Imputables à	Charges fixes	Charges variables « P1 »	Charges variables « P2 »	Total
– la production	4 500	32 000	6 000	42 500
– la distribution	2 000	24 400	4 625	31 025
Charges administratives	1 500			1 500

– production :

20 000 « P1 »,

12 000 « P2 »,

– ventes :

16 000 « P1 »,

14 000 « P2 »,

– prix unitaires de vente :

3,5 F pour un « P1 »,

2,5 F pour un « P2 »,

– il n'y a pas d'en-cours de production,

– la société G 314 utilise la méthode PEPS pour la valorisation de ses stocks,

– les charges fixes de production et de distribution se répartissent également entre « P1 » et « P2 ».

Travail à faire

1) Calculer pour 1988 les marges sur coût variable, les marges sur coût spécifique pour « P1 » et « P2 » ainsi que le résultat analytique global.

2) Quelle production minimale, en quantité, de « P2 » serait nécessaire pour absorber les charges fixes de la société ?

3) À quelle date serait atteint le point mort ?

La société décide en cette année du bicentenaire de la Révolution d'abandonner le produit « P1 » déficitaire.

Elle envisage plusieurs hypothèses de production pour « P2 ».

La première hypothèse décrite dans la deuxième question permettrait de répondre à une demande maximale de 20 000 unités.

La seconde hypothèse supposerait l'acquisition d'un équipement entraînant une réduction de charges variables de 40 % mais une augmentation des charges de structure de 6 000 F.

La société G 314 pourrait alors atteindre une capacité de production de 25 000 unités.

4) Indiquer quelle serait la production minimale à obtenir dans le cadre de la deuxième hypothèse.

5) Indiquer graphiquement quelle serait l'hypothèse la plus satisfaisante pour une quantité variant entre 5 000 et 25 000 unités.

6) La société G 314 estime finalement que l'investissement est trop important pour la seconde hypothèse.

Quelle serait la nouvelle valeur du coût variable unitaire, pour la première hypothèse, permettant de surclasser la deuxième hypothèse ?

7) Dans ce dernier cas de figure, les prévisions de vente pour « P2 » sont incertaines et suivent une loi normale caractérisée notamment par une espérance mathématique E(Q) = 9 000 unités avec une probabilité de 70 % de se situer entre 6 000 unités et 12 000 unités vendues.

Quelle est la probabilité d'obtenir un résultat analytique nul ? Quelle est la probabilité d'obtenir un résultat analytique de 2 000 F ?

Corrigé

1) *Direct costing* évolué

Coût de production variable « P1 » = 16 000 + 32 000 = 48 000

Coût de production variable « P2 » = 7 500 + 6 000 = 13 500

Les consommations de matières premières correspondent aux sorties d'IP matières premières évaluées par hypothèse au coût variable.

IP « P1 »

Libellé	**Quantité**	**Montant**	**Libellé**	**Quantité**	**Montant**
Stock initial	2 000	4 000	Sortie	2 000	4 000
Entrée	20 000	48 000	Sortie	14 000	33 600
			Stock final	6 000	14 400
Total	22 000	52 000	Total	22 000	52 000

IP « P2 »

Libellé	Quantité	Montant	Libellé	Quantité	Montant
Stock initial Entrée	3 000 12 000	4 000 13 500	Sortie Sortie Stock final	3 000 11 000 1 000	4 000 12 375 1 125
Total	15 000	17 500	Total	15 000	17 500

Coût de distribution variable « P1 » = 24 400
Coût de distribution variable « P2 » = 4 625

Coût (de Revient) Variable « P1 » = 37 600 + 24 400 = 62 000
Coût Variable « P2 » = 16 375 + 4 625 = 21 000 (soit 1,5 F/u.)

Marge sur Coût Variable « P1 » = Chiffre d'affaires – Coût Variable = 56 000 – 62 000 = – 6 000
Marge sur Coût Variable « P2 » = Chiffre d'affaires – Coût Variable = 35 000 – 21 000 = 14 000
Marge sur Coût Spécifique « P1 » = Marge sur Coût Variable – Coût Fixe Spécifique = – 6 000 – 3 250 = – 9 250
Marge sur Coût Spécifique « P2 » = Marge sur Coût Variable – Coût Fixe Spécifique = 14 000 – 3 250 = 10 750
Résultat Analytique (Global) = Marge sur Coût Spécifique « P1 » + Marge sur Coût Spécifique « P2 » – Coûts Fixes Communs = – 9 250 + 10 750 – 1 500 = 0.

2) Seuil de rentabilité

Chiffre d'affaires – Coût variable	2,5.Q – 1,5.Q
Marge sur coût variable – Coût fixe	1.Q – 8 000
Résultat analytique	0

d'où Q = 8 000 unités, c'est le seuil de rentabilité en quantité SRQ.

3) Point mort

G 314 a vendu 14 000 unités durant l'année comptable 1988 (360 jours), le point mort pour 8 000 unités vendues est déterminé ainsi :

$$x = \frac{360 \times 8\,000}{14\,000} \approx 206 \text{ jours.}$$

Le point mort a été atteint le 26 juillet 1988.

4) Seuils de rentabilité

Hypothèse n° 1

Chiffre d'affaires – Coût variable	2,5.Q – 1,5.Q
Marge sur coût variable – Coût fixe	1.Q – 8 000
Résultat analytique	0

Q ∈ [0 ; 20 000] d'où SRQ_1 = 8 000 unités.

Hypothèse n° 2

Chiffre d'affaires – Coût variable	2,5.Q - 0,9.Q
Marge sur coût variable – Coût fixe	1,6.Q – 14 000
Résultat analytique	0

Q ∈ [0 ; 25 000] d'où SRQ_2 = 8 750 unités.

5) La solution la plus avantageuse sera exprimée logiquement par l'équation du résultat analytique en fonction de Q :

RA = f (Q)

Hypothèse n° 1 : RA_1 = 1. Q – 8 000 (droite D_1)

Hypothèse n° 2 : RA_2 = 1,6. Q – 14 000 (droite D_2)

Le point d'intersection Q' est déterminé à partir de l'égalité :

$$1 \cdot Q' - 8\,000 = 1{,}6 \cdot Q' - 14\,000$$

⇔ Q'= 10 000

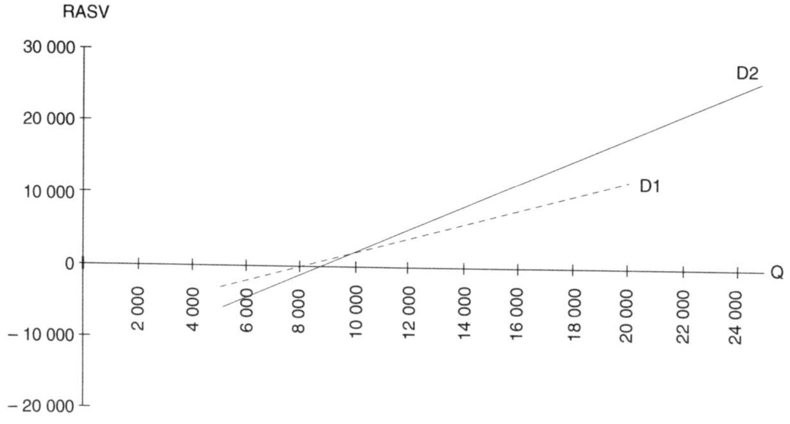

En conséquence :

– pour $Q \in [5\,000 ; 8\,000[$, l'entreprise G 314 ne choisit aucune des hypothèses puisque le résultat analytique est négatif,

– pour $Q \in [8\,000 ; 10\,000]$, l'entreprise choisit l'hypothèse n° 1,

– pour $Q \in [10\,000 ; 25\,000]$, l'entreprise choisit l'hypothèse n° 2.

6) Les deux droites doivent se couper au point d'abscisse 20 000 (pente minimale dans le cadre de l'hypothèse n° 1), d'où :

$$[(2{,}5 - \text{cvu}) \times 20\,000] - 8\,000 = (1{,}6 \times 20\,000) - 14\,000$$

Le coût variable unitaire (cvu) doit passer de 1,5 à 1,2 (baisse de 20 %).

7) Seuil de rentabilité probabilisé

La société G314 estime que les ventes en volume les plus probables s'élèveront à E(Q) = 9 000 unités, avec une probabilité de 70 % pour que la valeur soit comprise entre 6 000 et 12 000 unités. Etant donné la symétrie de la loi normale, il y a donc une probabilité de 15 % pour que les ventes soient inférieures à 6 000 unités ou bien supérieures à 12 000 unités, d'où :

$P(Q > 12\,000) = P(Q < 6\,000) = 15\ \%$.

Si on pose : $Z = \dfrac{Q - E(Q)}{\sigma(Q)}$, alors on obtient :

$$P(Q > 12\,000) = P_N\left(Z > \frac{12\,000 - 9\,000}{\sigma(Q)}\right) = 15\ \%.$$

La lecture d'une table de la loi normale centrée réduite permet d'en déduire :

$P_N(Z > 1{,}04) = 0{,}15$ d'où $3\,000/\sigma(Q) = 1{,}04$ et : $\sigma(Q) \approx 2\,885$ unités.

Pour probabiliser le seuil de rentabilité, il suffit de calculer la probabilité d'obtenir un résultat analytique supérieure ou égale à zéro :

$$P[R(Q) \geq 0] = P(Q \geq SRQ) = P_N\left(Z > \frac{0 - E[R(Q)]}{\sigma[R(Q)]}\right) = P_N\left(Z > \frac{SRQ - E(Q)}{\sigma(Q)}\right).$$

L'hypothèse n° 1 permettant de surclasser l'hypothèse n° 2 est définie en avenir incertain par l'expression : $E[R(Q)] = 1{,}2 \cdot E(Q) - 8\,000$, alors on en déduit le seuil de rentabilité en quantité, SRQ = CF/mcvu = 8 000/1,2 ≈ 6 667 unités.

Le bénéfice espéré E[R(Q)] est donné par l'expression suivante : (1,2 × 9 000) – 8 000 = 2 800 F. Son écart-type σ[R(Q)] est égal à : 1,2 × 2 885 = 3 462 F.

En conséquence, on en déduit le seuil de rentabilité probabilisé, SRP caractérisé par l'expression suivante :

$$P\left[R(Q) \geq 0\right] = P_N\left(Z > -\frac{E\left[R(Q)\right]}{\sigma\left[R(Q)\right]}\right) = P_N\left(Z > -\frac{2\,800}{3\,462}\right)$$

$$= P_N(Z > -0{,}81) = 1 - P_N(Z > 0{,}81) = 1 - 0{,}21 = 79\ \%.$$

Il y a donc une probabilité d'environ 80 % (≈ 0,79) pour que le seuil de rentabilité soit atteint.

Si la société se fixe un résultat analytique-cible de 2 000 F, alors on peut écrire :

$$P[E[R(Q)] \geq 2\,000] = P[[1{,}2 \times E(Q)] - 8\,000 \geq 2\,000]$$

$$= P[E(Q) \geq 8\,333]$$

$$= P_N\left(Z > \frac{8\,333 - 9\,000}{2\,885}\right) = P_N(Z > -0{,}23)$$

$$= 1 - P_N(Z > 0{,}23) = 1 - 0{,}41 = 59\ \%$$

Il y a une probabilité de 60 % (≈ 59 %) pour que le résultat analytique soit supérieur ou égal à 2 000 F.

En conclusion, il y a 4 chances sur 5 d'obtenir un résultat analytique nul et 3 chances sur 5 d'obtenir un résultat analytique supérieur ou égal à 2 000 F.

Cas n° 10 – CEE

En cette fin d'année N, la Compagnie Ebroïcienne d'Ebénisterie (CEE) est dans l'expectative quant au futur d'un article existant A et d'un article nouveau B.

Première partie

La CEE a fabriqué et vendu 2 500 articles A au prix de vente unitaire de 120 €. Durant la période écoulée, le coût de revient unitaire d'un article se décomposait comme suit :

– coût de production : 75 €

dont charges variables : 50 €

matières premières (essentiellement du bois) : 40 €

autres charges de fabrication (MOD) : 10 €

– coût de distribution : 20 €

dont charges variables : 17,50 €

Par ailleurs, les charges fixes d'administration (pour A) se sont élevées à 5 625 €.

Travail à faire

1) Calculer la marge sur coût variable et le résultat analytique pour N.

2) Déterminer le seuil de rentabilité en quantité pour A par le calcul et par les graphiques avec les relations :

chiffre d'affaires = coût variable + coût fixe

marge sur coût variable = coût fixe.

3) Préciser quand a été atteint le point mort, en supposant que les ventes ont été régulières sur l'année passée.

Deuxième partie

Pour (N + 1), la CEE souhaite modifier les conditions de production et de distribution de l'article A. Aussi envisage-t-elle les changements suivants :

– une baisse du prix de vente unitaire de 5 € permettrait, d'après une enquête lue dans une revue spécialisée en marketing, d'augmenter les ventes en volume de 15 % ;

– la rationalisation de l'approvisionnement et de la vente aurait pour conséquence une diminution des coûts variables unitaires, respectivement à 36 € (pour les matières premières) et à 16,10 € (pour la distribution) ; mais par ailleurs, l'automatisation accrue entraînerait une augmentation des charges fixes à 85 100 € (le différentiel par rapport à N s'expliquant par la hausse des dotations aux amortissements).

Travail à faire

4) À combien s'élèverait le résultat analytique pour (N + 1) ?

5) Quel serait le seuil de rentabilité prévisionnel ?

6) Quelle quantité d'articles A la CEE devrait-elle vendre pour atteindre un bénéfice de 100 000 € ?

Troisième partie

Parallèlement à la fabrication de l'article A, la CEE souhaiterait lancer un nouvel article B répondant au même besoin que le précédent, mais visant une clientèle aisée appréciant les produits haut de gamme.

Les caractéristiques de l'article B seraient les suivantes :

- prix de vente unitaire : 150 €
- coût variable unitaire : 77,50 €.

Les prévisions faites par la CEE, dans le cas de la vente des articles quelque peu concurrents A et B, sont de 1 800 unités pour A et 1 000 unités pour B.

Les charges fixes évaluées à 85 100 € seraient alors supportées par les articles A et B.

Travail à faire

7) L'évolution du marché rendant difficiles les prévisions de répartition des quantités x de A et y de B en (N + 1) ; exprimer en fonction de x et de y les combinaisons permettant de réaliser le même chiffre d'affaires global et le même résultat analytique global. Faire une représentation graphique : y = f(x).

8) Une étude de marché construite par un cabinet renommé estime plutôt une quantité x de 2 600 et une quantité y de 400 ; porter le point X sur le graphique précédent et commenter.

Quatrième partie

Dans l'hypothèse où ses prévisions se vérifieraient au cours de l'année à venir, la CEE envisagerait en (N + 2) de produire et de vendre uniquement l'article B.

Elle tablerait sur une prévision H_1 de 1 250 unités ou bien H_2 de 1 500 unités.

Une politique de prix de vente adéquate permettrait de rendre l'hypothèse H_1 quasi certaine, en tenant compte d'une étude de clientèle montrant que l'élasticité de la demande par rapport au prix est de – 10.

Sachant que le prix de vente de l'article A (produit standard) est de 115 €, la CEE estimerait qu'elle pourrait baisser le prix de vente de l'article B jusqu'à 125 €. Au-delà, le prix de vente assimilerait le précédent article à un produit standard.

Travail à faire

9) Sans tenir compte de l'étude, déterminer les résultats analytiques pour chaque hypothèse et calculer l'effet de levier opérationnel (élasticité du résultat analytique par rapport aux quantités vendues), sachant que les coûts fixes restent constants entre H_1 et H_2.

10) En tenant compte de l'étude, déterminer le niveau optimal des ventes dans le cas de l'hypothèse H_1.

Corrigé

1-2) Marge sur coût variable, résultat analytique et seuil de rentabilité de A en N.

Déterminons le coût fixe (ensemble des charges fixes) en faisant la différence entre le coût total et le coût variable (ensemble des charges variables) :

coût total	[(75 + 20) × 2 500] + 5 625	243 125
coût variable	(50 + 17,5) × 2 500	168 750
coût fixe	coût total – coût variable	74375

Le seuil de rentabilité (SR) est caractérisé par les deux relations ci-après :

chiffre d'affaires (CA) = coût variable (CV) + coût fixe (CF)

marge sur coût variable (MCV) = coût fixe

avec pvu : prix de vente unitaire, CV : coût variable, cvu : coût variable unitaire, MCV : marge sur coût variable), mcvu : marge sur coût variable unitaire, Q_0 : quantité permettant d'obtenir un résultat analytique nul et CF : coût fixe.

Cas général	**Le seuil de rentabilité**
CA = pvu × Q – CV = cvu × Q	CA_0 = SR = pvu × Q_0 – CV_0 = cvu × Q_0
MCV = mcvu × Q – CF	MCV_0 = mcvu × Q_0 – CF
Résultat analytique	0

D'où :

Pour 2 500 A		Le seuil de rentabilité	
CA = pvu × Q – CV = cvu × Q	120 × 2 500 = 300 000 – 67,5 × 2 500 = 168 750	SR = pvu × Q_0 – CV_0 = cvu × Q_0	
MCV = mcvu × Q – CF	52,5 × 2 500 = 131 250 –74 375	MCV_0 = mcvu × Q_0 – CF	52,5 × SRQ – 74 375
Résultat analytique	56 875	0	0

À la lecture du tableau précédent, on lit le résultat analytique pour N, soit : 56 875 € et on peut déduire directement le seuil de rentabilité en quantité (SRQ) : $\frac{74\,375}{52,5} \approx 1\,417$ articles A.

On peut également utiliser la formule suivante :

$$\text{seuil de rentabilité} = \frac{\text{chiffre d'affaires} \times \text{coût fixe}}{\text{marge sur coût variable}}$$

$$\Leftrightarrow SR = \frac{CA \times CF}{MCV}.$$

Mais sachant que le rapport $\frac{MCV}{CA}$, soit 43,75 %, est appelé taux de marge (TDM), alors :

$$SR = \frac{CF}{TDM} = \frac{74\,375}{0,4375} = 170\,000$$

$$SRQ = \frac{SR}{pvu} = \frac{1\,700\,000}{120} \approx 1\,417 \text{ unités.}$$

La première représentation graphique est fondée sur la relation vérifiée uniquement pour le seuil de rentabilité : CA = CV + CF.

Soit Q la quantité à un instant donné, il est possible de définir deux droites D_1 et D_2 caractérisant le chiffre d'affaires, d'une part, la somme du coût variable et du coût fixe, d'autre part :

$$D_1 : y_1 = pvu \cdot Q = 120 \cdot Q$$

$$D_2 : y_2 = cvu \cdot Q + CF = 67,5 \cdot Q + 74\,375.$$

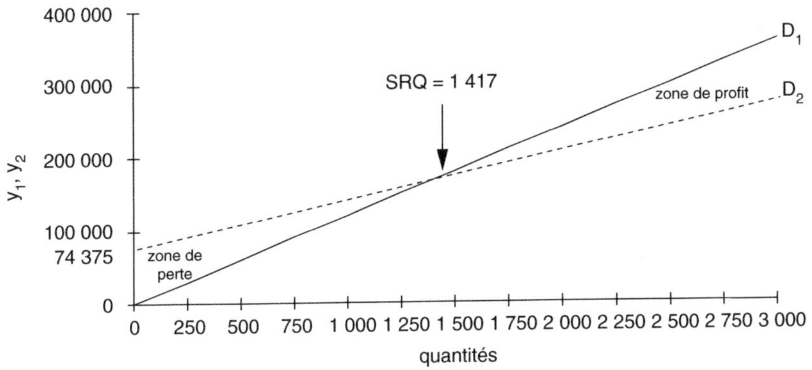

La seconde représentation graphique est fondée sur la relation vérifiée uniquement pour le seuil de rentabilité : MCV = CF

Soit Q la quantité à un instant donné, il est possible de définir deux droites D_3 et D_4 caractérisant la marge sur coût variable, d'une part, le coût fixe, d'autre part :

$$D_3 : y_3 = \text{mcvu} \cdot Q = 52{,}5 \cdot Q$$
$$D_4 : y_4 = CF = 74\ 375.$$

L'approche graphique du seuil de rentabilité permet de lire le résultat analytique pour une quantitée vendue donnée. Par exemple à partir de la seconde méthode, on peut lire sur l'axe des ordonnées le résultat analytique pour un chiffre d'affaires en volume de 2 500 unités.

En effet, le résultat analytique est la différence entre la marge sur coût variable et le coût fixe, soit une confrontation entre les deux droites D_3 et D_4 : le résultat est alors un vecteur $\overrightarrow{AB}$, différence entre B et A, soit : 131 250 – 74 375 = 56 875.

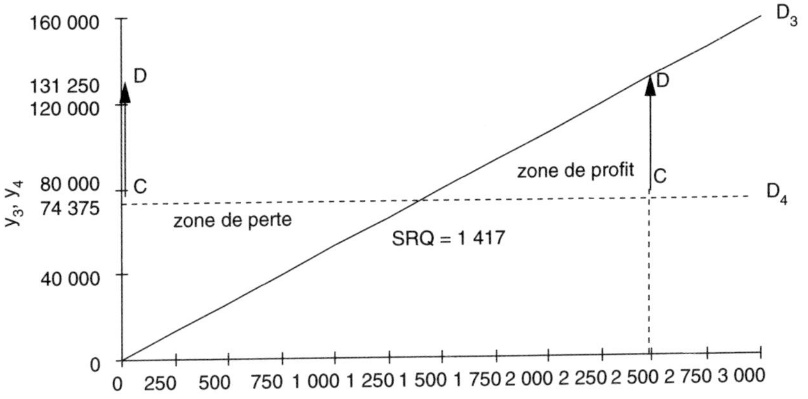

3) Point mort en N

Le point mort (PM) est le laps de temps au bout duquel l'entreprise couvre son coût fixe par sa marge sur coût variable, pour un chiffre d'affaires donné.

Le chiffre d'affaires annuel CA est atteint *ipso facto* au bout de 360 jours (année comptable), le point mort au bout de x mois (donc à une certaine date), d'où les deux relations suivantes :

$$CA \leftrightarrow 360 \text{ jours}$$

$$SR \leftrightarrow x \text{ jours (PM)}$$

$$PM = \frac{360 \times SR}{CA} = \frac{360 \times 170\,000}{300\,000} = 204 \text{ jours}$$

Le point mort est atteint le 24 juillet N, en fin de journée.

4) Bénéfice prévisionnel en (N + 1)

Le coût variable unitaire est la somme suivante : 36 + 10 + 16,1, soit : 62,10 au lieu de 67,50 € en N (baisse de 8 %) ; le coût fixe quant à lui passe à 85 100 €.

On en déduit le tableau suivant :

Pour 2 500 × 1,15 = 2 875 u.	
CA = pvu × Q (– 5 €) – CV = cvu × Q	
MCV = mcvu × Q – CF	52,9 × 2 875 = 152 087,5 – 85 100
résultat analytique	66 987,5

Le bénéfice prévisionnel pour (N + 1) est de 66 987,50 €.

5) Seuil de rentabilité prévisionnel pour (N + 1)

On a le tableau ci-après :

Le seuil de rentabilité	
$SR = pvu \times Q_0$ $- CV_0 = cvu \times Q_0$	$115 \times Q_0$ $- 61{,}1 \times Q_0$
$MCV_0 = mcvu \times Q_0$ – CF	$52{,}9 \times Q_0$ – 85 100
0	0

Par conséquent, le seuil de rentabilité SRQ (= Q_0) est le rapport : $\frac{85\,100}{52{,}9} \approx 1\,609$ unités.

En valeur, le seuil de rentabilité SR est le produit : 1 609 unités × 115 = 185 035 €.

6) Quantités pour atteindre un bénéfice de 100 000 € en (N + 1)

Pour une quantité Q inconnue	
CA = pvu × Q – CV = cvu × Q	
MCV = mcvu × Q – CF	52,9 × Q – 85 100
résultat analytique	100 000

On trouve une quantité Q égale à : 3 500 unités (soit + 40 % par rapport à N) ; d'où un chiffre d'affaires de : 402 500 €.

7) Combinaisons de x et de y

On peut résumer les caractéristiques des articles A et B dans le tableau ci-après :

Pour A		**Pour B**
$CA = 115 \times Q_A$ $- CV = 62{,}1 \times Q_A$		$CA = 150 \times Q_B$ $- CV = 77{,}5 \times Q_B$
$MCV = 52{,}9 \times Q_A$		$MCV = 72{,}5 \times Q_B$
	– CF = 85 100 = résultat analytique global	

Pour (N + 1), la CEE a fait les prévisions suivantes :
en termes de chiffre d'affaires : $CA_{N+1} = (115 \times 1\,800) + (150 \times 1\,000) = 357\,000$ € ;
en termes de résultat : $R_{N+1} = (52{,}9 \times 1\,800) + (72{,}5 \times 1\,000) - 85\,100 = 82\,620$ €.

Il faut définir deux droites D_1 et D_2.

La première D_1 caractérise pour la CEE le chiffre d'affaires en (N + 1), soit :

$115 \times x + 150 \times y = 357\,000$ d'où :

$$D_1 : y = 2\,380 - \frac{23}{30} x.$$

La seconde D_2 caractérise pour la CEE le résultat en (N + 1), soit : $52{,}9 \times x + 72{,}5 \times y = 167\,720$ d'où :

$$D_2 : y = \frac{167\,720 - 52{,}9 \cdot x}{72{,}5}.$$

$$\text{ELE} = \frac{\dfrac{23\,650 - 5\,525}{5\,525}}{\dfrac{1\,500 - 1\,250}{1\,250}} = \frac{3{,}28}{0{,}2} \approx 16{,}4$$

à partir de la définition n° 1

ou bien

$$\text{ELE} = \frac{1\,250 \times 72{,}5}{5\,525} = \frac{90\,625}{5\,525} \approx 16{,}4.$$

à partir de la définition n° 2

L'effet de levier d'exploitation est extrêmement favorable puisqu'à une augmentation de 1 % des quantités vendues correspond une augmentation de 16,4 % du résultat ; donc une augmentation de 20 % (de H_1 à H_2) entraîne une augmentation de 328 % du résultat (16,4 x 20 %).

On peut vérifier que 5 525 (résultat H_1) + 328 % de 5 525 (supplément H_2) est égale à : 5 525 + 18 122 ≈ 23 650 (résultat H_2).

10) Niveau optimal des ventes

Une politique de prix de vente adéquate permettrait de rendre l'hypothèse H_1 quasi-certaine, en tenant compte d'une étude de clientèle montrant que l'élasticité de la demande par rapport au prix « EDP » est de – 10.

Si on appelle :

– D la demande finale et D_0 la demande initiale,

– P le prix de vente final et P_0 le prix de vente initial,

alors :

$$\text{EDP} = \frac{\dfrac{D - D_0}{D_0}}{\dfrac{P - P_0}{P_0}} = -10.$$

Sachant que D_0 = 1 250 unités et que P_0 = 150 €, alors :

$$3 \cdot D + 250 \cdot P = 41\,250$$

ou bien

$$P = 165 - \frac{3}{250} D.$$

Le niveau optimal des ventes est celui permettant d'obtenir le résultat analytique « R » maximal.

On sait que :

– le chiffre d'affaires est égal à :

$$P.D = \left(165 - \frac{3}{250} D\right) \cdot D = -\frac{3}{250} D^2 + 165 \cdot D$$

– le coût total (somme du coût variable et du coût fixe) est égal à : $72{,}5 \cdot D + 85\,100$.

Donc l'équation du résultat R en fonction de la demande D est la suivante :

$$R = -\frac{3}{250}D^2 + 92,5 \cdot D - 85\,100$$

Rappelons les conditions d'extrema locaux : quand l'argument x d'une fonction f (x) passe par l'abscisse x_m d'un extremum local, le signe de la dérivée f '(x) change. Pour l'abscisse x_{max} d'un maximum local,

f '(x) > 0 pour $x < x_{max}$ et f '(x) < 0 pour $x_{max} > x$ et par conséquent si la dérivée est continue, f '(x) = 0. Donc une condition nécessaire pour avoir un extremum local est que la dérivée f '(x) s'annule. Le changement de signe de la dérivée première f '(x), exprimée par $f'(x_{max}) < 0$, garantit l'existence d'un maximum local.

Déterminons l'extremum de cette fonction, c'est-à-dire :

$$\frac{dR}{dD} = 0 \Leftrightarrow -\frac{6 \cdot D}{250} + 92,5 = 0 \Leftrightarrow D \approx 3\,854 \text{ u.}$$

d'où :

$$P = 165 - \frac{3}{250} \cdot 3\,854 = 118,75 \text{ €.}$$

Par rapport à la demande initiale D_0 (1 250 u.), une baisse du prix de vente unitaire à 118,75 € (soit – 20,8 % par rapport à 150 €) devrait entraîner, d'après l'étude de clientèle, une augmentation des quantités vendues à 3 854 (soit + 208 %). On retrouve bien le coefficient EDP de – 10 (soit le rapport $\frac{208}{-20,8}$).

Cependant, la CEE estime qu'elle ne peut descendre sous la barre psychologique de 125 €, étant donné que le prix de vente unitaire de l'article standard A est de 115 €.

En conséquence si P est égal à 125 €, alors :

$$D = 13\,750 - \frac{250}{3}P \approx 3\,333 \text{ u.}$$

Par rapport à la demande initiale D_0 (1 250 u.), une baisse du prix de vente unitaire à 125 € (soit – 16,7 % par rapport à 150 €) devrait entraîner une augmentation des quantités vendues à 3 333 (soit + 167 %).

En conclusion, pour ce niveau optimal (sous la contrainte : P ≥ 125 €) des ventes de 3 333 unités, le résultat R est donc donné par la relation suivante :

$$R = -\frac{3}{250} \times (3\,333)^2 + (92,5 \times 3\,333) - 85\,100 \approx 89\,896 \text{ €.}$$

Cas n° 11 – Jais

Dans l'entreprise Jais, l'étude des données constatées a fourni les renseignements suivants :

Q représente les quantités produites,

les charges de structure CF sont de 10 000 €,

les charges variables peuvent s'écrire $CV = 4Q^2$,

le prix de vente unitaire pvu est de 2 000 €.

Travail à faire

1) Exprimer en fonction de Q, le coût total, le coût total moyen et le coût marginal.

2) Déterminer l'optimum technique.

3) Déterminer l'optimum économique. Quel est alors le résultat ?

4) Faire une représentation graphique du coût total moyen, du coût marginal et du prix de vente unitaire en fonction de Q.

5) Que représentent les points d'intersection du coût total moyen et du prix de vente unitaire ? Conclusion.

Corrigé

1) Équations

Le coût total $CT = 4Q^2 + 10\,000$

Le coût total moyen $CTM = \frac{CT}{Q} = 4Q + \frac{10\,000}{Q}$

Le coût marginal $Cm = CT' = 8Q$

2) Optimum technique

Le coût total moyen passe par un minimum lorsque sa dérivée par rapport à Q s'annule :

$$CTM' = 4 - \frac{10\,000}{Q^2} = 0 \qquad \text{d'où } Q = 50 \text{ unités}$$

Le point de coordonnées (50 ; 400) est le point d'intersection des courbes du coût total moyen et du coût marginal. C'est l'optimum technique, c'est-à-dire la production Q où le coût total moyen est le plus bas.

Vérification : $Cm = 8 \times 50 = 400 = CTM$.

3) Optimum économique

Le profit total maximal est atteint quand la recette marginale, ici le prix de vente unitaire, est égal au coût marginal ; on parle alors d'optimum économique :

$$pvu = Cm \Leftrightarrow 2\,000 = 8Q \text{ d'où } Q = 250 \text{ unités}$$

La fonction du résultat PT est donnée par la relation suivante :

$$PT = 2\,000Q - (4Q^2 + 10\,000)$$

La dérivée de cette fonction est alors :

$$PT' = -8Q + 2\,000$$

elle s'annule bien pour Q = 250 unités
d'où le profit total :

$$PT = (2\,000 \times 250) - [\,(4 \times 250^2) + 10\,000] = 240\,000$$

4) Représentation graphique

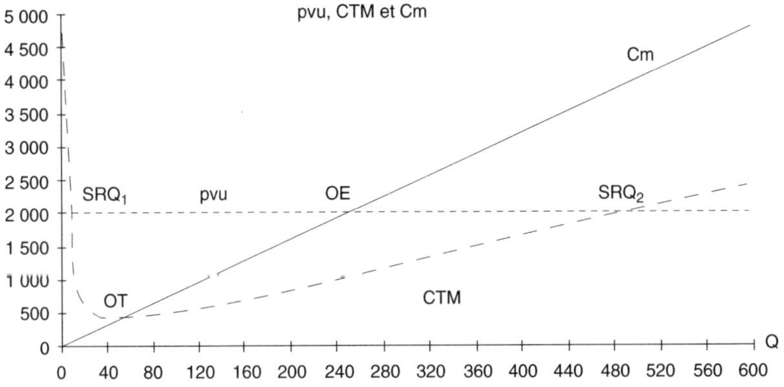

5) L'égalité du prix de vente unitaire et du coût total moyen concrétise le fait que l'entreprise a atteint son seuil de rentabilité (ici ses seuils de rentabilité) :

$$pvu = CTM$$

$$2\,000 = 4Q + \frac{10\,000}{Q}$$

si on multiplie chaque membre de l'égalité par Q, alors on obtient l'équation caractérisant le seuil de rentabilité :

$$\left.\begin{array}{r} pvu \times Q = CA \\ 2\,000 \times Q = CT = CV + CF \end{array}\right\} CA = CV + CF$$

Ici on doit résoudre l'équation du second degré suivante :

$$2\,000\,Q = 4Q^2 + 10\,000$$

$$\Leftrightarrow \; Q^2 - 500Q + 2\,500 = 0$$

d'où deux solutions $SRQ_1 \approx 5$ et $SRQ_2 \approx 495$.

Q doit donc être comprise entre 5 et 495 pour que le résultat soit positif. Entre 0 et 5, et au-delà de 495, le résultat est négatif.

En conclusion ;
pour $Q \in [0\,;5]$, zone de perte totale mais de profit marginal ;
pour $Q \in [5\,;250]$, zone de profit total et de profit marginal ;
pour $Q \in [250\,;495]$, zone de profit total mais de perte marginale ;
pour $Q \in [495\,;\infty[$, zone de perte totale et de perte marginale.

Cas n° 12 – Trouille

Depuis plusieurs jours, M. S. Croc, dirigeant de la Cie Trouille, souffre d'insomnies.

Son entreprise, qui occupe une position enviable sur un marché régional très concurrentiel, ne fabrique et ne vend qu'un seul produit par série de cinq, à deux distributeurs exclusifs.

La fin de l'année N a été pleine de rebondissements. Jusqu'à la fin août de cette même année, M. S. Croc ne vendait que trois séries au maximum au prix de vente unitaire moyen (sur les huit premiers mois) de 55 375 € la série. Mais, depuis la rentrée, les deux distributeurs lui ont fait savoir qu'ils souhaitaient acquérir conjointement, à partir de N + 1, entre sept et neuf séries par mois.

M. S. Croc se remémore une loi des rendements croissants et décroissants qui l'avait profondément marqué lorsqu'il était étudiant en sciences de gestion à l'Université. Intuitivement, il se dit qu'il doit y avoir équivalence entre cette fameuse loi et une logique des coûts décroissants et croissants, sachant que le marché étant très concurrentiel, il ne peut agir sur les prix.

Le lendemain, alors qu'il déjeune avec Mlle D. Licathe, jeune et ravissante comptable fraîchement diplômée, il évoque le problème à celle-ci…

Cette dernière l'approuve dans son trouble et lui propose, à partir des données actuelles de N, d'estimer l'optimum technique et surtout l'optimum économique. Elle rappelle à son patron que la méthode du coût marginal répond à la question vitale suivante : « peut-on accepter de vendre une ou plusieurs commandes supplémentaires ? »

M. S. Croc, emballé par la perspective de pouvoir trouver le sommeil, lui demande de préparer un rapport pour le lendemain matin, lui précisant les concepts d'optimum technique et d'optimum économique.

Dans la soirée, Mlle D. Licathe se dit qu'elle est bien contente d'avoir conservé l'ouvrage de comptabilité analytique de son ex-prof et elle se met au travail, oubliant même de dîner.

Le lendemain matin, en arrivant à son bureau, M. S. Croc découvre le rapport de Mlle D. Licathe et se sentant regaillardi par une bonne nuit de sommeil, commence à lire le document ci-après.

Annexe

Évolution des coûts durant les huit premiers mois de l'année N

Mois	janvier	février	mars	avril	mai	juin	juillet	août
Nombre de séries de 5	1	3	2	2	3	3	2	1
Coût total (CT)	43000	78075	57000	57000	77875	77825	56400	42750

À la lecture des documents comptables, les charges fixes mensuelles sont évaluées à 32 400 €.

La structure actuelle de la Cie est telle qu'elle permettrait de fabriquer et de vendre jusqu'à 10 séries de 5 unités.

Travail à faire

1) Déterminer la fonction du Coût Total à partir des observations de l'année N.

2) Déterminer l'optimum technique.

3) Déterminer l'optimum économique.

4) Présenter un tableau de synthèse des coûts et des prix.

5) Faire une représentation graphique du coût total moyen, du coût marginal et du prix du marché en fonction des quantités.

6) Apporter une brève conclusion sur la décision finale que doit adopter M. S. Croc.

Corrigé

le 7 septembre N

D. Li à S. Cr.

Objet : La méthode du coût marginal appliquée à la Cie Trouille

Introduction

La structure actuelle de la Cie Trouille est telle qu'elle permettrait de fabriquer et de vendre jusqu'à 10 séries de 5 unités. Au-delà, il faudrait envisager un investissement important qui ferait franchir un palier de charges fixes.

Cette dernière hypothèse est écartée compte tenu de la demande prévisionnelle des distributeurs qui porterait sur un maximum de 9 séries de 5.

1) Estimation du Coût Total à partir des données observées

À partir de l'évolution des coûts durant les huit premiers mois de l'année N, on en déduit le tableau ci-après :

séries x ®	**0**	**1**	**2**	**3**
Coût Total	32 400	42 875	56 800	77 925
Détails	Coût Fixe	$\frac{43000+42750}{2}$	$\frac{57000+57000+56400}{3}$	$\frac{78075+77875+77825}{3}$

® La Cie Trouille vend uniquement par série minimal de 5 unités : il est donc incohérent de raisonner à l'unité.

Les extraits de l'ouvrage de mon ex-prof sont cités entre guillemets.

« La fonction de coût total considérée comme la plus typique de la théorie micro-économique est caractérisée par des phases de rendements croissants puis de rendements décroissants, (donc de coûts décroissants puis croissants) : c'est donc une fonction du troisième degré du type : $CT(x) = a \cdot x^3 + b \cdot x^2 + c \cdot x + z$ ».

pour $x = 0$ $CT(0) = z = CF = 32\,400$
pour $x = 1$ $CT(1) = a + b + c + 32\,400 = 42\,875$
pour $x = 2$ $CT(2) = 8 \cdot a + 4 \cdot b + 2 \cdot c + 32\,400 = 56\,800$
pour $x = 3$ $CT(3) = 27 \cdot a + 9 \cdot b + 3 \cdot c + 32\,400 = 77\,925$

On aboutit à un système d'équations à trois inconnues :

$$\begin{cases} a + b + c = 10\,475 \\ 4 \cdot a + 2 \cdot b + c = 12\,200 \\ 9 \cdot a + 3 \cdot b + c = 15\,175 \end{cases}$$

De la première équation, on tire « c » : $c = 10\,475 - a - b$
et on remplace c dans les deuxième et troisième équations :

$$\begin{cases} 3 \cdot a + b = 1\,725 \\ 4 \cdot a + b = 2\,350 \end{cases}$$

De la première équation, on en déduit « b » : $b = 1\,725 - 3 \cdot a$ d'où : $4 \cdot a + 1\,725 - 3 \cdot a = 2\,350$.

En conséquence :

$a = 625$ $b = -150$ $c = 10\,000$

Les trois fonctions fondamentales caractérisant la Cie Trouille sont les suivantes :

$CT(x) = 625 \cdot x^3 - 150 \cdot x^2 + 10\,000 \cdot x + 32\,400$

$$CTM(x) = 625 \cdot x^2 - 150 \cdot x + 10\ 000 + \frac{32\ 400}{x}$$

$Cm(x) = 1\ 875 \cdot x^2 - 300 \cdot x + 10\ 000$

2) Détermination de l'optimum technique

« Pour déterminer l'optimum technique, deux voies restent possibles :

– soit on part de la définition : l'optimum technique correspondant au coût total moyen le plus bas, est donc un minimum, il suffit de dériver le coût total moyen CTM par rapport à x et d'annuler pour arriver à la solution OT en quantité et en valeur ;

– soit on part du résultat : l'optimum technique est caractérisé par le résultat ci-après : Cm = CTM permettant d'aboutir à la solution OT en quantité et en valeur ».

$$\frac{dCTM}{dx} = 1\ 250 \cdot x - 150 - \frac{32\ 400}{x^2} = 0$$

$\Leftrightarrow 1\ 250 \cdot x^3 - 150 \cdot x^2 - 32\ 400 = 0$ d'où l'optimum technique « OT » de coordonnées : x = 3 (séries de 5) et CTM(3) = 25 975 ou bien

$$Cm = CTM \Leftrightarrow 1\ 875 \cdot x^2 - 300 \cdot x + 10\ 000$$
$$= 625 \cdot x^2 - 150 \cdot x + 10\ 000 + \frac{32\ 400}{x}$$

$\Leftrightarrow 1\ 250 \cdot x^3 - 150 \cdot x^2 - 32\ 400 = 0$ d'où x = 3 et CTM (3) = 25 975 €.

3) Détermination de l'optimum économique

« Pour déterminer l'optimum économique, deux voies restent possibles :

– soit on part de la définition : l'optimum économique correspondant au profit total maximum, est donc un maximum, il suffit de dériver le profit total PT par rapport à x et d'annuler pour arriver à la solution OE en quantité et en valeur ;

– soit on part du résultat : l'optimum économique est caractérisée par le résultat ci-après : Cm = Rm permettant d'aboutir à la solution OE en quantité et en valeur ».

$$PT = 55\ 375 \cdot x - (625 \cdot x^3 - 150 \cdot x^2 + 10\ 000 \cdot x + 32\ 400)$$
$$= -625 \cdot x^3 + 150 \cdot x^2 + 45\ 375 \cdot x - 32\ 400$$

$$\frac{dPT}{dx} = -1\ 875 \cdot x^2 + 300 \cdot x + 45\ 375 = 0$$
$$\Leftrightarrow -25 \cdot x^2 + 4 \cdot x + 605 = 0$$

$$\Delta = 4^2 - 4 \cdot (-25) \cdot (605) = 60\ 516 = 246^2.$$

$x < 0$ à éliminer ;

$x > 0 : \ x = \dfrac{-4-246}{-50} = 5$ d'où l'optimum économique « OE » de coordonnées : x = 5 (séries de 5) et PT(5) = 120 100 ou bien

$$Cm = Rm = pma \Leftrightarrow 1\,875 \cdot x^2 - 300 \cdot x + 10\,000 = 55\,375$$
$$\Leftrightarrow -1\,875 \cdot x^2 + 300 \cdot x + 45\,375 = 0 \text{ d'où } x = 5 \text{ séries}$$
$$\text{et } PT(5) = 120\,100\ €.$$

4) Tableau de synthèse des coûts et prix
(cf. page suivante)

5) Graphique : CTM, Cm et pma en fonction de x

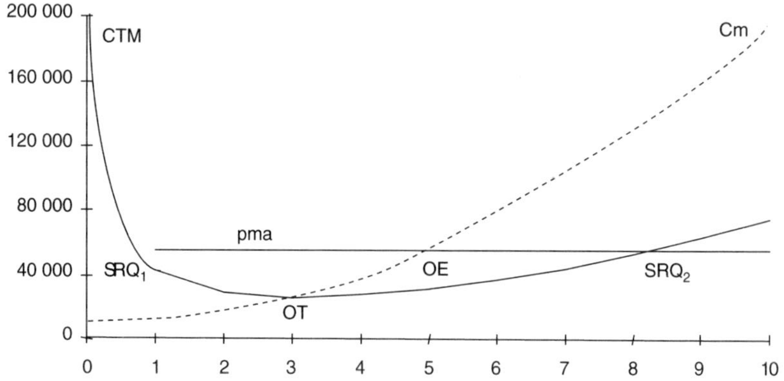

6) Conclusion

La Cie Trouille vend essentiellement des séries de 5 et, jusqu'à ce mois d'août N, un maximum de 3 séries par mois. Les deux distributeurs souhaitent commander, à partir de N + 1, entre 7 et 9 séries en fonction de leur besoin.

La Cie Trouille doit passer de 3 à 5 séries afin d'atteindre le profit total maximum, soit 120 100 (au lieu de 88 200 dans le meilleur des cas, soit : + 36 %). Au-delà, son profit total baisse jusqu'à 20 200 pour 8 séries. La Cie n'a pas intérêt à accepter de produire et de vendre 9 séries, car elle passerait dans une zone de perte totale avec – 67 500 €.

Elle doit privilégier l'un des deux distributeurs (le plus fidèle) en lui fournissant les commandes supplémentaires et se contenter d'approvisionner l'autre (le moins sûr) avec le nombre de séries usuel de telle sorte que le nombre de séries tourne entre 4 et 6 séries, soit un profit total oscillant entre 110 250 et 120 100 €.

x séries	0	1	2	3	4	5	6	7	8	9	10
pma	NS	55 375	55 375	55 375	55 375	55 375	55 375	55 375	55 375	55 375	55 375
CTM	∞	42 875	28 400	25 975	27 500	31 355	37 000	44 204	52 850	62 875	74 240
Cm	10 000	11 575	16 900	25 975	38 800	55 375	73 700	99 775	127 600	159 175	194 500
CT	32 400	42 875	56 800	77 925	110 000	156 775	222 000	309 425	422 800	565 875	742 400
RT	0	55 375	110 750	166 125	221 500	276 875	332 250	387 625	443 000	498 375	553 750
PT	– 32 400	12 500	53 950	88 200	111 500	120 100	110 250	78200	20 200	– 67 500	– 188 650

Cas n° 13 – CHA

La Compagnie Havraise d'Automatismes (CHA) installée en Normandie fabrique à la commande des machines spéciales, mais elle produit également en série des vérins pneumatiques de différents diamètres. Ces vérins sont vendus par des représentants exclusifs à des distributeurs régionaux.

En ce qui concernent les vérins, cette société dispose des Atelier 1 et Atelier 2.

Atelier 1 : Dans cet atelier sont assemblés le cylindre et la tige-piston appelés lorsqu'ils ne sont pas encore assemblés : pièce C. Deux catégories de personnel assemblent et montent la pièce C qui constitue à l'issue de cette opération un sous-ensemble SE qui est stocké.

Atelier 2 : Le sous-ensemble SE est repris, le piston et divers joints P sont ajoutés ; l'ensemble est contrôlé puis stocké et constitue un ensemble terminé appelé : vérin PM, commercialisable en l'état.

Il vous est donné ci-après le budget mensuel de production.

Budget mensuel établi pour 10 000 vérins

Atelier 1			
Pièces C	20 000 u.	45 €/u.	900 000
MOD catégorie 1	18 000 h.	80 €/h.	1 440 000
MOD catégorie 2	12 000 h.	100 €/h.	1 200 000
Charges indirectes	30 000 h.	32 €/h.	960 000
Total	Sous-ensembles SE		4 500 000
Atelier 2			
Sous-ensembles SE	10 000 u.	450 €/u.	4 500 000
Pièces P	10 000 u.	52,50 €/u.	525 000
MOD catégorie 3	7 500 h.	100 €/h.	750 000
Charges indirectes	7 500 h.	30 €/h.	225 000
Total	Vérins PM		6 000 000
Coût unitaire prévisionnel d'un vérin			600

Les données réelles du mois de mai vous sont communiquées.

1) Stocks

Date	01/05		31/05
Pièces C	13 200 p.	568 800 €	16 000 p.
Pièces P	11 400 p.	641 000 €	6 160 p.
Sous-ensembles SE	4 400 u.	2 033 500 €	5 700 u.
Vérins PM	4 200 u.	2 474 000 €	3 900 u.

2) Achats

pièces C 24 000 p. à 39 €/p.
pièces P 4 000 p. à 46 €/p.

3) Activité et production

Atelier 1
10 500 SE fabriqués

MOD 1	19 100 h	1 499 350 €
MOD 2	12 300 h	1 254 600 €

Atelier 2
9 200 vérins montés

MOD 3	6 820 h	671 770 €

4) Répartition des charges indirectes au cours du mois de mai

Centres	Approvisionnement	Atelier 1	Atelier 2	Distribution
Totaux	154 000	1 059 250	200 030	465 690
Unité d'œuvre	Nombre de pièces achetées	Heures de MOD	Heures de MOD	CA (K€)

5) Distribution

Ventes : 9 500 vérins à 950 € l'unité
Total des charges directes : 1 859 310 €

6) Analyse des charges indirectes extraites du budget

	Atelier 1		**Atelier 2**	
	Total	**Taux horaire**	**Total**	**Taux horaire**
Charges variables	660 000	22	150 000	20
Charges fixes	300 000	10	75 000	10
Charges totales	960 000	32	225 000	30

Travail à faire

Établir pour le mois de mai :
1) les coûts d'approvisionnement des pièces C et P,
2) les inventaires permanents des pièces C et P,
3) le coût de production du sous-ensemble SE,
4) l'inventaire permanent du sous-ensemble SE,
5) le coût de production des vérins PM,
6) l'inventaire permanent des vérins PM,

7) le coût de distribution des vérins PM,

8) le coût de revient et le résultat analytique d'un vérin,

9) le contrôle de gestion vous demande ensuite de dégager les écarts entre le budget mensuel et les charges réelles mensuelles en ce qui concerne l'atelier 2.

Corrigé

1) Coûts d'approvisionnement des pièces C et P

Les frais d'approvisionnement s'élèvent à 5,50 €
(154 000/28 000) par pièce achetée.

Pièce C : 24 000 p. à 39 €/p. + 5,50 €/p. : soit 44,50 €/p. et au total 24 000 × 44,50 = 1 068 000 €.

Pièce P : 4 000 p. à 46 €/p. + 5,50 €/p. : soit 51,50 €/p. et au total 4 000 × 51,50 = 206 000 €.

2) IP des pièces C et P

IP C

Libellé	Quantité	Montant	Libellé	Quantité	Montant
Stock initial Entrée	13 200 24 000	568 800 1 068 000	Sortie Stock final	21 200 16 000	932 800 704 000
Total	37 200	1 636 800	Total	37 200	1 636 800

CMUP = 1 636 800/37 200 = 44.

IP P

Libellé	Quantité	Montant	Libellé	Quantité	Montant
Stock initial Entrée	11 400 4 000	641 000 206 000	Sortie Stock final	9 240 6 160	508 200 338 800
Total	15 400	847 000	Total	15 400	847 000

CMUP = 847 000/15 400 = 55.

Sachant qu'on fabrique 9 200 vérins PM et que le stock final de pièces P est de 6 160 unités, les sorties d'IP sont donc de 9 240 unités. On peut supposer un déchet irrécupérable de 40 unités sur les pistons et divers joints augmentant le coût de revient des vérins PM (idem pour C : 200 unités de déchet irrécupérable).

3) Coût de production du sous-ensemble SE

Pièces C MOD 1 MOD 2 Frais de production	21 200 à 44 €/u. 19 100 à 78,50 €/h. 12 300 à 102 €/h.	932 800 1 499 350 1 254 600 1 059 250
Total	10 500 unités	4 746 000
Coût de production unitaire		452

4) IP SE

IP SE

Libellé	Quantité	Montant	Libellé	Quantité	Montant
Stock initial Entrée	4 400 10 500	2 033 500 4 746 000	Sortie Stock final	9 200 5 700	4 186 000 2 593 500
Total	14 900	6 779 500	Total	14 900	6 779 500

CMUP = 6 779 500/14 900 = 455.

5) Coût de production des vérins PM

Sous-ensemble SE Pièces P MOD 3 Frais de production	9 200 à 455 €/u. 9 240 à 55 €/u. 6 820 à 98,5 €/h.	4 186 000 508 200 671 770 200 030
Total	9 200 unités	5 566 000
Coût de production unitaire		605

6) IP PM

IP PM

Libellé	Quantité	Montant	Libellé	Quantité	Montant
Stock initial Entrée	4 200 9 200	2 474 000 5 566 000	Sortie Stock final	9 500 3 900	5 700 000 2 340 000
Total	13 400	8 040 000	Total	13 400	8 040 000

CMUP = 8 040 000/13 400 = 600.

7) Coût de distribution des vérins PM

Charges directes Charges indirectes	1 859 310 465 690
Total	2 325 000
Coût de distribution unitaire	≈ 244,74

8) Coût de revient des vérins PM

Coût de production des vérins vendus Coût de distribution	9 500 à 600 €/u. 9 500 à 244,74 €/u.	5 700 000 2 325 000
Total		8 025 000
Coût unitaire		≈ 844,74

Résultat analytique des vérins PM

Chiffre d'affaires – Coût de revient	9 500 à 950 €/u. 9 500 à 844,74 €/u.	9 025 000 – 8 025 000
Résultat analytique		1 000 000
Résultat unitaire		≈ 105,26

9) Écarts

À partir du budget mensuel établi pour 10 000 vérins, on peut aboutir à la norme unitaire.

Norme unitaire

Éléments	**Normes élémentaires**	**Coût unitaire**	**Total**
Sous-ensemble SE	1 u.	450 €	450
Pièces P	1 u.	52,50 €	52,50
MOD catégorie 3	0,75 heure	100 €	75
Charges indirectes	0,75 heure	30 €	22,50
		Norme unitaire	600 €

600 correspond au coût de production unitaire prévisionnel, à la norme unitaire.

On doit vérifier l'égalité suivante :

Norme = Norme unitaire × Production budgétée (Pb),

c'est-à-dire 6 000 000 = 600 × 10 000

Tableau conduisant à l'écart global

Éléments	Coût de production réel			Coût de production préétabli					Écart	
	Qr	**cur**	**Montant**	**Norme élément.**	**Pr**	**Qp**	**cub**	**Montant**	**Déf. (+)**	**Fav. (–)**
Ch. dir.										
SE	9 200	455	4 186 000	1	9 200	9 200	450	4 140 000	46 000	
Pièces P	9 240	55	508 200	1	9 200	9 200	52,5	483 000	25 200	
MOD 3	6 820	98,5	671 770	0,75	9 200	6 900	100	690 000		– 18 230
Ch. ind.	6 820		200 030	0,75	9 200	6 900	30	207 000		– 6 970
			5 566 000					5 520 000	71 200	– 25 200
									46 000	

Écart Global défavorable

Analyse sur charges directes

$$E(SE) = (Qr \times cur) - (Qp \times cub) = 46\ 000$$

d'où :

$$E\ (Q) = 0$$

$$E(P) = (cur - cub) \times Qr = 46\ 000\ (\text{déf.}).$$

$$E(\text{pièces}) = (Qr \times cur) - (Qp \times cub) = 25\ 200$$

d'où :

$$E(Q) = (Qr - Qp) \times cub = 2\ 100\ (\text{déf.})$$

$$E(P) = (cur - cub) \times Qr = 23\ 100\ (\text{déf.}).$$

$$E(MOD\ 3) = (Tr \times tr) - (Tp \times tb) = -\ 18\ 230$$

d'où :

$$E(T) = (Tr - Tp) \times tb = -\ 8\ 000\ (\text{fav.})$$

$$E\ (t) = (tr - tb) \times Tr = -\ 10\ 230\ (\text{fav.}).$$

Analyse sur charges indirectes

$$E\ (CI) = \text{Frais réels} - BSI = -\ 6\ 970$$

sachant que BSB (frais) = 225 000.

On doit calculer :

$$BSE = BSB\ (\text{frais}) \times Tr/Tb = 204\ 600$$

$$BSF = BSB\ (\text{frais fixes}) + [BSB\ (\text{frais variables}) \times Tr/Tb] = 211\ 400.$$

On en déduit les trois sous-écarts suivants :

$$E(BUD) = \text{Frais réels} - BSF = -\ 11\ 370\ (\text{fav.})$$

L'écart sur budget est généralement la différence la plus significative puisque confrontant les frais réels et BSF. Cet écart peut être analysé comme suit : Ar × (cuovr – cuovb), où Ar est l'activité réelle (6 820 heures), cuovr est le coût d'unité d'œuvre variable réel (≈ 18,333 €)

et cuovb est le coût d'unité d'œuvre variable budgété (= 20 €). On obtient alors E(BUD) = 6 820 × (18,333 – 20) ≈ – 11 370, soit un écart sur frais variables favorable en raison d'un écart sur prix variable favorable puisque le coût d'unité d'œuvre variable réel du centre Atelier 2 est inférieur de 1,667 € au coût d'unité d'œuvre variable budgété.

E(ACT) = BSF – BSE = 6 800 (déf.)

On peut développer E(ACT) de la façon suivante : E(ACT) = BSB (frais fixes) × (1 – CIR) où CIR est le coefficient d'imputation rationnelle pour le centre Atelier 2, soit le rapport $\frac{6\,820}{7\,500} \approx 0{,}909$.

Cette dernière valeur étant inférieure à 1, il y a un coût de chômage et donc un écart d'imputation rationnelle défavorable. L'activité budgétée Ab permettant d'absorber intégralement les charges de structure est de 7 500 heures. La compagnie est en sous-activité : par rapport au budget, elle a perdu 680 heures (7 500 – 6 820) et ces heures non effectuées ne lui ont pas permis d'absorber 680 h. × 10 €/h. = 6 800 € de frais de structure (soit le produit de (Ab – Ar) et de cuofb le coût d'unité d'œuvre fixe budgété).

E(PRO) = BSE – BSI = – 2 400 (fav.)

De même, E(PRO) peut être regardé comme l'expression : cuob × (Ar – Ap) où cuob est le coût d'unité d'œuvre budgété (= 30 €), Ar est l'activité réelle (= 6 820 heures) et Ap est l'activité préétabli pour réaliser la production réelle (= 6 900 heures). On constate un gain de productivité de 80 heures à 30 €, soit 2 400 €. Par ailleurs, E(PRO) = cuob × Pr × (aru – NE) = 30 × 9 200 × (0,741 – 0,75) ≈ – 2 400. Finalement, la sur-productivité atteint 0,009 heure par produit fabriqué dans le centre de production, soit près d'une minute de moins que prévu.

Cas n° 14 – Navimar

La société Navimar réputée pour la fabrication de petites embarcations (Lutin IV et Arlequin III) a présenté lors du dernier salon nautique, un modèle de planche à voile de luxe : le Sea Cat dont les spécificités sont les suivantes :

- matériau : ABS,
- poids : 15 kg,
- longueur : 3,10 m,
- largeur : 0,65 m,
- prix de vente unitaire : 2 200 €.

La fabrication en série a débuté dans un nouvel atelier au mois de mars.

Les résultats du mois de mai sont considérés comme significatifs et vous sont communiqués ci-dessous :

Stock matières premières au 01/05	2 080 kg	28 €/kg
Stock Sea Cat (hors gréement) au 01/05	315 unités	336 000 €
Stock matières premières au 31/05	2 300 kg	
Stock Sea Cat (hors gréement) au 31/05	285 unités	
Achats de matières premières	3 600 kg	28 €/kg
Charges directes de personnel	2 040 heures	79 560 €
Charges directes de machines	240 heures	30 240 €
Charges indirectes	67 580 €	

se répartissant ainsi :

	Variables	Fixes
Approvisionnement	11 360	
Production	14 300	16 000
Distribution	25 920	
Total	51 580	16 000

Durant le mois de mai, il a été fabriqué 210 planches et il n'existe aucun en-cours.

Toute la partie gréement est approvisionnée à l'extérieur et n'intervient en aucune façon en ce qui concerne les écarts.

Les quantités vendues ont été de 240 planches.

Le budget de production du mois de mai établi en fonction du programme annuel est de 200 planches, et le coût de production prévisionnel unitaire est le suivant :

Matières premières (frais inclus)	15 kg	28 €/kg	420
Main-d'œuvre directe	10 h	40 €/h	400
Charges directes de machines	1 h	125 €/h	125
Charges indirectes de production	10 h	13,5 €/h	135
Coût de production prévisionnel unitaire			1 080

Les charges indirectes de production ont été évaluées à 27 000 € par mois dont 16 000 € de charges de structure.

Du fait de l'automatisation importante de la production, il a été créé un poste charges directes de machines qui, outre l'amortissement, comprend des charges telles que l'énergie consommée, les assurances, l'imposition spécifique (taxe professionnelle), les charges financières, l'entretien (abonnements, déplacements...).

Travail à faire

1) Établir le coût d'approvisionnement des matières premières, sachant que la société Navimar utilise la méthode du CMUP.

2) Établir le coût de production réel du Sea Cat.

3) Établir le résultat analytique unitaire.

4) Déterminer l'écart global au niveau du coût de production.

5) Calculer les écarts suivants :

– Matières premières	– Quantité – Prix
– MOD	– Temps – Taux horaire
– Charges directes de machines	– Temps – Taux horaire
– Charges indirectes	– Budget – Activité – Productivité

Corrigé

1) Coût d'approvisionnement

coût d'approvisionnement des matières premières
= prix d'achat matières premières + frais sur achats
= (3 600 × 28) + 11 360 = 112 160

IP matières premières

Libellé	Quantité	Montant	Libellé	Quantité	Montant
Stock initial	2 080	58 240	Sortie	3 380	101 400
Entrée	3 600	112 160	Stock final	2 300	69 000
Total	5 680	170 400	Total	5 680	170 400

CMUP = 30.

2) Coût de production

coût de production du Sea Cat
= coût d'achat matières premières utilisées + charges directes de production + frais de production
= 101 400 + 79 560 + 30 240 + 14 300 + 16 000 = 241 500

IP Sea Cat

Libellé	Quantité	Montant	Libellé	Quantité	Montant
Stock initial Entrée	315 210	336 000 241 500	Sortie Stock final	240 285	264 000 313 500
Total	525	577 500	Total	525	577 500

CMUP = 1 100.

3) Coût de revient et résultat analytique

coût de revient du Sea Cat vendu
= coût de production Sea Cat vendu + coût de distribution
= 264 000 + 25 920 = 289 920

résultat analytique Sea Cat
= prix de vente – coût de revient
= 528 000 – 289 920 = 238 080

résultat analytique unitaire = 992 €.

4) Détermination de l'écart global

Norme unitaire

Éléments	Normes élémentaires	Coût unitaire	Total
Matières consommées	15 kg	28 €	420
MOD	10 heures	40 €	400
Autres charges directes	1 heure	125 €	125
Frais de production	10 heures	13,5 €	135
		Norme unitaire	1 080

1 080 € correspond au coût de production unitaire prévisionnel, à la norme unitaire.

On doit vérifier notamment l'égalité suivante :

Coût préétabli = Norme unitaire × Production réelle (Pr), c'est-à-dire 226 800 = 1 080 × 210.

Tableau conduisant à l'écart global

Éléments	Coût de production réel			Coût de production préétabli					Écart	
	Qr	cur	Montant	Norme élément	Pr	Qp	cub	Montant	Déf. (+)	Fav. (–)
Ch. dir.										
Matières	3 380	30	101 400	15	210	3 150	28	88 200	13 200	
MOD	2 040	39	79 560	10	210	2 100	40	84 000		– 4 440
Autres	240	126	30 240	1	210	210	125	26 250	3 990	
Ch. ind.	2 040		30 300	10	210	2 100	13,5	28 350	1 950	
			241 500					226 800	19 140	– 4 440
									14 700	

Écart global défavorable

5) Analyse des écarts

Analyse sur charges directes

$$E(MAT) = (Qr \times cur) - (Qp \times cub) = 13\ 200$$

d'où :

$$E(Q) = (Qr - Qp) \times cub = 6\ 440 \text{ (déf.)}$$

$$E(P) = (cur - cub) \times Qr = 6\ 760 \text{ (déf.)}$$

$$E(MOD) = (Tr \times tr) - (Tp \times tb) = -\ 4\ 440$$

d'où :

$$E(T) = (Tr - Tp) \times tb = -\ 2\ 400 \text{ (fav.)}$$

$$E(t) = (tr - tb) \times Tr = -\ 2\ 040 \text{ (fav.)}$$

$$E \text{ (autres charges directes)} = (Tr \times tr) - (Tp \times tb) = 3\ 990$$

d'où :

$$E(T) = (Tr - Tp) \times tb = 3\ 750 \text{ (déf.)}$$

$$E(t) = (tr - tb) \times Tr = 240 \text{ (déf.)}$$

Analyse sur charges indirectes

$$E\ (CI) = \text{Frais réels} - BSI = 1\ 950$$

sachant que BSB (frais) = 27 000.

On peut vérifier par la formule que BSI est égale à : 28 350.

On doit calculer :

$$BSE = BSB\ (\text{frais}) \times Tr/Tb = 27\ 540$$

$$BSF = BSB\ (\text{frais fixes}) + [BSB\ (\text{frais variables}) \times Tr/Tb] = 27\ 220$$

On en déduit les trois sous-écarts suivants :

E(BUD) = Ar × (cuovr – cuovb) = 2 040 × (7,0 – 5,5) ≈ 3 080 car les frais variables réels valent 14 300 (30 300 – 16 000) pour une activité réelle

Ar de 2 040 heures, soit un coût d'unité d'œuvre variable réel cuovr de 7,0 et par ailleurs, BSB (frais variables) est égal à 11 000 pour une activité budgétée Ab de 2 000 heures, soit un coût d'unité d'œuvre variable budgété cuovb de 5,5.

L'écart sur frais variables est défavorable en raison d'un écart sur prix variable défavorable puisque le coût d'unité d'œuvre variable réel du centre de production est supérieur de 1,5 € au coût d'unité d'œuvre variable budgété.

E(ACT) = BSB (frais fixes) × (1 – CIR) = 16 000 × (1 – 2 040/2 000) = 16 000 × (1 – 1,02) = – 320. L'écart sur activité est négatif donc favorable, ce qui est validé en termes d'imputation rationnelle puisque CIR est supérieur à un, il y a boni de suractivité et donc un écart d'imputation rationnelle favorable. L'activité budgétée Ab permettant d'absorber les frais fixes est de 2 000 heures. La suractivité est de 40 heures (Ar – Ab) que l'on peut éventuellement valoriser à un coût d'unité d'œuvre fixe budgété cuofb de 8 € (16 000/2 000), soit un profit de : 40 × 8 = 320.

E(PRO) = cuob × (Ar – Ap) = 13,5 × (2 040 – 2 100) = – 810. Le temps réel est de 2 040 heures alors que le temps préétabli pour réaliser la production réelle est de 2 100 heures : force est de constater un gain de productivité de 60 heures à un coût d'unité d'œuvre budgété de 13,5 €, soit : 60 × 13,5 = 810. On peut aussi écrire que E(PRO) = cuob × Pr × (aru – NE) = 13,5 × 210 × (9,714 – 10) ≈ – 810. Finalement, la sur-productivité atteint 0,286 heure par produit fabriqué dans le centre de production, soit environ 17 minutes de moins que prévu.

Cas n° 15 – Nocturne

Première partie

L'entreprise Nocturne, société à caractère familial fondée en 1958, fabrique trois articles A, B et C. Son organisation de production repose sur trois ateliers de fabrication.

L'atelier 1 fabrique les produits intermédiaires « PI » à partir de deux matières premières M et N. L'atelier 2 assemble les produits intermédiaires PI fournis par l'atelier 1 pour réaliser les articles « A » et « B ».

L'article A est obtenu par assemblage de deux produits intermédiaires et l'article B par assemblage de trois produits intermédiaires. Ces assemblages n'exigent aucune autre matière première, hormis des matières consommables dont le coût figure dans les frais de centre.

Les articles A et B sont vendus tels qu'ils sortent de l'atelier 2. Toutefois, une partie importante des articles A est transformée en articles C (à raison d'un A pour un C) par adjonction d'un accessoire « X ». Cette transformation réalisée dans l'atelier 3 laisse échapper un déchet chimique « D » sans valeur, qui doit être traité et épuré avant évacuation.

Pour le mois de février N + 1, on dispose des renseignements suivants :

1) Le tableau de répartition des charges incorporables indirectes se présente ainsi :

Charges	**Centre Transport**	**Centre Prestations Connexes**	**Centre Atelier 1**	**Centre Atelier 2**	**Centre Atelier 3**	**Centre Distribution**
Total après Rép. Primaire	9 000	68 750	179 500	276 450	16 500	163 050
C/Transport		10 %	20 %	20 %		50 %
C/Prestations Connexes	5 %		30 %	30 %	5 %	30 %
Unité d'œuvre			Heure MOD	Heure-machine	Heure MOD	1 000 € de CAHT

2) Stocks en début de période

matière première M : 100 kg à 892 €/kg

matière première N : 200 kg à 741,20 €/kg

accessoire X : 2 000 unités à 11 €/u

produit intermédiaire PI : 2 000 éléments valant 59 046 €

3) Stocks en fin de période (hors produits finis)

M : 150 kg

N : 150 kg

X : 3 000 unités

en-cours atelier 1 : 3 000 éléments

4) Les achats de la période sont les suivants :
matière première M : 1 080 kg à 1010 €/kg
matière première N : 980 kg à 812 €/kg
accessoire X : 11 000 unités à 11 €/u

5) L'entreprise a produit 73 000 PI dont 3 000 non terminés à fin février : le cycle de fabrication de ces éléments est relativement long (il peut prendre quelques jours). L'évaluation des en-cours atelier 1 s'effectue à partir du coût de production prévisionnel (voir *infra*). Le chef d'atelier a estimé qu'un en-cours atelier 1 a reçu la totalité de la matière M, la moitié de la matière N, le quart de la MOD et la moitié des frais de l'atelier 1.

6) Les dépenses de main-d'œuvre directe (MOD) sont les suivantes :
atelier 1 : 5 075 heures à 80 €/h
atelier 2 : 4 000 heures à 80 €/h
atelier 3 : 1 000 heures à 80 €/h

7) Concernant l'atelier 2, il faut noter que le temps de travail des machines (10 000 heures en février) nécessaire à l'assemblage est proportionnel au nombre de produits intermédiaires assemblés.

Par contre, le temps de MOD dans cet atelier est identique pour les articles A et B.

8) L'entreprise Nocturne a produit 20 000 articles A, 10 000 articles B et 10 000 articles C.

9) Le traitement du déchet D a nécessité 125 kg de produit chimique à 126,40 €/kg et 1 250 m^3 d'eau à 7,12 €/m^3.

10) Les ventes de la période ont été de 9 000 articles A, 10 000 articles B et 8 500 articles C.

11) Les prix de vente unitaire sont respectivement de 160 € pour A, 100 € pour B et 120 € pour C.

12) Les stocks sont évalués selon la méthode du coût moyen unitaire pondéré.

Travail à faire

1) Terminer le tableau des centre d'analyse sans arrondir les coûts d'unité d'œuvre.
2) Calculer les coûts d'achat pour M, N et X.
3) Calculer les coûts de production de PI, A, B et C.
4) Calculer les coûts de revient de A, B et C.
5) Calculer les résultats analytiques unitaires pour A, B et C.

Seconde partie

Pour cette même période, le contrôleur de gestion avait prévu de fabriquer 70 000 produits intermédiaires (dans l'atelier 1) à partir des éléments suivants :

1 085 kg de matière M à un coût d'achat prévisionnel unitaire de 1008 €
1 155 kg de matière N à un coût d'achat prévisionnel unitaire de 790 €
4 550 heures de MOD pour un montant prévisionnel de 373 100 €
236 600 € de frais prévisionnels sur atelier 1 dont 72 800 € de frais fixes.

Travail à faire

6) Déterminer l'écart global sur atelier 1.
7) Calculer et analyser vectoriellement les écarts sur M et N.
8) Calculer et analyser vectoriellement l'écart sur MOD.
9) Calculer et analyser vectoriellement l'écart sur charges indirectes.

Corrigé

Préalablement à la construction du tableau des centres d'analyse, il est intéressant de montrer que l'élaboration des articles A, B et C suit un processus séquentiel.

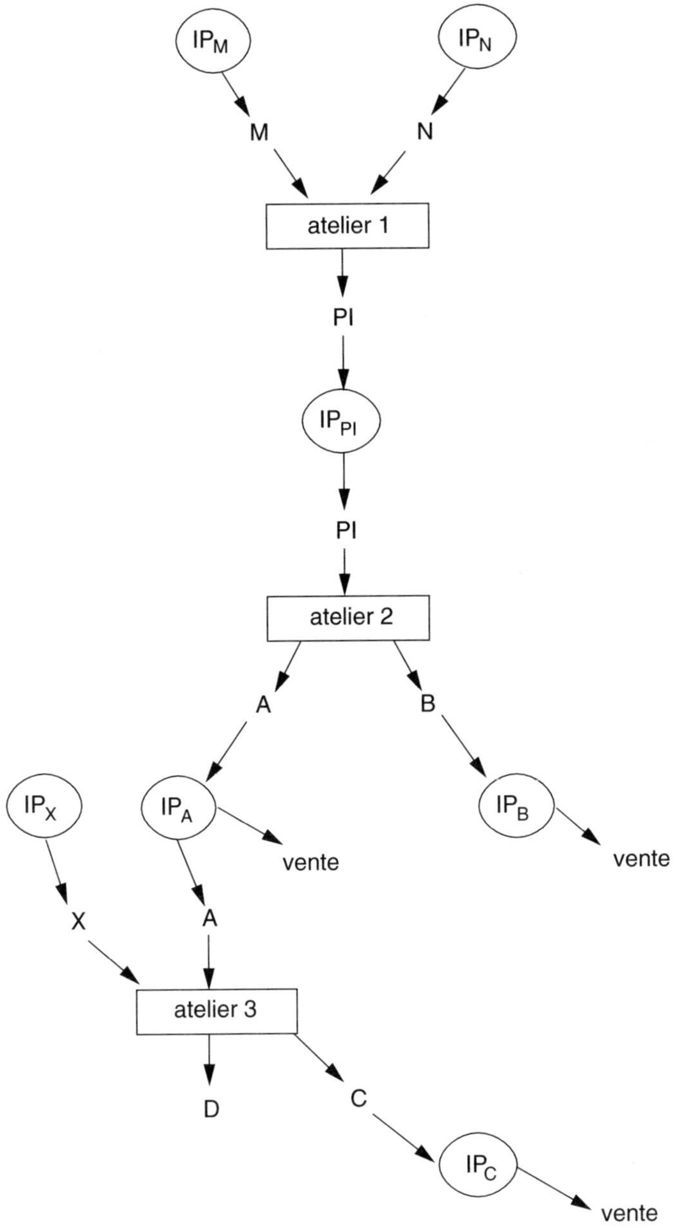

1) Tableau des centres d'analyse

Il y a prestations réciproques entre le centre transport et le centre prestations connexes. Soit x le montant des charges du centre transport et y celui du centre prestations connexes ; on obtient les deux équations suivantes :

$$\begin{cases} x = 9\ 000 + 0,05 \cdot y \\ y = 68\ 750 + 0,1 \cdot x \end{cases}$$

En résolvant, on obtient :

x = 12 500

y = 70 000

Le tableau de répartition des charges indirectes du mois de février N+1 se présente ainsi :

Charges	Total	Transp.	Prest. connexes	Atel. 1	Atel. 2	Atel. 3	Distrib.
Total après rép. primaire	713 250	9 000	68 750	179 500	276 450	16 500	163 050
C/transport		– 12 500	1 250	2 500	2 500		6 250
C/énergie		3 500	– 70 000	21 000	21 000	3 500	21 000
Total après rép. secondaire	713 250	0	0	203 000	299 950	20 000	190 300
Unité d'œuvre				Heure MOD	Heure machine	Heure MOD	1 000 € de CAHT
Nombre d'U.O.				5 075	10 000	1 000	3 460
Coût d'unité d'œuvre				40	29,995	20	55

2) Coûts d'achat

	M	N	X
Quantité × coût unitaire			
1 080 × 1 010	1 090 800		
980 × 812		795 760	
11000 × 11			121 000
Total	1 090 800	795 760	121 000

Inventaires permanents

IP M

Libellé	Quantité	Montant	Libellé	Quantité	Montant
Stock initial	100	89 200	Sortie	1 030	1 030 000
Entrée	1 080	1 090 800	Stock final	150	150 000
Total	1 180	1 180 000	Total	1 180	1 180 000

CMUP = 1 180 000/1 180 = 1 000

IP N

Libellé	Quantité	Montant	Libellé	Quantité	Montant
Stock initial Entrée	200 980	148 240 795 760	Sortie Stock final	1 030 150	824 000 120 000
Total	1 180	944 000	Total	1 180	944 000

CMUP = 800

IP X

Libellé	Quantité	Montant	Libellé	Quantité	Montant
Stock initial Entrée	2 000 11 000	22 000 121 000	Sortie Stock final	10 000 3 000	110 000 33 000
Total	13 000	143 000	Total	13000	143 000

CMUP = 11

3) Coûts de production

Coût de production des produits intermédiaires PI

Charges directes matière première M consommée matière première N consommée MOD atelier 1 *Charges indirectes* frais d'atelier 1	 1 030 000 824 000 406 000 203 000
Sous-total : PI terminés et en-cours atelier 1	2 463 000
A déduire en-cours atelier 1	– 75 492
Total : 70 000 PI terminés fin février	2 387 508

Le texte précise que : « l'évaluation des en-cours atelier 1 s'effectue à partir du coût de production prévisionnel. Le chef d'atelier a estimé qu'un en-cours atelier 1 a reçu la totalité de la matière M, la moitié de la matière N, le quart de la MOD et la moitié des frais de l'atelier 1 ».

Évaluation des en-cours atelier 1
(ou produits intermédiaires PI non achevés à fin février)

Charges directes		
Totalité de la matière première M consommée	$\frac{1\,085}{70\,000} \times 1\,008$	15,624
Moitié de la matière première N consommée	$\frac{\frac{1\,155}{70\,000} \times 790}{2}$	6,5175
Quart de la MOD	$\frac{\frac{4\,550}{70\,000} \times 82}{4}$	1,3325
Charges indirectes		
Moitié des frais d'atelier 1	$\frac{\frac{4\,550}{70\,000} \times 52}{2}$	1,69
Valeur d'un en-cours atelier d'après coût prévisionnel		25,164

En conséquence, les 3 000 en-cours atelier 1 valorisés à partir du coût de production prévisionnel sont estimés à :

$$3\,000 \times 25{,}164 = 75\,492\ €.$$

IP PI

Libellé	Quantité	Montant	Libellé	Quantité	Montant
Stock initial	2 000	59 046	Sortie	70 000	2 378 600
Entrée	70 000	2 387 508	Stock final	2 000	67 960
			Diff. invent.		– 6
Total	72 000	2 446 554	Total	72 000	2 446 554

CMUP ≈ 33,98

IP en-cours atelier 1

Libellé	Quantité	Montant	Libellé	Quantité	Montant
Entrée	3 000	75 492	Stock final	3 000	75 492
Total	3 000	75 492	Total	3 000	75 492

CMUP = 25,164

Coût de production des produits A

Charges directes Produits intermédiaires PI utilisés	1 359 200
MOD atelier 2	160 000
Charges indirectes Frais d'atelier 2	171 400
Total	1 690 600

Il faut 2 PI pour faire 1 A, donc 40 000 PI pour faire 20 000 A (resp. 3 PI pour 1 B, donc 30 000 PI pour 10 000 B). Le temps de MOD est identique pour les articles A et B, donc 2 000 h. à 80 €/h, soit 160 000 pour A ou pour B. Le temps de travail des machines est proportionnel au nombre de produits intermédiaires PI assemblés, soit : $29{,}995 \times 10\ 000 \times \frac{4}{7} = 171\ 400$ pour A et donc la différence : 128 550 pour B.

IP A

Libellé	Quantité	Montant	Libellé	Quantité	Montant
Stock initial	0	0	Sortie (vente)	9 000	760 770
Entrée	20 000	1 690 600	Sortie (atelier 3)	10 000	845 300
			Stock final	1 000	84 530
Total	20 000	1 690 600	Total	20 000	1 690 600

CMUP = 84,53

Coût de production des produits B

Charges directes Produits intermédiaires PI utilisés	1 019 400
MOD atelier 2	160 000
Charges indirectes	
Frais d'atelier 2	128 550
Total	1 307 950

IP B

Libellé	Quantité	Montant	Libellé	Quantité	Montant
Entrée	10 000	1 307 950	Sortie	10 000	1 307 950
Total	10 000	1 307 950	Total	10 000	1 307 950

CMUP = 130,795

Coût de production des produits C

Charges directes	
Produits finis A utilisés	845 300
Accessoires X utilisés	110 000
MOD atelier 3	80 000
Traitement du déchet D (produit chimique)	15 800
Traitement du déchet D (eau)	8 900
Charges indirectes	
Frais d'atelier 3	20 000
Total	1 080 000

IP C

Libellé	Quantité	Montant	Libellé	Quantité	Montant
Stock initial	0	0	Sortie	8 500	918 000
Entrée	10 000	1 080 000	Stock final	1 500	162 000
Total	10 000	1 080 000	Total	10 000	1 080 000

CMUP = 108

4) Calculs des coûts de revient de A, B et C

	A	B	C
Coût de production des produits vendus	760 770	1 307 950	918 000
Coût de distribution			
55 × 1 440	79 200		
55 × 1 000		55 000	
55 × 1 020			56 100
Total	839 970	1 362 950	974 100

5) Calculs des résultats analytiques (unitaires) pour A, B et C

	A	B	C
Prix de vente Coût de revient	1 440 000 – 839 970	1 000 000 – 1 362 950	1 020 000 – 974 100
Différence	600 030	– 362 950	45 900
A l'unité	+ 66,67 €	– 36,295 €	+ 5,4 €

6) Détermination de l'écart global sur atelier 1

Le Budget Standard de Base (BSB) correspond au coût de production prévisionnel (ou budgété) nécessaire à la fabrication de 70 000 produits intermédiaires PI (ou Production budgétée Pb), Qb étant la quantité budgétée et cub étant le coût unitaire budgété.

BSB (Pb = 70 000)

Eléments	**Quantité (Qb)**	**Coût unitaire budgété (cub)**	**Montant**
Matière M consommée	1 085 kg	1 008	1 093 680
Matière N consommée	1 155 kg	790	912 450
MOD atelier 1	4 550 heures	82	373 100
Frais d'atelier 1	4 550 heures	52	236 600
		Norme	2 615 830

On en déduit la norme unitaire et les normes élémentaires :

Eléments	**Normes élémentaires**	**cub**	**Total**
Matière M consommée	0,0155 kg	1 008 €	15,624
Matière N consommée	0,0165 kg	790 €	13,035
MOD atelier 1	0,065 heure	82 €	5,33
Frais d'atelier 1	0,065 heure	52 €	3,38
		Norme unitaire	37,369 €

La valeur : 37,369 correspond au coût de production unitaire prévisionnel, à la norme unitaire.

On doit vérifier l'égalité suivante :

Norme = Norme unitaire × Production budgétée, c'est-à-dire 2 615 830 = 37,369 × 70 000.

Tableau conduisant à l'écart global

	Coût de production réel			Coût de production préétabli					Écart	
Éléments	**Qr**	**cur**	**Montant**	**Norme élém.**	**Pr**	**Qp**	**cub**	**Montant**	**Déf. (+)**	**Fav. (–)**
Ch. Dir.										
Mat. M	1 030	1 000	1 030 000	0,0155	73 000	1 131,5	1 008	1 140 552		– 110 552
Mat. N	1 030	800	824 000	0,0165	71 500	1 179,75	790	932 002,5		– 108 002,5
MOD	5 075	80	406 000	0,065	70 750	4 598,75	82	377 097,5	28 902,5	
Ch. Ind.	5 075	40	203 000	0,065	71 500	4 647,5	52	241 670		– 38 670
			2 463 000					2 691 322	28 902,5	257 224,5
									– 228 322	

Écart global favorable

Par rapport au budget prévisionnel, l'écart est tout juste satisfaisant puisqu'inférieur à 10 % (228 322/2 615 830 ≈ 9 %).

Remarques

Pour déterminer la production réelle Pr, il est nécessaire de raisonner en équivalents-produits, c'est-à-dire en produits finis et en-cours :

Éléments	Produits finis	En-cours final	Pr
Matière M	70000	3 000	73 000
Matière N	70000	3 000/2 = 1 500	71 500
MOD	70000	3 000/4 = 750	70750
Frais sur atelier 1	70000	3 000/2 = 1 500	71 500

7) Calculs et analyse vectorielle des écarts sur M et N

E(MAT M) = (Qr × cur) – (Qp × cub) = – 110 552 (fav.) d'où :
un écart sur Quantité : E(Q) = (Qr – Qp) × cub = – 102 312 (fav.) ;
un écart sur Prix : E(P) = (cur – cub) × Qr = – 8 240 (fav.).

E(MAT N) = (Qr × cur) – (Qp × cub) = – 108 002,5 (fav.) d'où :
E(Q) = (Qr – Qp) × cub = – 118 302,5 (fav.) ;
E(P) = (cur – cub) × Qr = 10 300 (déf.).

Pour les deux matières, c'est l'écart sur quantité qui est le plus discriminant.

Vectoriellement :
$D_1 : y_1 = 1\,008 \cdot Q$ où la pente de la droite est « cub » ;
$D_2 : y_2 = 1\,000 \cdot Q$ où la pente de la droite est « cur » ;

avec Qr = 1 030 et Qp = 1 131,5.

$E(Q) = A - B = \overrightarrow{BA}$

$E(P) = C - A = \overrightarrow{AC}$

d'où : $E(MAT\ M) = C - B = \overrightarrow{BC}$.

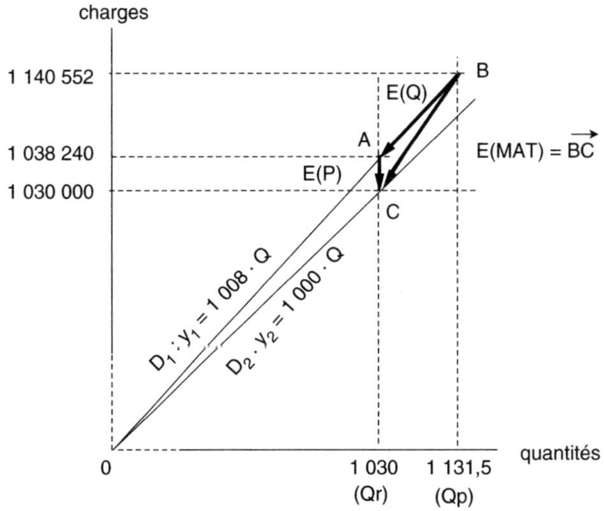

$D_1 : y_1 = 790 \cdot Q$ où la pente de la droite est « cub » ;

$D_2 : y_2 = 800 \cdot Q$ où la pente de la droite est « cur » ;

avec Qr = 1 030 et Qp = 1 179,75.

$E(Q) = A - B = \overrightarrow{BA}$

$E(P) = C - A = \overrightarrow{AC}$

d'où : $E(MAT\ N) = C - B = \overrightarrow{BC}$.

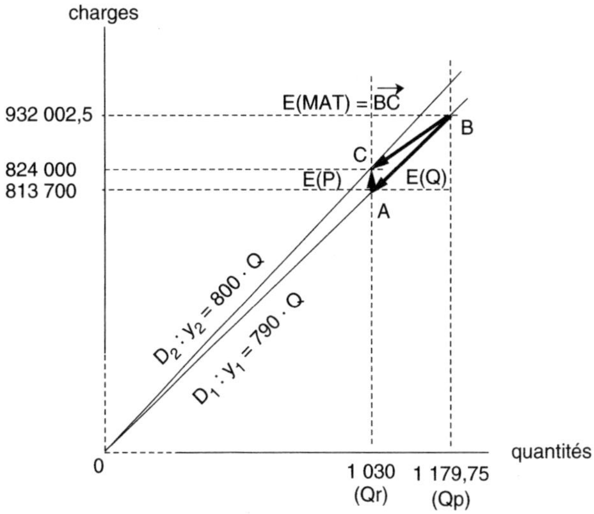

8) Calcul et analyse vectorielle de l'écart sur MOD

E(MOD) = (Tr × tr) – (Tp × tb) = 28 902,5 (déf.) d'où :
un écart sur Temps : E(T) = (Tr – Tp) × tb = 39 052,5 (déf.)
un écart sur taux horaire : E(t) = (tr – tb) × Tr = – 10 150 (fav.)

Vectoriellement :
$D_1 : y_1 = 82 \cdot T$ où la pente de la droite est « tb » ;
$D_2 : y_2 = 80 \cdot T$ où la pente de la droite est « tr » ;
avec Tp = 4 598,75 et Tr = 5 075.

$E(T) = A - B = \overrightarrow{BA}$
$E(t) = C - A = \overrightarrow{AC}$
d'où : $E(MOD) = C - B = \overrightarrow{BC}$.

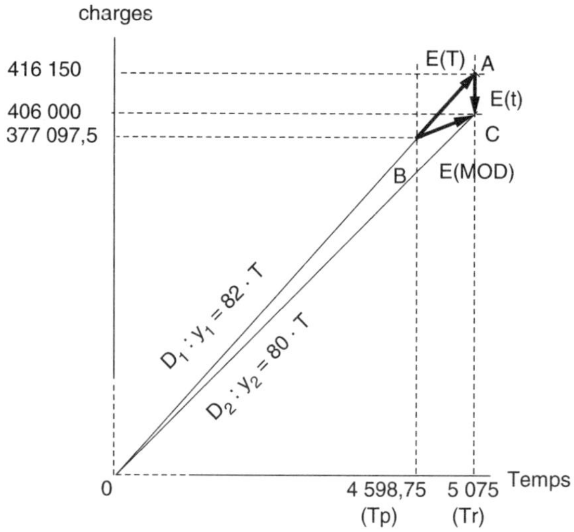

9) Calcul et analyse vectorielle de l'écart sur charges indirectes

E(CI) = Frais réels (FR) – BSI = 203 000 – 241 670 = – 38 670 sachant que BSB(frais) = 236 600 dont 72 800 de frais fixes.

Le Budget Standard Imputé est lu directement dans le tableau conduisant à l'écart global, soit : 203 000. On doit calculer le Budget Standard Equivalent (BSE) et le Budget Standard Flexible (BSF) :

$$BSE = BSB(frais) \times Tr / Tb = 236\,600 \times \frac{5\,075}{4\,550} = 263\,900.$$

$$BSF = BSB(\text{frais fixes}) + \left[BSB(\text{frais variables}) \times Tr / Tb\right]$$
$$= 72\,800 + \left(163\,800 \times \frac{5\,075}{4\,550}\right) = 255\,500.$$

« Parmi ces trois budgets, le moins probant est BSI puisqu'il est déterminé en fonction de la production réelle alors que, pour un centre de production, ce qui compte c'est l'activité réelle (ou le nombre d'unités d'œuvre). Par contre, BSE et BSF sont définis en fonction de l'activité réelle mais BSF est le plus probant puisqu'il fait la distinction entre les frais variables qui varient avec l'activité et les frais fixes qui, en principe, sont indépendants de l'activité. En conséquence, la hiérarchie en terme de pouvoir explicatif est la suivante : d'abord BSF, puis BSE et enfin BSI ».

On en déduit les trois sous-écarts suivants :

E(BUD) = Frais réels – BSF = 203 000 – 255 500 = – 52 500 (fav.)

L'écart sur budget est le plus significatif puisqu'il confronte les frais réels et le budget le plus probant, BSF. Généralement, l'écart sur charges indirectes est expliqué par l'écart sur budget : ce qui est le cas pour l'entreprise Nocturne. Cet écart peut être analysé comme suit : Ar × (cuovr – cuovb), où Ar est l'activité réelle (5 075 heures), cuovr est le coût d'unité d'œuvre variable réel (≈ 25,655 €) et cuovb est le coût d'unité d'œuvre variable budgété (= 36 €). On obtient alors E(BUD) = 5 075 × (25,655 – 36) ≈ – 52 500, soit un écart sur frais variables favorable en raison d'un écart sur prix variable favorable puisque le coût d'unité d'œuvre variable réel du centre est inférieur de 10,345 € au coût d'unité d'œuvre variable budgété.

E(ACT) = BSF – BSE = 255 500 – 263 900 = – 8 400 (fav.)

Plus précisément, E(ACT) peut être analysé comme suit :

$$E(ACT) = \left[\text{Frais fixes} + \text{Frais variables} \times \frac{\text{Temps réel}}{\text{Temps budgété}}\right]$$
$$- \left[(\text{Frais fixes} + \text{Frais variables}) \times \frac{\text{Temps réel}}{\text{Temps budgété}}\right]$$

$$E(ACT) = \left(\text{Frais fixes} \times \frac{\text{Temps budgété}}{\text{Temps budgété}}\right)$$
$$- \left(\text{Frais fixes} \times \frac{\text{Temps réel}}{\text{Temps budgété}}\right)$$

donc,

$$E(ACT) = BSB(\text{frais fixes}) \times (1 - CIR)$$
$$= 72\ 800 \times \left(1 - \frac{5\ 075}{4\ 550}\right) = -8\ 400.$$

Le coefficient d'imputation rationnelle étant supérieur à 1, il y a boni de suractivité et donc un écart d'imputation rationnelle favorable. L'activité budgétée Ab permettant d'absorber intégralement les charges de structure est de 4 550 heures d'où une suractivité de 525 heures valorisées à 16 €/h., soit 8 400 €.

E(PRO) = BSE – BSI = 263 900 – 241 670 = 22 230 (déf.)

On sait que BSI peut être exprimé en fonction du temps préétabli, d'où :

$$E(PRO) = \left(BSB \times \frac{\text{Temps réel}}{\text{Temps budgété}}\right) - \left(BSB \times \frac{\text{Temps préétabli}}{\text{Temps budgété}}\right)$$
$$= (\text{Temps réel} - \text{Temps préétabli})$$
$$\times \text{ coût d'unité d'œuvre prévisionnel ;}$$

d'où : E(PRO) = (5 075 – 4 647,5) × 52 = 22 230 où 5 075 est l'activité réelle (= Ar) et 4 647,5 est l'activité préétabli pour réaliser la production réelle (= Ap) et 52 est le coût d'unité d'œuvre budgété (= cuob). On constate un manque de productivité de 427,5 heures à 52 €, soit 22 230 €.

La sous-productivité atteint 0,006 heure (22 secondes) par produit fabriqué dans l'atelier 1.

Vectoriellement : $D_1 : y_1 = 36 \cdot T + 72\ 800$ où la pente de la droite est le coût d'unité d'œuvre variable prévisionnel, T = Tr = 5 075 ; $D_2 : y_2 = 52 \cdot T$ où la pente de la droite est le coût d'unité d'œuvre prévisionnel, T = Tr = 5 075 ou Tp = 4 647,5.

$E(BUD) = A - B = \overrightarrow{BA}$

$E(ACT) = B - C = \overrightarrow{CB}$

$E(PRO) = C - D = \overrightarrow{DC}$

d'où : $E(CI) = A - D = \overrightarrow{DA}$.

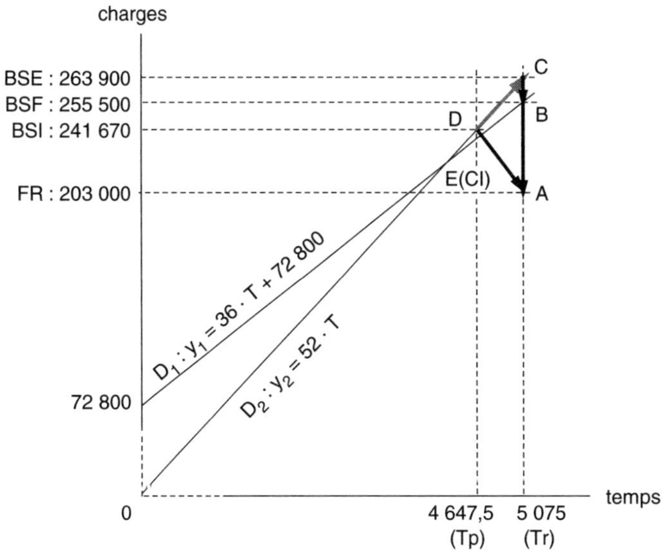

Remarque : $y_1 = y_2$ correspond à T = Tb = 4 450 heures (pour BSB part indirecte = 236 600).

Cas n° 16 – Pharma

La société Pharma fabrique et conditionne un produit homéopathique de luxe commercialisé en boîtes de 5 kg, sous la marque Rondair.

On vous communique les informations concernant le mois de février N.

Charges directes		
Main-d'œuvre directe de production	3 100 heures	192 200
Heures-machines de conditionnement	235 heures	40 220
Charges de distribution		178 560
Achats		
Matières M_1	7 230 kg	73 750
Produits semi-ouvrés E_2	6 670 kg	99 400
Boîtes (b.) vides	2 000 b.	14 850
Stocks au 01/02		
Stock matières M_1	12 400 kg	152 960
Stocks produits semi-ouvrés E_2	15 800 kg	248 192
Stocks boîtes	4 310 b.	33 848
Stocks Rondair	3 670 b.	874 440

Charges indirectes

		unité d'œuvre
Approvisionnement	22 560	100 € d'achat
Production	24 800	heures MOD
Conditionnement	11 280	nombres de boîtes conditionnées
Distribution	44 640	100 € de ventes

Autres informations

Nombre de boîtes conditionnées	2 820
Ventes du mois	3 600 boîtes à 310 €/b.

Toute la production est conditionnée

Rondair est composé de 50 % de M_1 et de 50 % de E_2

Charges fixes

Main-d'œuvre directe (production)	103 640
Heures-machines (conditionnement)	totalité
Charges indirectes de production	6 200
Charges indirectes de conditionnement	5 460

Le stock de Rondair au 1er février évalué selon la méthode du *direct costing* vaut 433 060.

Prévisions

Pour le mois de février, il avait été prévu de travailler 3 150 heures dans le centre d'analyse principal de production pour un coût de 25 200.

Enfin, le contrôleur de gestion avait estimé la prévision de production à 2 800 boîtes de Rondair.

Travail à faire

Coûts complets

1) Déterminer les coûts d'unité d'œuvre.

2) Déterminer les coûts d'achat des matières, produits et emballages.

3) Déterminer le coût de production du Rondair conditionné.

4) Établir le coût de revient unitaire et le résultat analytique unitaire du Rondair conditionné vendu.

Direct costing

5) Etablir le coût variable unitaire et la marge sur coût variable unitaire du Rondair conditionné vendu.

6) Établir le résultat analytique du Rondair conditionné vendu.

7) Expliquer pourquoi le résultat analytique 6) est différent de celui du 4).

8) Calculer le seuil de rentabilité en quantité.

Coûts standards

9) Déterminer l'écart sur charges indirectes de production.

10) Calculer les écarts sur budget, activité et productivité.

Corrigé

1) Coûts d'unité d'œuvre

Centre	Approvisionnement	Production	Conditionnement	Distribution
Total après rép. secondaire	22 560	24 800	11 280	44 640
Nombre d'unités d'œuvre	1 880	3 100	2 820	11 160
Coût d'unité d'œuvre	12	8	4	4

2) Coûts d'achat

	M_1	M_2	BV
Prix d'achat	73 750	99 400	14 850
Charges indirectes d'approvisionnement			
12 × 737,5	8 850		
12 × 994		11 928	
12 × 148,5			1 782
Total	82 600	111 328	16 632

Inventaires permanents

IP M_1

Libellé	Quantité	Montant	Libellé	Quantité	Montant
Stock initial Entrée	12 400 7 230	152 960 82 600	Sortie Stock final	7 050 12 580	84 600 150 960
Total	19 630	235 560	Total	19 630	235 560

CMUP = 235 560/19 630 = 12.

IP E_2

Libellé	Quantité	Montant	Libellé	Quantité	Montant
Stock initial Entrée	15 800 6 670	248 192 111 328	Sortie Stock final	7 050 15 420	112 800 246 720
Total	22 470	359 520	Total	22 470	359 520

CMUP = 359 520/22 470 = 16.

Remarque : 2 820 boîtes de 5 kg de Rondair, soit 14 100 kg ou encore 7 050 kg de M_1 et 7 050 kg de E_2.

IP BV

Libellé	Quantité	Montant	Libellé	Quantité	Montant
Stock initial Entrée	4 310 2 000	33 848 16 632	Sortie Stock final	2 820 3 490	22 560 27 920
Total	6 310	50 480	Total	6 310	50 480

CMUP = 50 480/6 310 = 8.

3) Coût de production du Rondair

Coût d'achat M_1 consommées	84 600
Coût d'achat E_2 consommés	112 800
Coût d'achat BV consommées	22 560
MOD	192 200
Charges directes de conditionnement	40 220
Charges indirectes de production	24 800
Charges indirectes de conditionnement	11 280
Total	488 460

IP Rondair

Libellé	Quantité	Montant	Libellé	Quantité	Montant
Stock initial	3 670	874 440	Sortie	3 600	756 000
Entrée	2 820	488 460	Stock final	2 890	606 900
Total	6 490	1 362 900	Total	6 490	1 362 900

CMUP = 1 362 900/6 490 = 210.

4) Coût de revient unitaire et résultat analytique unitaire

Coût de production du Rondair vendu	756 000
Charges directes de distribution	178 560
Charges indirectes de distribution	44 640
Coût de revient	979 200
Unité	272

d'où un résultat analytique : unitaire de 38 € (310 – 272) et global de 136 800 €.

5) Coût variable unitaire et marge sur coût variable unitaire

Centre	Approvisionnement	Production	Conditionnement	Distribution
Total après rép. secondaire	22 560	18 600	5 820	44 640

Le centre approvisionnement conserve le même coût d'unité d'œuvre que précédemment (12), en conséquence les coûts d'achat M_1, E_2 et BV ainsi que les inventaires permanents ne sont pas modifiés. On peut calculer directement le coût variable de production.

Coût d'achat M_1 consommées	84 600
Coût d'achat E_2 consommés	112 800
Coût d'achat BV consommées	22 560
MOD variable	88 560
Charges directes variables de conditionnement	0
Charges indirectes variables de production	18 600
Charges indirectes variables de conditionnement	5 820
Coût de production variable du Rondair	332 940

Inventaire permanent

IP Rondair

Libellé	Quantité	Montant	Libellé	Quantité	Montant
Stock initial	3 670	433 060	Sortie	3 600	424 800
Entrée	2 820	332 940	Stock final	2 890	341 020
			Diff. d'inv.		180
Total	6 490	766 000	Total	6 490	766 000

CMUP = 766 000/6 490 ≈ 118 d'où une différence de traitement (mali d'inventaire).

Coût de production variable du Rondair vendu	424 800
Charges directes variables de distribution	178 560
Charges indirectes variables de distribution	44 640
Coût variable du Rondair	648 000
Unité	180

d'où une marge sur coût variable unitaire de 130 € (310 – 180).

6) Le résultat analytique est donné par la relation suivante :

Marge sur coût variable – Coût fixe de la période
$= (130 \times 3\,600) - 155\,520 = 312\,480$

7) Comparaison résultat selon les coûts complets/résultat selon le *direct costing*

Résultat analytique coûts complets
– Résultat analytique direct costing = – 175 680 €.
Cette différence s'explique au niveau des stocks de Rondair :
Δ stocks coûts complets = – 267 540
Δ stocks *direct costing* = – 91 860 y compris la différence d'incorporation
soit une différence de – 267 540 + 91 860 = – 175 680.

8) Le seuil de rentabilité en quantité est donné par la relation suivante :

$$130 \times SRQ = 155\,520$$

soit un seuil de rentabilité de 1 197 boîtes de Rondair (arrondi par excès).

9) Écart sur charges indirectes

Données

dont 6 200 frais fixes

La norme élémentaire est le rapport entre le temps budgété et la production budgétée (2 800 boîtes de Rondair), d'où une norme élémentaire de 1,125.

L'écart sur charges indirectes est la différence entre le coût réel et le coût préétabli, soit : 24 800 – 25 380 = – 580 € (favorable)
sachant que 25 380 = 1,125 × 8 × 2 820.

10) Analyse de l'écart sur charges indirectes

BSB = 25 200

$$BSI = 25\,200 \times \frac{2\,820}{2\,800} = 25\,380$$

$$BSE = 25\,200 \times \frac{3\,100}{3\,150} = 24\,800$$

$$BSF = 6\,200 + \left(19\,000 \times \frac{3\,100}{3\,150}\right) \approx 24\,900$$

d'où les trois sous-écarts suivants :

Écart sur Budget = Frais réels – BSF = 24 800 – 24 900
= – 100 (favorable)

Écart sur Activité = BSF – BSE = 24 900 – 24 800
= 100 (défavorable)

Écart sur Productivité = BSE – BSI = 24 800 – 25 380
= – 580 (favorable).

Cas n° 17 – Conap

La société anonyme Alexis est une imprimerie qui a connu depuis cinq ans un développement rapide. Elle dispose de deux sites de production dont l'établissement Conap qui propose à ses clients des imprimés de toute catégorie : imprimés informatiques, administratifs ou commerciaux.

L'activité CONtinu fournit les imprimés informatiques ; l'activité A Plat fournit les autres imprimés.

La direction de l'imprimerie sait qu'à plus ou moins long terme l'activité CONtinu perdra de son attrait car les imprimantes à aiguilles utilisées par les clients sont de plus en plus remplacées par des imprimantes laser. C'est pourquoi la politique suivie depuis deux ans est une politique de diversification.

La direction de l'imprimerie fait appel au cabinet de conseil en gestion Pigeman pour l'étude de l'analyse de la productivité de Conap. Vous êtes embauché(e) par ce cabinet et le responsable M. Terminator vous demande de continuer l'étude de l'imprimerie Alexis et plus particulièrement de l'établissement Conap.

Travail à faire

Une analyse de Surplus de Productivité Globale a déjà été effectuée pour l'année t–1 (annexes 1 et 2) et M. Terminator vous demande :

1) de présenter en quelques lignes à la direction de l'établissement Conap en quoi consiste l'analyse du Surplus de Productivité Globale et sa répartition ;

2) de calculer le Surplus de Productivité Globale de l'année t et d'établir le tableau de répartition du Surplus pour cette même année (voir annexe 3) en arrondissant les calculs au millier le plus proche ; de commenter les résultats que vous venez d'établir.

Annexe 1 (en milliers)

Formation du Surplus de Productivité Globale t–1

1. Supplément de volume de production	
Production CONtinu vendue	
(215 – 245) × 110,80 =	– 3 324
Production A Plat vendue	
(30 – 26) × 690 =	2 760
Production stockée	
(2 360 + 178) × 89,80/1 000 =	228
Total =	– 336

D'après DECF.

2. Supplément de facteurs de production consommés

Consommation matières	
(2 470 – 2 350) × 7,70 =	924
Crédit-bail	
(14 063 – 8 524) × 0,185 =	1 025
Services activité	
5 815 × 0,4246 =	2 469
Impôts et taxes	
(4 924 – 4 356) × 0,191 =	108
Salaires CONtinu	
$\frac{(47\ 500 - 45\ 000) \times 66,67}{1\ 000} =$	167
Salaires A Plat	
$\frac{(80\ 000 - 54\ 500) \times 49,38}{1\ 000} =$	1 259
Salaires administration	
$\frac{(44\ 000 - 42\ 000) \times 116,76}{1\ 000} =$	234
Charges sociales	
(11 778 – 10 595) × 0,39 =	461
Amortissements	
(17 982 – 16 469) × 0,147 =	222
Charges financières	
(6 571 – 7 461) × 0,102 =	– 91
Impôt sur les sociétés	
– 1 350 × $33^{1/3}$ % =	– 450
Total =	6 328
Surplus négatif	
– 336 – 6 328 =	– 6 664

Annexe 2

Répartition du Surplus de Productivité Globale t–1 (en milliers)

Fournisseurs de matières : (7,30 – 7,70) × 2 470 =	– 988	Surplus de Productivité Globale	– 6 664
Crédit-bail : (0,29 – 0,185) × 14 063 =	1 477	Clients CONtinu : (129 – 110,80) × 215 =	3 913
Autres services : – 5 815 × 1,4246 × 0,008 =	– 66	Client A Plat : (738,30 – 690) × 30 =	1 449
État : Impôts et taxes : (0,197 – 0,191) × 4 924 =	30	Production stockée : (103,78 – 89,80) × 2 360/1 000 =	33
Impôts sur les sociétés : ($33^{1/3}$ % – $33^{1/3}$ %) × 0 =	0		
Personnel : CONtinu : (65,14 – 66,67) × 47 500/1 000 =	– 73		
À Plat : (40,95 – 49,38) × 80 000/1 000 =	– 674		
Administration : (122,91 – 116,76) × 44 000/1 000 =	271		
Charges sociales : (0,42 – 0,39) × 11 778 =	353		
Organismes financiers : (0,105 – 0,102) × 6 571 =	20		
Amortissements : (0,107 – 0,147) × 17 982 =	– 719		
Variation du résultat =	– 900		
	– 1 269		– 1 269

Annexe 3

Renseignements complémentaires

	t–2	t–1	t
Consommation de matières			
– quantité (en tonnes)	2 350	2 470	1 940
– prix au kg	7,70	7,30	8,77
Crédit-bail (service lié à l'investissement)			
– assiette en milliers	8 524	14 063	16 070
– taux en %	18,5	29	26
Services liés à l'activité			
– augmentation en volume (%)		42,46	0,1
– indice prix base t–2		99,20	101,54
– coût en milliers	5 815		
Salaires CONtinu			
– effectifs	24	23	23
– nombre d'heures travaillées	45 000	47 500	49 000
coût horaire	66,67	65,14	45,43
Salaires A Plat			
– effectifs	29	39	42
– nombre d'heures travaillées	54 500	80 000	89 500
– coût horaire	49,38	40,95	45,12
Salaires administration			
– effectifs	23	24	25
– nombre d'heures travaillées	42 000	44 000	46 000
– coût horaire	116,76	122,91	128,66
Charges sociales			
– assiette en milliers	10 595	11 778	12 216
– taux en %	39	42	43
Amortissements			
– immobilisations en milliers	16 469	17 982	23 866
– taux en %	14,7	10,7	11,2
Charges financières			
– emprunt en cours en milliers	7 461	6 571	10 244
– taux moyen en %	10,2	10,5	9,0
Impôt sur les sociétés			
– résultat avant impôt en milliers	1 350	0	723
– taux en %	$33^{1/3}$	$33^{1/3}$	$33^{1/3}$
Impôt et taxes			
– base	4 356	4 924	5 458
– taux en %	19,1	19,7	19,2
Production CONtinu			
– quantité en milliers d'imprimés	245	215	216
– prix pour le mille	110,80	129	132,50
Production A Plat			
– quantité en milliers d'imprimés	26	30	31
– prix pour le mille	690	738,30	775
Production stockée			
– quantité	– 178	2 360	– 7 600
– prix	89,80	103,78	106,05

Corrigé

1) Analyse du SPG et de sa répartition

Le Centre d'Etudes des Revenus et des Coûts (CERC) donne du SPG la définition suivante : « le Surplus de Productivité Globale apparaît comme un gain sur l'inefficacité résultat d'une combinaison de facteurs et de produits plus avantageuse, à prix constant ». Il y a SPG lorsque le supplément de biens produits au cours d'un exercice est supérieur au supplément de facteurs de production consommés. Par convention, on retient les prix et références de l'année t–1 (pondération de Laspeyres).

$$\text{SPG} = (\text{biens produits} \times \text{prix}_{t-1}) - (\text{facteurs consommés} \times \text{coûts}_{t-1})$$

Les écarts sur prix permettent d'identifier les bénéficiaires ou les apporteurs de SPG et, par convention, les écarts seront pondérés par les quantités de l'année t (pondération de Paasches). Sont considérés comme apporteurs de SPG : les clients qui ont payé un prix plus élevé en t ; les fournisseurs (de matières, de travail, de capitaux...) qui ont reçu une rémunération plus faible au cours de l'exercice t. Sont considérés comme bénéficiaires du SPG : les clients qui ont payé un prix moins élevé en t ; les fournisseurs (de matières, de travail, de capitaux...) qui ont reçu une rémunération plus élevée au cours de l'exercice t.

La méthode permet de répondre à deux questions étroitement imbriquées : comment a été dégagée la (sous-) productivité ? Quels ont été les bénéficiaires ?

Le compte de Surplus constitue un véritable outil de contrôle de gestion puisqu'il oblige le chef d'entreprise à se préoccuper de l'évolution des trois paramètres suivants : prix, valeur de la monnaie et performances économiques.

L'entreprise Conap est dans une mauvaise situation puisque que le SPG est négatif à : – 6 664. Il y a une baisse défavorable du volume de l'activité continu (– 12 %) avec un impact négatif à : – 336 et parallèlement il y a une hausse défavorable de la plupart des facteurs de production en volume (notamment les services liées à l'activité) avec un impact négatif à – 6 328 ayant pour conséquence un SPG négatif à – 6 664. Enfin, on peut constater l'égalité ci-après :

Surplus de Production Globale ou effet volume très défavorable	+	Héritages nets ou effet prix très favorable	=	Variation du résultat défavorable
– 6 664	+	5 764	=	– 900

où 5 764 = *3 913* + *1 449* + 33 + 988 – 1 477 + 66 – 30 + 73 + 674 – 271 – 353 – 20 + 719. La hausse favorable des prix pour les clients CONtinu (+ 16 %) et les clients A Plat (+ 7 %) atténue la baisse du résultat à – 900.

2) Calcul et répartition du SPG (ou effet volume) pour l'année t ; commentaires

(en milliers)

Eléments	**quantité t**	**quantité t–1**	**prix t–1**	**Δ Q × prix**
Production vendue				
CONtinu	216	215	129,00 F/u	129,00
A Plat	31	30	738,30 F/u	738,30
Production stockée	– 7 600 ①	2 360 ①	103,78 F/u	– 1 033,65
Supplément de biens produits				– 166,35
Consommation de matières	1 940	2 470	7,30 F/u	– 3 869,00
Crédit-bail	16 070	14 063	29,00 %	582,03
Services activités	8 292,33 ②	8 284,05	99,20 %	8,21
Impôts et taxes	5 458	4 924	19,70 %	105,20
Charges de pers.				
salaires CONtinu	49,00	47,50	65,14 F/h	97,71
salaires A Plat	89,50	80,00	40,95 F/h	389,03
salaires administration	46,00	44,00	122,91	245,82
charges sociales	12 216	11 778	42,00 %	183,96
Amortissements	23 866	17 982	10,70 %	629,59
Charges financières	10 244	6 571	10,50 %	385,67
Impôt sur les sociétés	723	0	33,33 %	241,00
Supplément de facteurs consommés				– 1 000,78
SPG				*≈ 834,50*

① : à diviser par 1 000.
② : 5 815 × 1,4246 × 1,001.

Répartition du SPG (ou effet prix)

	Prix t	**Prix t–1**	**Quantité t**	**Δ Prix × Q**
Fournisseurs de matières	8,77	7,30	1 940,00	2 851,80
Fournisseurs services ext.	100,73 % ①	99,20 %	8 292,33	126,87
Personnel				
CONtinu	45,43	65,14	49,00	- 965,79
A Plat	45,12	40,95	89,50	373,22
Administration	128,66	122,91	46,00	264,50
Org. sociaux	43,00 %	42,00 %	12 216	122,16
Amortissements	11,20 %	10,70 %	23 866	119,33
Entreprise				482,00 ②
Crédit-bail	26,00 %	29,00 %	16 070	- 482,10
Etat (I et Taxes)	19,20 %	19,70 %	5 458	- 27,29
Etat (IS)	33,33 %	33,33 %	723	0
Charges financières	9,00 %	10,50 %	10 244	- 153,66
Total				2 711,00
Clients CONtinu	132,50	129,00	216	756,00
Clients A Plat	775,00	738,30	31	1 137,70
Prod. stockée	106,05	103,78	- 7,6	- 17,25
SPG				*834,50*
Total				2 711,00

① : 1 × 0,992 × 1,0154.
② : 723 × (1 – $33^{1/3}$ %).

La variation du résultat (ΔR) se décompose en un écart sur quantité favorable (SPG) et un écart sur prix défavorable (Emplois nets obtenus par les tiers car l'écart global est négatif) :

ΔR favorable (+ 482) = SPG (+ 834,5) + Emplois nets défavorables (- 352,5).

En conclusion, on peut écrire qu'il y a un gain de productivité (SPG positif) dû essentiellement à la réduction du volume de matières premières (– 21 %). En revanche, on constate que les héritages sont de 3 522,54 (= *965,79* + 482,10 + 27,29 + 153,66 + 756 + *1 137,70*) et que les emplois ou avantages cédés sont de 3 875,13 (= *2 851,80* + 126,87 + 373,22 + 264,50 + 122,16 + 119,33 + 17,25), d'où une différence défavorable de : – 352,5. En effet, il y a une baisse favorable du taux horaire du personnel CONtinu (– 30 %) et une hausse favorable du prix de vente unitaire pour les clients à PLAt (+ 5 %) ; mais il y a surtout une hausse défavorable du coût unitaire des matières premières (+ 20 %). Et finalement et heureusement, l'effet volume positif surclasse l'effet prix négatif, d'où une hausse du résultat à + 482.

Synthèse en milliers

	t–1	t
Surplus de Productivité Globale	– 6 664	+ 834,5
Héritages nets (+) ou emplois nets (–)	+ 5 764	– 352,5
Variation du résultat	– 900	+ 482

Cas n° 18 – Bud

Le bilan de l'entreprise artisanale Bud se présente ainsi au 31 décembre N (données en milliers d'euros) :

Immobilisations corporelles	2 330	Capital et réserves	2 144
Dépôts et cautionnements	31	Résultat d'exploitation	155
Stocks et en-cours	1 864	Provisions pour risques et charges	148
Clients	12	Dettes financières	503
Débiteurs divers	41	Comptes courants associés	360
Caisse et CCP	133	Fournisseurs	810
		Charges à payer	12
		TVA à payer	18
		Banque	261
	4 411		4 411

Les prévisions sur le premier semestre N + 1 sont les suivantes :

① Ventes hors taxe

Janvier	500
Février	600
Mars	800
Avril	900
Mai	1 000
Juin	500

Les clients règlent ainsi :
70 % dans le mois ;
20 % 30 jours fin de mois ;
10 % 60 jours fin de mois.

② Achats hors taxe

Janvier	200
Février	300
Mars	500
Avril	400
Mai	500
Juin	200

Les règlements s'effectuent ainsi :
5 % dans le mois ;
5% 30 jours fin de mois ;
10 % 60 jours fin de mois ;
80 % 90 jours fin de mois.

③ Appointements et salaires

Janvier	120
Février	130
Mars	140
Avril	140
Mai	150
Juin	160

Le personnel est payé avant la fin de chaque mois.

④ Charges sociales

Elles sont estimées à 50 % du montant et payées le mois suivant.

⑤ Autres charges d'exploitation hors taxe (sauf grosses réparations)

Compte tenu des dotations aux amortissements fixées *grosso modo* à 5 par mois, elles se répartiront ainsi (en milliers d'euros) :

Janvier	40
Février	50
Mars	50
Avril	60
Mai	70
Juin	70

⑥ TVA

Le taux sur les ventes, achats et autres charges d'exploitation est arrondi à 20 %

⑦ Autres éléments

Le résultat d'exploitation sera mis en réserves.

Les charges à payer seront réglées par moitié en janvier et février.

Les clients régleront, en principe, par tiers en janvier, février et mars ; les fournisseurs seront réglés par tiers en janvier, février et mars ; les débiteurs divers régleront en janvier.

Les provisions pour risques et charges ont été constituées en prévision de grosses réparations. Il est raisonnable d'envisager les décaissements hors taxe ci-après : 70 en février et 50 en mars.

Les dettes financières à plus d'un an donneront lieu à deux versements semestriels de 52, l'un au 30 juin, l'autre au 31 décembre de chaque année. Celles à moins d'un an seront remboursées dans un délai de 3 mois, soit 50 en janvier, 50 en février, 105 en mars.

Le stock final est estimé à 2 244.

L'entreprise Bud a opté pour le régime fiscal des sociétés de personne.

Travail à faire

1) Présenter le budget de trésorerie pour le premier semestre de l'exercice N + 1.

2) Présenter le compte de résultat et le bilan pour le premier semestre de l'exercice N + 1.

Corrigé

1) Budget de trésorerie

Avant de présenter ce dernier, il convient de construire le budget de TVA, le budget des encaissements et le budget des décaissements.

Budget de TVA	**Jan.**	**Fév.**	**Mars**	**Avr.**	**Mai**	**Juin**
TVA collectée sur ventes	100	120	160	180	20	100
– TVA déductible sur achats et charges	– 47	– 83	– 119	– 91	– 113	– 53
TVA à payer	53	37	41	89	87	47

En janvier, la TVA à payer est de : [500 – (200 + 40 – 5)] × 20 % = 53 ; en février et en mars, il ne faut pas oublier la TVA déductible sur grosses réparations ; la dotation aux amortissements est une charge calculée ne supportant pas la TVA.

Budget des encaissements	**Total**	**Jan.**	**Fév.**	**Mars**	**Avr.**	**Mai**	**Juin**	**Bilan au 30/06/N + 1**
Ventes TTC de janvier	600	420	120	60				
Ventes TTC de février	720		504	144	72			
Ventes TTC de mars	960			672	192	96		
Ventes TTC d'avril	1 080				756	216	108	
Ventes TTC de mai	1 200					840	240	120 (clients)
Ventes TTC de juin	600						420	180 (clients)
Clients	12	4	4	4				
Débiteurs divers	41	41						
Total Encaissements	5 172	465	628	880	1 020	1 152	768	300

Les ventes TTC de janvier, soient : 500 × 1,20 = 600, entraîneront les encaissements suivants : 600 × 70 % (= 420) dans le mois, 600 × 20 % fin février et 600 × 10 % fin mars ; les encaissements hors période (second trimestre) apparaîtront au bilan en tant que créances clients (300).

Budget des décaissements	**Total**	**Jan.**	**Fév.**	**Mars**	**Avr.**	**Mai**	**Juin**	**Bilan au 30/06/N + 1**
Achats TTC de janvier	240	12	12	24	192			
Achats TTC de février	360		18	18	36	288		
Achats TTC de mars	600			30	30	60	480	
Achats TTC d'avril	480				24	24	48	384 (fournisseurs)
Achats TTC de mai	600					30	30	540 (fournisseurs)
Achats TTC de juin	240						12	228 (fournisseurs)
Fournisseurs	810	270	270	270				
Appointements et salaires	840	120	130	140	140	150	160	
Charges sociales	420		60	65	70	70	75	80 (État, charges à payer)
Autres charges TTC	372	42	54	54	66	78	78	
Charges à payer	12	6	6					
TVA à payer	372	18	53	37	41	89	87	47 (TVA à payer)
Rembousement de dettes financières	503	50	50	105			52	246 (dettes financières)
Réparations TTC	144		84	60				
Total Décaissements	5 993	518	737	803	599	789	1 022	1 525

Les autres charges d'exploitation sont considérées toutes taxes comprises et hors dotations aux amortissements (charges non décaissables) ; par exemple pour janvier, on trouve : (40 – 5) × 1,20 = 42 ; la TVA à payer au titre du mois « m » est effectivement décaissée en « m + 1 ».

Budget de trésorerie	**Jan.**	**Fév.**	**Mars**	**Avr.**	**Mai**	**Juin**
Solde de trésorerie au 01/01/N + 1	– 128					
+ Encaissements	465	628	880	1 020	1 152	768
– Décaissements	– 518	– 737	– 803	– 599	– 789	– 1 022
Solde prévisionnel fin de mois	– 181	– 109	+ 77	+ 421	+ 363	– 254
Cumul	– 181	– 290	– 213	+ 208	+ 571	+ 317

Il ne faut pas oublier le découvert bancaire (passif du bilan) de 261 ; le solde prévisionnel final de Trésorerie (ou cumul) au 30/06/N + 1 est de 317.

2) Compte de résultat et bilan prévisionnels

Compte de résultat au 30/06/N + 1

Charges		Produits	
Achats	2 100	Ventes	4 300
Variation de stocks	– 380	Reprises sur provisions	148
Rémunérations du personnel	840		
Charges sociales	420		
Autres charges d'exploitation	460		
Résultat d'exploitation	1 008		
	4 448		4 448

La variation de stocks (par hypothèse sur matières et/ou marchandises) est la différence entre le stock initial et le stock final ; les charges d'exploitation comprennent notamment les réparations (120) et les dotations aux amortissements (30) ; les provisions pour risques et charges au 31/12/N + 1 sont annulées en totalité (débitées) par des reprises sur provisions (créditées) ; la différence entre les produits et les charges donne un résultat d'exploitation de 1 008.

Bilan au 30/06/N + 1

Actif		Passif	
Immobilisations corporelles	2 300	Capital et réserves	2 299
Dépôts et cautionnements	31	Résultat d'exploitation	1 008
Stocks et en-cours	2 244	Dettes financières	246
Clients	300	Comptes courants associés	360
Trésorerie	317	Fournisseurs	1 152
		État – charges à payer	80
		TVA à payer	47
	5 192		5 192

Les immobilisations corporelles fin N sont amputées des dotations aux amortissements (30) ; le poste « Capital et réserves » incorpore le résultat d'exploitation de la période précédente. Enfin, on peut tenter de faire le lien entre le résultat d'exploitation (= 155) et la différence entre le total des encaissements et des décaissements (= 317 – (– 128) = 445) *via* le tableau pruriannuel des flux financiers (cf. P. Piget, *Gestion financière de l'entreprise*, Economica, 1998).

On obtient le résultat d'exploitation corrigé à partir notamment de l'Excédent Brut d'Exploitation :

Excédent Brut d'Exploitation : 4 300 – 2 100 – (– 380) – 840 – 420
– Autres charges (d'exploitation hors amortissements) : – 430
= (Capacité d') Autofinancement : 890

Plus précisément :

Production – Consommation intermédiaire = Valeur ajoutée – Salaires – Autres charges d'exploitation décaissables		4 300 – 1 720 = 2 580 – 1 260 – 430
A = « Résultat d'exploitation corrigé »		= 890
+ *Variation des stocks* + *Variation des créances d'exploitation* – *Variation des dettes à court terme hors banque*	*+ 380* *+ 247* *– 439*	
B = Variation du besoin en fonds de roulement		= 188
C = A – B = Excédent de trésorerie d'exploitation		= 702
D = Investissements et immobilisations		0
E = C – D = Solde économique		= 702
Variation nette de dettes à long terme	*– 257*	
F = Solde financier		– 257
G = E + F = Solde de gestion		= 445
= Variation de la trésorerie		= 445
+ Trésorerie au 01/01/N + 1		– 128
+ Trésorerie au 30/06/N + 1		= 317

BIBLIOGRAPHIE

ABTEY B. et ROBIN P., *Savoir calculer ses coûts et ses marges,* CLET, 1988.

AUQUE G., MONNOT P.-E. et collectif, *Comptabilité analytique,* GEP, 1992.

BARANGER P., MOUTON P., *Comptabilité de gestion,* Hachette, 1997.

BERCOS P.-L. et MENDOZA C., *Le management de la performance,* Ed. Comptables Malesherbes, 1994.

BOISVERT H., *Le contrôle de gestion,* Erpi, 1991.

CHRISTOPHE B., ESCOFFIER B. et collectif, *Comptabilité analytique,* Masson, 1987.

CIBERT A., *Comptabilité analytique de gestion,* Dunod, 1984.

CUYAUBERE T. et MULLER J., *Contrôle de gestion,* tome 1, La Villeguérin, 1990.

DUFILS P., LOPATER C. et GUYOMARD E., *Mémento Comptable 2003,* Francis Lefebvre, 2002.

EINSETLER J.-C., *Comptabilité analytique,* 2e éd., Economica, 1991.

EVRAERT S., « Comptabilité d'activité » *in Encyclopédie de gestion* (sous la dir. de Y. Simon & P. Joffre), 2e éd., Economica, 1997.

FAVRO E., *Comptabilité,* tome 2, Dunod, 1989.

GERVAIS M., *Contrôle de gestion,* 7e éd., Economica, 2000.

KAPLAN R., JOHNSON H., « Relevance cost - the rise and fall of management accounting », *Harvard Business School Press*, 1987.

LAUZEL P. et BOUQUIN H., *Comptabilité analytique et gestion,* 5e éd., Sirey, 1988.

LEURION J., *Comptabilité analytique et gestion,* Foucher, 1988.

LORINO P., *Le contrôle de gestion stratégique,* Dunod, 1992.

MARGERIN J. et TRAHAND J., « Coût » *in Encyclopédie de gestion* (sous la dir. de Y. Simon & P. Joffre), 2e éd., Economica, 1997.

MELYON G., HEMICI F. et collectif, *Comptabilité analytique,* Eska, 1994.

ORSINI J., *Comptabilité analytique,* Vuibert, 1984.

PÉROCHON C., *Comptabilité analytique,* Foucher, 1986.

PIGET P., « Comptabilité analytique et théorie générale des systèmes » *in Mélanges en l'honneur du professeur C. Pérochon,* Foucher, 1995.

PIGET P., « Comptabilité analytique » *in Encyclopédie de gestion* (sous la dir. de Y. Simon & P. Joffre), 2e éd., Economica, 1997.

PIGET P., « La comptabilité à base d'activités : principes généraux et application » *Cahier du Crefib,* Université de Paris I, novembre 1997.

PORTER M., *L'avantage concurrentiel,* InterEditions, 1986.

RAULET C. et C., *Comptabilité analytique et contrôle de gestion,* Dunod, 1992.

La Revue Fiduciaire « comptabilité analytique », août, septembre 1988.

La Revue Fiduciaire « la comptabilité à base d'activités », octobre 1995.

ROSENBERG C., *Analyse des coûts, rentabilité et productivité,* 3e éd., ESF éditeur, 1990.

LEXIQUE

Français ⇒	Anglais
achat	purchase
achat au comptant	cash purchase
actif	assets
actif corporel	tangible asset
actif immobilisé	fixed asset
actif incorporel	intangible asset
action	share
activité	business, activity
amortissement	depreciation
amortissement dégressif	accelerated depreciation
amortissement linéaire	straightline depreciation
an	year
analyse	analysis
année comptable	accounting year
approvisionnement	supply
autofinancement	cash flow
bénéfice	profit
bénéfice d'exploitation	operating profit
bilan	balance sheet
boni	bonus
budget	budget
budget de production	production budget
budget des approvisionnements	purchase budget
budget des charges	cost budget
budget des ventes	sales budget

budgétisation	budgeting
chiffre d'affaires	sales, turnover
centre d'analyse	cost centre
centre d'analyse auxiliaire	secondary cost centre
centre d'analyse opérationnel	operational cost centre
centre d'analyse principal	main cost centre
centre d'analyse de structure	fixed cost centre
charge opérationnelle	operating cost
charges courantes	current expenses
charges exceptionnelles	exceptional costs
charges fixes	fixed costs
charges incorporables	product charges
charges variables	variable costs
charges d'exploitation	operating costs
charges de structure	fixed costs
comptabilité	accountancy, accounting
comptabilité analytique	cost accounting
comptabilité à base d'activités	activity based costing
comptabilité générale	financial accounting
compte de résultat	income statement
compte de stock	inventory account
comptes analytiques	costs accounts
coût-cible	target cost
coût complet	full cost
coût complet unitaire	total unit cost
coût différentiel	differential cost
coût préétabli	standard cost
coût standard	standard cost
coût unitaire	unit cost
coût moyen unitaire pondéré	weighted average unit cost
coût d'achat	purchase cost
coût de distribution	distribution cost
coût de production	production cost
coût de revient	cost price
coûts constatés	actual costs
coûts fixes	fixed costs
coûts prévisionnels	estimated costs
coûts variables	variables costs
crédit	credit
débit	debit
décaissement	cash expenditure
dépenses d'exploitation	operating costs
déstockage	destocking
directeur de production	production manager
dotation aux amortissements	depreciation provision
écart	spread, variance
économies d'échelle	economies of scale
écriture	entry

écritures d'inventaire	closing entries
écritures comptables	accounting entries
évaluation du coût	cost assessment
exercice comptable	accounting year
expert-comptable	chartered accountant
fiche d'imputation	data entry form
frais	costs
frais accessoires	incidental costs
frais accessoires d'achat	incidental acquisition costs
frais accessoires de vente	incidental selling costs
frais financiers	financial costs
frais fixes	fixed charges
frais généraux	overheads
frais d'achat	purchases costs
frais d'administration	administrative costs
frais de fabrication	production costs
HTVA	net of VAT
inducteur d'activité	activity driver
inducteur de ressource	resource driver
inventaire comptable	book inventory
inventaire permanent	perpetual inventory
main-d'œuvre	work force, manpower
marge	margin
marge commerciale	gross profit margin
marge nette	net margin
marge sur coût variable	contribution
marginal	marginal
matières	material
matières consommables	supplies, consumables
matières premières	raw materials
objet de coût	cost object
perte	loss
point mort	breakeven point
prévision	forecast
prévisions budgétaires	budget forecasts
prix unitaire	unit price
prix d'achat	purchase price
prix de vente	selling price
prix de vente concurrentiel	target price
production	production
produits exceptionnels	extraordinary income
produits de gestion courante	income from operations
rabais	reduction, discount
ratio de gestion	financial ratio
recettes	receipts
régularisation	adjustment
rentable	profitable
resultat	result, profit, loss

résultat d'exploitation	operating profit or loss
salaire	wage
seuil de rentabilité	breakeven point
solde	balance
solde créditeur	credit balance
solde débiteur	debit balance
stock	stock
stock final	closing stock
stock initial	opening stock
système d'inventaire	inventory method
taux linéaire	straight-line rate
taux de marge	mark-up ratio
valeur comptable	book value
valeur d'achat	purchase value
valeur d'inventaire	balance sheet value
ventes	sales, turnover

Anglais ⇒	**Français**
accelerated depreciation	amortissement dégressif
accountancy, accounting	comptabilité
accounting year	année, exercice comptable
accounting entries	écritures comptables
activity	activité
activity based costing	comptabilité à base d'activités
activity driver	inducteur d'activité
actual costs	coûts constatés
adjustment	régularisation
administrative costs	frais d'administration
analysis	analyse
assets	actif
balance	solde
balance sheet	bilan
balance sheet value	valeur d'inventaire
bonus	boni
book inventory	inventaire comptable
book value	valeur comptable
breakeven point	point mort, seuil de rentabilité
budget	budget
budget forecasts	prévisions budgétaires
budgeting	budgétisation
business	activité
cash expenditure	décaissement
cash flow	autofinancement
cash purchase	achat au comptant
chartered accountant	expert-comptable
closing entries	écritures d'inventaire

closing stock	stock final
consumables	matières consommables
contribution	marge sur coût variable
cost accounting	comptabilité analytique
cost assessment	évaluation du coût
cost budget	budget des charges
cost centre	centre d'analyse
cost object	objet de coût
cost price	coût de revient
costs	frais
costs accounts	comptes analytiques
credit	crédit
credit balance	solde créditeur
current expenses	charges courantes
data entry form	fiche d'imputation
debit	débit
debit balance	solde débiteur
depreciation	amortissement
depreciation provision	dotation aux amortissements
destocking	déstockage
differential cost	coût différentiel
discount	rabais
distribution cost	coût de distribution
economies of scale	économies d'échelle
entry	écriture
estimated costs	coûts prévisionnels
exceptional costs	charges exceptionnelles
extraordinary income	produits exceptionnels
financial acounting	comptabilité générale
financial costs	frais financiers
financial ratio	ratio de gestion
fixed asset	actif immobilisé
fixed charges	frais fixes
fixed cost centre	centre d'analyse de structure
fixed costs	coûts fixes ou de structure
forecast	prévision
full cost	coût complet
gross profit margin	marge commerciale
incidental acquisition costs	frais accessoires d'achat
incidental costs	frais accessoires
incidental selling costs	frais accessoires de vente
income from operations	produits de gestion courante
income statement	compte de résultat
intangible asset	actif incorporel
inventory account	compte de stock
inventory method	système d'inventaire
loss	perte
main cost centre	centre d'analyse principal

manpower	main-d'œuvre
margin	marge
marginal	marginal
mark-up ratio	taux de marge
material	matières
net margin	marge nette
net of VAT	HTVA
opening stock	stock initial
operating profit	bénéfice d'exploitation
operating costs	charges opération., d'exploitation
operating profit or loss	résultat d'exploitation
operational cost centre	centre d'analyse opérationnel
overheads	frais généraux
perpetual inventory	inventaire permanent
product charges	charges incorporables
production	production
production budget	budget de production
production cost	coût de production
production manager	directeur de production
profit	bénéfice
profitable	rentable
purchase	achat
purchase budget	budget des approvisionnements
purchase cost	coût d'achat
purchase price	prix d'achat
purchase value	valeur d'achat
raw materials	matières premières
receipts	recettes
reduction	rabais
resource driver	inducteur de ressource
result	resultat
sales budget	budget des ventes
sales	chiffre d'affaires, ventes
secondary cost centre	centre d'analyse auxiliaire
selling price	prix de vente
share	action
spread	écart
standard cost	coût préétabli, standard
stock	stock
straight-line rate	taux linéaire
straightline depreciation	amortissement linéaire
supplies	matières consommables
supply	approvisionnement
tangible asset	actif corporel
target cost	coût-cible
target price	prix de vente concurrentiel
total unit cost	coût complet unitaire
turnover	chiffre d'affaires, ventes

unit cost	coût unitaire
unit price	prix unitaire
variable costs	coûts ou charges variables
variance	écart
wage	salaire
weighted average unit cost	coût moyen unitaire pondéré
work force, manpower	main-d'œuvre
year	an

INDEX

TABLE DES MATIÈRES

Composé par Economica, 49, rue Héricart, 75015 PARIS
Imprimé en France. - JOUVE, 11, bd de Sébastopol, 75001 PARIS
N° 332002X. - Dépôt légal : Septembre 2003